고령화 사회에 따른
노인복지 정책의 효과와
발전방향에 관한 연구

政策

고령화 사회에 따른 노인복지 정책의 효과와 발전방향에 관한 연구

研究

| 김 대 회 지음

사람이 늙는 이유는 긴 세월 속에서 오래 산다고 해서 늙는 것이 아니라 목적과 이상을 잃어버리기 때문이다. 이러한 노화과정에서 나타나는 생리적, 신체적 기능의 퇴화와 더불어 심리적 변화가 일어나서 개인 스스로 판단하여 노인이라 생각하는 개인의 자각에 의한 노인이 있고, 사회적 역할기능 수행에 장애가 오는 사회적 노인이 있으나 객관성과 보편성의 결여로 적절치 않고 역연령과 기능연령에 의한 노인이 있다. 그러나 지속적인 생활수준 향상과 보건, 의료기술의 발달로 인한 생명연장은 노인인 구증가와 노인문제가 날로 심각해지고 있다.

KSi 한국학술정보(주)

|머리말|

인간은 누구나 태어나 자라고 성숙해지며 나이가 들면 늙어서 몸이 쇠약해져 마침내 죽음에 이른다. 이러한 인생의 주기를 공자는 일찍이 '삶을 제대로 모르는데 어찌 죽음을 알 수 있겠는가.'라고 하였다. 이는 바로 삶을 철저하게 이해하면 죽음이 무엇인지 알 수 있다는 의미를 내포하는 것으로 볼 수 있다. 레오나르도 다빈치(Leonardo da vinco, 1450~1519)는 '충만한 낮의 생활도 수면의 기쁨을 주지만 인생은 죽음의 기쁨을 준다.'고 하였듯이, 죽음은 인간에게 자연적인 현상이며 인생은 죽음을 전제로 한 삶인 것이다.

인간은 삶의 과정을 통해 많은 사건들을 경험하고 있지만 죽음은 되풀이될 수 없는 것이다. 죽음은 인간에게 돌아오지 않는 경험의 세계를 초월하는 황양지객(黃壤之客)이다. 옛말에 영혼멸절설(靈魂滅絶說, annihilationism)이라고 있다. 불사조(不死鳥)는 죽지 않는 새가 아니라 반복하여 죽고, 죽음으로써 다시 태어나는 새다. 보르헤스(J. Borges)가 발견한 죽지 않는 사람도 마찬가지다. 그것은 반복하여 다른 인물로 태어나는 사람이고, 반복하여 다른 삶을 사는 사람이다.

그러나 많은 사람들은 죽음을 두려워하며 피하려고 하지만, 지금까지 죽지 않은 인간은 없다. 한편 죽음을 예술로 승화하는 사람도 있고, 종교에 의지하여 죽음의 공포를 이겨내려는 사람도 있다. 자연계에서 생명체들은 다른 생명체에게 잡아먹히거나, 병에 걸리거나 혹은 사고나 노쇠(senescence) 등으로 죽음을 맞게 된다. 이러한 과정은 누구도 피할 수 없는 보편적 현상임을 인지할 때 우리는 자신의 미래 모습인 노인에 대한 관심을 소홀히 해서는 안 될 것이다.

사람이 늙는 이유는 생체의 기관이나 조직 등에 나타나는 노인성 퇴행변화가 진행되기 때문이다.

그러나 긴 세월 속에서 오래 산다고 해서 늙는 것이 아니라 목적과 이상을 잃어버리기 때문에 늙는 것이다. 이러한 노화과정에서 나타나는 생리적, 신체적 기능의 퇴화와 더불어 심리적 변화가 일어나서 개인 스스로 판단하여 노인이라 생각하는 개인의 자작에 의한 노인이 있고, 사회적 역할기능 수행에 장애가 오는 사회적 노인이 있으나 객관성과 보편성의 결여로 적절치 않고 역연령과 기능연령에 의한 노인이 있다. 한편 지속적인 생활수준 향상과 보건, 의료기술의 발달로 인한 생명연장은 심각한 노인인구증가와 노인문제를 초래한다.

노인문제란 일상생활을 하면서 겪고 있는 갖가지 어려움을 노인 스스로 해결하지 못하는 상황을 말하는데, 여기서 어려움이란 살아가는 데 기본적인 욕구가 충족되지 않은 것을 뜻한다. 이에 대한 해결 방법으로는 경제적 안정과 가족관계의 안정 그리고 의료와 건강의 보장 등 기타 사회참여활동의 기회를 생각할 수 있다.

본 연구에서 제시한 노인문제란 '노인에게 공통적인 기본적인 생존과 발전의 욕구나 문제를 노인 자신이나 가족의 노력으로 해결하지 못하는 상태로서 경제적 어려움, 건강보호의 어려움, 역할상실과 여가선용의 어려움, 고독과 소외 및 갈등을 느끼는 현상 등'으로 정의할 수 있다.

여기에서 노인복지는 노인이 인간다운 생활을 영위하면서 자기가 속한 가족과 사회에 적응하고 통합될 수 있도록 필요한 자원과 서비스를 제공하는 데 관련된 공적 및 사적 차원에서의 전문적 서비스 활동을 말한다.

본 연구에서는 고령화와 노인복지 및 노인복지정책에 관한 이론적 배경과 함께 노인복지정책에 대한 연구를 진행하였다. 또한 노후생활과 직결된 노인복지 활성화 방안을 제시함으로써 노인의 '삶의 질' 향상을 통한 세계화 전략 및 지방화시대의 복지욕구에 부응하고자 한다. 또한 한국 노인복지정책의 과제와 대안들을 가지고 노인문제를 해결하기 위한 정책과 제도를 제시하였다. 따라서 노인을 위한 복지정책이 적합하게 제도화되어야 할 것이므로 여기에서는 한국 노인복지정책에 관한 문제를 인식하고 활성화방안을 살펴보고자 한다.

연구방법으로는 국내외 여러 문헌과 선행연구들에 대한 이론적 고찰방법과 관련 실무자 면담 등을 통한 의견수렴 등의 방법을 사용하였다.

정책의 기본방향은 노인의 기본욕구에 따른 노인소득보장 급여, 국가 경제력에 따른 노인소득보장 급여수준의 적정화, 세대 간의 형평성을 유지하는 노인소득보장, 사회변동과 인구변화에 따른 노인소득보장정책, 단계별 통합노인소득 보장정책의 구축, 노인소득보장정책 주체의 역할분담에 따른 정책과제를 분석하였다.

이 책을 쓰는 동안 많은 분의 격려와 조언을 통한 도움이 있었다. 가슴 깊이 감사를 드린다.

끝으로 이 책에서 부족한 부분에 대해서는 독자들의 예리한 비판과 충고를 기대한다. 그리고 이 책이 나오기까지 수고해 주신 한국학술정보(주) 여러분께 감사를 드린다.

2008년 5월

김 대 회

|목 차|

제3장 　노인복지정책의 현황과 배경 / 77

서 론

제1장

제1절 연구의 목적

최근 급속한 고령화가 사회적 이슈로 대두되면서 각 부분에서 노인의 삶에 대한 국민의 관심이 높아지고 있다.

2005년 7월 1일 세계 인구는 총 64억 7천만 명으로 2050년에는 90억 8천만 명이 될 것으로 전망하고 있으며[1] 세계 인구 동향에서 노인이 차지하는 비율은 점점 증가하고 있는 추세이다.

고령화 사회에 대한 정의는 학설에 따라 여러 가지가 있으나 UN은 전체 인구 중 65세 이상 인구가 차지하는 비중에 따라 고령화 사회(Aging Society, 7~14%), 고령사회(Aged Society, 14~20%), 초고령사회(Super~aged Society, 20% 이상)로 분류한다.

세계 인구 동향에서 특이한 사항은 2050년의 인구 전망에서 볼 때, 선진국과 개도국을 막론하고 인구의 고령화가 급속하게 진행되고 있어 이미 고령화 사회로 진입하고 있으며 고령화 사회를 넘어 초고령화 사회 진입으로의 전개가 이루어지고 있다.

한국의 경우 2000년 65세 이상 인구가 총인구의 7.2%에 이르러 이미 '고령화 사회'에 들어섰고, 향후 2018년에는 '고령사회'에 진입할 것으로 전망된다.[2] 고령화 사회에로의 진입은 사회의 한 분야에만 국한돼 영향을 끼치는 것이 아니라 주택, 의료, 사회복지 등 다양한 분야에 영향을 끼침으로써 사회비용을 증가시키고 있다.

---

1) 보건복지부, "외국의 고령화 사회 대책 추진체계 및 노인복지 정책 분석", 한남대학교 사회과학연구소, 2005, p.84.
2) 통계청, "2005 고령자통계", 고용복지통계과, 2005, p.1.

즉 고령화 사회는 단순히 노인과 부양가족만의 문제가 아닌 전 국가적 문제로서 노령화에 따른 다양한 문제를 해결하지 못한 경우 전 국가적 부담과 재앙이 될 수 있기 때문에 국가 사회적 대응책이 시급하다.

한국은 지난 국제통화기금체제 이후 명퇴, 정리해고 등을 당한 50대들이 사회에 쏟아지고 그만큼 노인들이 우리 사회에서 설 자리가 더욱 좁아졌지만 은퇴 이후 노년의 삶에 대한 인식은 전무한 상태에 있다. 또한 대부분 55~60세를 전후해서 직장을 그만둔 다음부터는 빈곤, 질병 등에 무방비 상태로 노출되는 것이 일상적이다. 퇴직은 빨라지는 반면 의학의 발달로 인해 평균수명이 연장됨에 따라 정년퇴직 이후의 노후생활기간이 눈에 띄게 길어지고 있는 것이 사실이다. 즉 효율적인 건강관리를 통해 80세 이상 장수하는 것은 그다지 어려운 일이 아니라는 것이다. 이는 정년퇴직한 노인들이 20여 년간을 무소득과 질병의 불안 속에서 살아야 된다는 것을 뜻하기도 한다.

노인복지정책은 넓은 의미의 사회복지정책 혹은 사회보장의 한 영역으로 간주되고 있어 사회복지정책이나 사회보장의 모형 혹은 특성을 반영하는 형태로 전개되고 있는 것을 찾아볼 수 있다.

기존의 많은 노인문제 관련 정책은 경제적 문제와 의료적 문제를 우선적으로 해결해야 할 시급한 문제로 생각하여 이 부분에 대한 프로그램에 역점을 두어 왔다. 그러나 국민경제수준이나 복지수준의 향상과 더불어 국가적 정책은 시설보호 위주의 정책에서 재가보호 및 재가노인 위주의 정책에 점차 역점을 두는 방향으로 발전하는 것이 선진산업사회에서 일반적인 경향이며 노인복지의 발전단계상 당연한 추세인 것이다.[3]

사회적 서비스는 노인의 일상생활에서 신체적, 사회적 및 심리적인 면에 있어서

---

3) 흔히들 노인의 4대 고통거리로 경제적 빈곤, 건강악화, 역할상실, 소외된 고독감을 이야기한다. 물론 사람의 소망은 남녀노소를 막론하고 대동소이하겠지만, 이는 오늘을 살아가는 노인 자신들의 문제일 뿐 아니라 향후 우리에게 닥칠 문제이기도 하기 때문인데 그것은 오늘의 청년이 내일의 노년이기 때문일 것이다. 실제로 오늘의 노인이 살아가기 힘들어 삶을 포기한다면 어떠한 부단한 노력이 없을 경우 내일의 노인 또한 삶을 등지는 것은 어쩌면 당연한 귀결인지도 모르겠다.

의 문제나 욕구를 해결하는 데 도움을 제공하여 노인으로 하여금 인간다운 삶을 영위하게 하는 데 기여하는 서비스이다.

국민 경제수준의 향상에 따른 노인 개인욕구수준의 향상과 기대의 상승으로 사회보장의 기준은 단순한 생계유지의 선을 넘어 사회경제적 발전수준에 맞는 인간다운 삶의 수준을 설정하는 것이 복지국가의 일차적 목표인 만큼 사회복지의 대상도 저소득층을 넘어 중산층 이상의 일반국민으로 확대되고 있다. 따라서 우리의 노인복지 프로그램도 사회적 서비스의 개발과 향상에 점진적으로 역점을 두는 방향으로 전개해야 하며 인구고령화 사회와 앞으로 다가올 인구고령사회에 대비해 노인들이 길어진 노년기를 보람되게 살아갈 수 있도록 정책적인 연구와 지원이 필요하다.

이에 본 연구는 인구고령화 사회에 따른 노인들의 사회복지 문제를 해결하는 방안으로 선진국의 노인복지정책을 토대로 한국의 실정에 맞는 노인정책을 마련하기 위해 노인복지를 정책적인 측면에서 효과성을 연구하고, 이를 토대로 노인들의 복지정책의 욕구를 파악하여 필요한 실제적인 정책적 지원프로그램과 정책대안을 마련하고자 하였다.

노인복지정책은 실행 주체인 국가 차원에서의 노력과 국민들의 협조가 공조되어야 하는 사업이다.

제2절 연구범위 및 방법

1. 연구범위

　본 연구는 고령화와 노인복지 및 노인복지정책에 관한 이론적 배경과 함께 노인복지정책에 대한 연구를 진행하였다. 또한 노후생활과 직결된 노인복지 활성화 방안을 제시함으로써 노인의 '삶의 질' 향상을 통한 세계화 전략 및 지방화 시대의 복지욕구에 부응하고자 한다.

　본 연구는 전술한 논문의 목적을 구체화시키기 위하여 첫째, 노인복지문제의 배경으로 노령화의 심화, 경제적 빈곤, 건강문제, 가치관의 변화와 부양기능의 변화 그리고 여가생활 등의 문제를 노인복지의 배경과 원인으로 고찰하였다. 둘째, 한국의 노인복지제도를 소득보장제도, 의료보장제도, 주택보장제도, 사회적 서비스제도로 나누어 현황과 문제점을 파악하였다. 셋째, 전장의 한국 노인복지제도를 분석 파악하였던 문제점들에 대한 정책적 대안을 소득보장정책, 의료보장정책, 주택보장정책, 사회적 서비스정책으로 나누어 제시하려고 하였다. 넷째, 전장에서 살펴보았던 한국 노인복지정책의 과제와 대안들을 가지고 종교적인 관점에서 노인문제를 해결하기 위한 정책과 제도를 제시하여 교화의 목표로 설정하려고 하였다.

　본 연구는 노인복지정책의 전반적인 현황 즉, 소득보장, 의료보장, 주택보장, 사회적 서비스 지지정책 등을 파악하고 그에 따른 문제점을 도출하며 각 선진국의 노인복지정책을 살펴본 후 한국의 현재 상황에서 해결책을 모색, 개선방안을 제시하는

데 목적을 두었다

 따라서 본 연구에서는 고령자 중에서도 노인을 연구 대상으로 설정하였다.

2. 연구의 방법

 연구방법은 노인복지제도의 소득보장·의료보장·주택보장·사회적 서비스를 중심으로 한국 노인복지제도의 현황과 과제를 사회보장의 측면에서 파악하고 여기에 대한 대책 및 정책대안의 제시를 위하여 노인복지제도와 연관된 다양한 문헌과 논문 등 기존 자료를 분석하여 제도적, 정책적 접근을 시도하고자 하였다.

 연구방법으로는 국내외 여러 문헌과 선행연구들에 대한 이론적 고찰방법과 관련 실무자 면담 등을 통한 의견수렴 등 방법을 사용하였다.

노인복지정책의
이론 고찰

제 2 장

제1절 고령화 사회의 이론적 배경

1. 고령화 사회의 현황

현재 한국은 노인인구 수와 비율이 급속하게 증가하고 있는 것이 사실이다. 1960년 65세 이상의 인구는 불과 2.9%에 지나지 않았으나, 2000년도에는 7.2%로 증가했고 추후 2030년에는 23.1%를 차지할 것으로 예상되고 있다. 따라서 인구 전체 중 노인인구의 비율이 14%에 육박하는 2010년 이후 한국은 고령화 사회를 넘어 고령사회로 진입할 것이라는 것이다.

〈표 2-1〉 한국의 65세 이상 인구의 연령집단별 증가 추이

연 도	노인인구 수 (단위: 천명)			전체 인구 대 비율(%)			전년기(5년간)대비증가율(%)		
	65+	75+	85+	65+	75+	85+	65+	75+	85+
1960	726	170	24	2.9	0.6	0.1	–	–	–
1970	991	251	30	3.1	0.7	0.1	12.5	8.1	20.0
1980	1,456	407	53	3.9	1.0	0.1	19.6	18.3	23.3
1990	2,195	695	94	5.1	1.6	0.2	26.0	32.8	23.7
2000	3,359	1,091	173	7.2	2.3	0.4	27.8	29.6	31.1
2010	5,302	1,996	386	10.7	4.0	0.8	21.4	38.1	55.0
2020	7,667	3,193	801	15.1	6.3	1.6	20.8	20.9	45.4
2030	11,604	4,646	1,251	23.1	9.2	2.5	19.8	21.9	21.9

참고: 최성재(2004), "고령화 사회에 대비한 사회복지정책 방향", 사회과학논집 제21호

또한 이러한 한국의 고령화가 다른 OECD가입국가와 차이를 보이는 것은 선진국에 비해 고령화의 속도가 현저히 빠르다는 것이다. 즉 선진국의 경우 노인인구가 7%에서 14%로 증가하는 데 14년에서 115년까지 평균 60년이 걸렸고 14%에서 21%로 증가하는 데 평균 30년이 걸린 것에 비교해 한국은 노인인구가 7%에서 14%로 증가하는 데 19년, 14%에서 21%로 증가하는 데 7년이 걸릴 것으로 예견되면서 어떤 선진국보다 고령화의 속도가 빠르게 진행되고 있다는 것이다.

다음의 〈표 2-2〉에서도 볼 수 있듯이 미국의 경우 12.5%에서 21.7%로 9.2%p 증가하는 데 50년이 소요된 반면 우리나라는 7.2%에서 20.9%로 15.9%p 증가하는 데 불과 30년으로 미국과의 차이를 보였고 OECD국가의 평균 증가 추이보다도 월등히 빠른 고령화를 나타내고 있다.[4]

〈표 2-2〉 주요 OECD국가의 노인인구 비율 추이

국 가	2000	2010	2020	2030	2040	2050
미 국	12.5	13.2	16.6	20.6	21.5	21.7
일 본	17.1	21.5	26.2	27.3	30.2	31.8
독 일	16.4	19.8	21.6	26.1	28.8	28.4
프랑스	15.9	16.6	20.1	23.2	25.3	25.5
영 국	16.0	17.1	19.8	23.1	25.0	24.9
캐나다	12.8	14.3	18.2	22.6	23.7	23.8
호 주	12.1	13.4	18.2	20.0	22.0	22.6
스웨덴	17.4	19.5	23.1	25.5	27.2	26.7
한 국	7.2	10.7	15.1	23.1	30.1	34.4
OECD 평균	13.0	14.5	17.5	20.9	23.3	24.4

자료: 최성재, "고령화 사회에 대비한 사회복지정책 방향", 사회과학논집 제21호. 2004, pp.135~149.

---

[4] 최성재, "고령화 사회에 대비한 사회복지정책 방향", 사회과학논집 제21호, 2004, pp.135~149.

1) 고령화 사회의 개념

고령화란 한 국가의 전체 인구에서 노인인구가 차지하는 비중이 증가하는 현상을 말하고, 고령화 사회(aging society)는 인구의 고령화 또는 고령화가 진행 중인 사회를 의미한다. 전체 인구에 대비하여 노인인구의 비율이 증가하는 상태, 즉 인구의 노령화 또는 고연령화 경향에 있는 사회를 뜻한다(小室豊允, 1989, 44).

고령화 사회는 65세 이상 인구비율이 7% 이상인 사회를 말한다. 65세 이상 인구가 총인구에서 차지하는 비율이 14% 이상인 사회를 고령사회(Aged Society)라 하고, 65세 이상 인구가 총인구에서 차지하는 비율이 20% 이상인 사회를 후기고령사회(post -aged society) 혹은 초고령사회라고 한다.[5]

한국의 「고령자고용촉진법시행령」에서는 55세 이상을 고령자, 50~54세를 준고령자로 규정하고 있으나 UN 기준에 따르면 65세 이상을 뜻하는 고령 인구의 비중이 전체 인구의 7%를 넘는 연령구조를 갖는 국가는 '고령화 사회(aging society)', 65세 이상인 고령 인구가 전체 인구의 14% 이상이면 '고령사회(aged society)', 고령 인구 비중이 전체 인구의 20% 이상인 사회는 '초고령사회(super~aged society)'라고 부른다.[6]

이러한 고령화 사회의 등장배경에는 의학의 발달, 공중환경·위생의 개선, 생활수준의 향상 등으로 인한 인간 평균수명의 연장이 있다. 평균수명이 긴 나라가 선진국이고 평화롭고 안정된 사회를 상징하는 의미에서 장수(長壽)는 인간의 소망이기도 하지만, 반면 고령에 따르는 질병·빈곤·고독·무직업 등에 대응하는 사회경제적 대책이 고령화 사회의 당면 과제이다.

인간의 소망은 행복하고 장수하는 것이다. 하지만 고령에 따르는 질병·빈곤·고독·무직업 등으로 사회경제적 어려움도 갖게 된다.

---

5) 평균 수명은 2030년에 2000년보다 5.6세 높아진 81.5세(남 78.4세, 여 84.8세), 2050년에는 83.0세(남자 80.0세, 여자 86.2세)로 계속 늘어날 전망이다. 한국의 정년 연령이 60세인 점을 고려하면, 한국 노인은 정년 후 20여 년간을 공식적인 직업 없이 생계를 꾸려야 하는 부담을 갖고 있다(심인선 외, 2002).
6) 김대회, "고령자 취업활성화 방안에 관한 연구" 선문대학교 대학원 박사학위논문, 2008, p.14.

<표 2-3> 고령화 진전의 국제비교

	도달연도			증가소요연수	
	7% (고령화 사회)	14% (고령사회)	20% (초고령사회)	7 → 14%	14 → 20%
한 국	2000	2019	2026	19	7
일 본	1970	1994	2006	24	12
프랑스	1864	1979	2020	115	41
독 일	1932	1972	2012	40	40
영 국	1929	1976	2021	47	45
이탈리아	1927	1988	2007	61	19
미 국	1942	2013	2028	71	15

자료: UN, The Sex and Age Distribution of World Population, 각 연도.
　　　日本 國立社會保障·人口問題硏究所, 『人口統計資料集』(2000).
　　　통계청, 「장래인구추계」(2001).

이와 같이 선행연구 결과에서 보듯 고령화 사회는 전체 인구 대비 비생산인구(non～working population)로서의 노령인구가 7.0% 수준을 상회하는 사회를 지칭한다. 이러한 사회에서는 비노동 고령인구에 대한 경제적·사회적 부담의 증대를 어떻게 대처해 나갈 것이냐 하는 문제가 제기된다.

2) 고령자의 노후대책

현직에서의 퇴직은 단순히 일에서 물러나는 것이 아니라 자신의 계속적 발전과 자기 가치성을 유지시켜 줄 수 있는 다음 인생의 일을 위해 물러나는 것이라는 태도를 가지는 것이 중요하다. 은퇴 후 노후준비는 고령화 시대에 있어 각 개인의 재테크를 하는 이유의 가장 큰 위치를 차지하고 있다.

그래서 여유 있는 생활을 위해 별도의 저축수단으로 개인연금, 연금신탁 등이 필요하다. 현재 고령자의 생활자금은 임대수입이나 금융소득 등 퇴직금과 국민연금을 말할 수 있는데 지금과 같은 연금수급구조로는 발전이 없다. 현행 퇴직금제도의 문제점에 대한 해결책으로 정부주도하에서 시행되는 제도는 퇴직연금제 시행(2005)으로 해당 근로자들은 퇴직일시금 또는 퇴직연금제(DB / DC형) 중 택일을 해야 한다.

연금제도는 국민연금, 퇴직연금(기업연금), 개인연금 등으로 구분된다. 이 중 국민연금은 늙어서도 가장 기초적인 생활을 할 수 있도록 하는 보조적인 역할에 불과하기 때문에 실제 생활비에서 차지하는 비중이 매우 낮다.

정부는 노인들에 대한 은퇴 후 노후를 대비하는 복지정책인 국민연금을 공평한 수납에서 안정적 수급으로 최대한 개선하여 턱없이 부족한 수입에 의존하며 연명하는 다수의 노인을 구제하는 대책이 있어야 한다. 정부는 평등한 국민의 주권과 권리를 위하는 인간존중의 정신을 바탕으로 하여, 훌륭한 복지정책을 수행해야 한다 (노동부, 2005).

3) 고령화 사회와 노인생활

인간은 누구나 자신에게 주어진 소중한 삶을 잘 살고 싶어 한다. 또한 사람들이 바라는 것은 행복하고 뜻있게 잘 사는 것이지만 '어떻게 잘 사느냐'는 사람에 따라 각각 다르다. 즉 어떤 사람은 돈을 많이 벌어 풍족하게 살고 싶고, 다른 사람은 뛰어난 학문적 업적을 쌓아 명예를 얻고 싶어 한다. 그러므로 누구나 행복한 삶을 원한다 하여도, 실제로 머릿속에 그리는 삶의 모습이 어떠하냐가 문제인 것이다. 많은 사람에게 어느 정도 공통되는 행복의 조건이 없는 것은 아니다. 얼마만큼의 물질적 충족과 자유로운 활동이나 정신적 안락은, 그 기본일 것이다.

행복한 삶이란 인간의 욕구는 무한한데 유한한 환경과 조건이 이를 따라갈 수 없기에 삶 속에 부분적인 행복은 맛볼 수 있겠지만 그 행복이 지속되지는 못할 것이 분명하다. 심리학자나 철학자도 행복한 삶의 정의를 내릴 수는 있지만 당신을 행복하게 해 줄 수는 없기 때문이다. 행복한 삶을 지속하고 이 땅에 생명이 다하는 날까지 그 행복을 소유하기 위해서는 유한한 인간의 무한한 욕구를 만족시켜야 하는데 이는 불가능하다.

행복의 조건이나 기준은 시대에 따라, 사회에 따라, 사람에 따라 다르다. 그것을 크게 물질적인 쾌락과 정신적인 안락 또는 외면적인 성공과 내면적인 만족으로 나누어 생각할 수 있겠는데, 사회 문화적인 배경과 개인의 성향에 따라 어느 쪽에 무게를 두느냐의 차이가 생긴다. 동양 사회가 정신적·내면적인 면을 중시하고 심지어 청빈을 미덕으로 여긴 것은 한쪽 극단이요, 서양 사회가 물질적·외면적인 면을 중시하고 심지어 쾌락에 빠져 드는 폐풍은 다른 쪽 극단이다. 그러나 이 양면은 서로 대조적이면서도 반드시 배타적이라고 보기는 어렵다. 일반적으로 정신적인 가치를 중시하는 사람이 물질적인 탐욕을 경멸하면서도, 어느 정도의 물질적 충족을 배격하는 것은 아니라 할 것이다. 또, 실제로는 이 양면이 상반된다기보다 밀접히 연관된다고 보는 편이 자연스러울 것이다. 물질적 풍요나 외면적 성공이 정신적 만족을 가져오는 따위이다. 요는 양면의 적절한 배분과 조화를 도모함이 현명하다고 보겠다.[7]

노인은 일생의 한 주기로서 노년을 더 이상 여생으로 받아들이는 이는 없을 것이다. 그러나 정작 삶의 마지막 부분에 서 있는 이들이 어떻게 늙어 가야 하는지, 삶을 어떻게 정리해야 하는지 확신하지 못하며 변화하는 세태에 갈등하고 있다.

고령화 사회에서 노년을 행복하고 보람 있게 보내기 위해서는 남은 생의 가치를 어디에서 찾느냐에 달렸다. 지나온 삶이 비록 슬픔과 상실, 실패의 세월이었다 해도 남은 삶의 가치는 남아 있는 것이다. 남은 삶에서 훌륭한 가치를 찾는 것이야말로 노년을 맞이하는 이들에게 가장 현명한 삶의 자세이며 지혜이다.

남은 삶에서의 훌륭한 가치란 자기 손에 쥐고 있던 것들을 언제 놓아야 하는지를 아는 것이며, 오래된 원망을 키우기보다 관용과 용서가 보다 성숙하고 훌륭한 삶의 자세임을 아는 것이다. 지금 어떠한 여건에 서 있건 노년의 삶은 외롭고 쓸쓸할 수

---

7) 그런데 여기서 반드시 강조되어야 할 것은 행복은 윤리적 개념이라는 점이다. 우리가 추구하는 행복의 조건은 도덕적으로 건전해야 한다. 도덕적으로 불건전한 조건이 행복을 뒷받침할 수는 없는 것이다. 물질적 풍요로움은 행복한 삶을 위한 무시 못 할 조건이지만, 그것이 지나쳐서 사치와 낭비로 지탄의 대상이 되면 곤란하다. 행동의 자유는 누구나 원하는 바이지만, 그것이 빗나가 방종으로 비판받게 되면 난감하다. 우리의 양심이 살아 있고 사회 속에서 어울려 사는 한, 비도덕적인 행위로 행복감을 얻을 수는 없기 때문이다. 나의 행복관은 나의 인생관, 나의 윤리관과 통한다.

도 있고 즐겁고 보람찰 수도 있다. 그것은 자신의 의지와 선택이 결정짓게 될 것이다. 한국노인문제연구소의 조사에 의하면 1994년 현재 노인 혼자 또는 부부끼리만 사는 비율이 52.3%로 70년대 초의 7.0%에 비하여 7배 이상 증가하였으며, 특히 전체 노인 중 41.0%는 자녀가 있음에도 함께 살지 않는 것으로 나타났다. 특히 농촌에서는 젊은이들의 이농 현상 심화로 65.8%의 노인이 자녀들과 별거하고 있어서 노인들의 건강악화에 따르는 보호문제가 심각해지고 있다. 또한 일상생활에서 고독감을 느끼는 노인은 58.9%, 자녀들과 갈등을 겪는 노인은 조사 대상의 절반으로 나타났다. 생활비 및 용돈 마련은 자식들로부터 받는다가 44.5%, 일해서가 30.6%, 모아둔 재산으로가 18.4%, 연금이 3.9%, 국가보조가 2.6%의 순이다. 무의탁노인 112명 중 여자가 100명(89.3%), 평균연령은 75.5세이며, 주거형태는 전세 47명(42%), 월세 27명(24%), 무료임대·친척집 동거 등이 38명(34%)이다. 정부가 매월 지급하는 쌀 10kg, 보리 2.5kg, 부식비 및 연료비 3만 5000원 등의 배급이 넉넉하다는 응답자는 17명(15.2%)에 불과하였다.

이와 같은 통계는 정부의 연금이나 국가보조는 형식에 불과함을 말해 주고 있다. 노인들의 생활비나 용돈은 자식들로부터 해결하고 있는 현실을 볼 때 정부는 하루빨리 선진국의 수준은 안 될지라도 최소한의 기초생활은 할 수 있게 복지정책을 이뤄야 할 것이다.

노인의 생활이 화려할 수는 없다. 은퇴에서 오는 경제적 상실뿐만 아니라 야망과 활력을 잃을 수 있기 때문이다. 그러나 노인의 원숙함은 여유와 초월함이다. 욕망에 갈등하지 않으며 미래에 불안해하지 않는 자신감이다. 존경받는 노후 생활을 위해서는 마음가짐과 생활 자세를 어떻게 가져야 할 것인가를 생각하지 않으면 안 된다. 백 세 장수도 좋고 건강한 노후도 좋지만 가족관계나 사회의 역할에서 소외되어 가고 있는 상실감에서 어떻게 자유로울 수 있는가 하는 것이 더욱 현실적인 과제이다.[8] 지난날을 뒤돌아보지 말고 지금까지 하고 싶었던 일들을 시작해야 한다.

---

8) 존경받는 노인: 첫째, 나이 들수록 집과 환경을 모두 깨끗이 해야 한다. 분기별로 주변을 정리 정돈하고, 귀중품이나 패물은 살아생전에 선물로 주는 것이 효과적이고 받는 이의 고마움도 배가된다. 둘째, 항상 용모를 단정히 해야 한다. 나이가 들면 비싼 옷을 입어도

그러기 위해서는 노인에게도 용기와 인내가 필요하다.

2. 고령화 사회와 노인의 개념

노인에 대한 개념은 시대와 사회에 따라 다르기 때문에 한마디로 정의하기는 매우 어렵다. 그 시대의 사회적·문화적 배경과 변천의 과정에 따라 학자들 간에도 다양하게 정의되고 있다.

우리가 알고 있는 노인은 늙은 사람을 의미하는 것으로 뚜렷한 기준은 없지만 일반적으로 65세 이상의 사람으로 특히 육체적으로 노쇠한 사람을 뜻한다. 그러나 「노인복지법」상 65세 이상을 말한다. 「국민연금법」에서는 노령연금을 받기 시작하는 60세부터 노인으로 규정한다. 노인에 대한 정의는 시대와 사회에 따라 다르다.[9] 사회 통념적으로 나이가 들어 보이면 흔히 사용하기 쉬운 말로 '어르신', '늙은이'라고 하고, 나이 많은 사람을 막연하게 '노인'이라고 부르는 게 보통이다. 그러나 노년기가 오는 시기는 개인에 따라 다르기 때문에 노화의 기준을 연령으로 결정하는 일은 더욱 어렵다.

물론 「노인복지법」에서는 65세 이상 자로 역연령(chronological age)에 의한 노인,

좀처럼 태가 나지 않는 법이다. 셋째, 말하기보다는 듣기를 많이 하라는 주문이다. 노인의 장광설과 훈수는 모임의 분위기를 망치고 사람들을 지치게 만든다. 말 대신 박수를 많이 쳐 주는 것이 환영받는 비결이다. 넷째, 회의나 모임에 부지런히 참석하라. 집에만 칩거하며 대외 활동을 기피하면 정신과 육체가 모두 병든다. 동창회나 향우회, 옛 직장 동료 모임 등 익숙한 모임보다는 새로운 사람들과 만나는 이색모임이 더 좋다. 다섯째, 언제나 밝고 유쾌한 분위기를 유지하는 것이 좋다. 지혜롭고 활달한 노인은 주변을 활기차게 만든다. 여섯째, 돈이든 일이든 자기 몫을 다 해야 한다. 지갑은 열수록, 입은 닫을 수록 대접을 받는다. 우선 자신이 즐겁고, 가족과 아랫사람들로부터는 존경과 환영을 받게 될 것이다. 일곱째, 포기할 것은 과감하게 포기하라. 이제껏 내 뜻대로 되지 않은 세상만사와 부부 자식 문제가 어느 날 갑자기 기적처럼 변모할 리가 없지 않은가. 되지도 않을 일로 속을 끓이느니 차라리 포기하는 것이 심신과 여생을 편안하게 한다.
9) 김대회, "고령자 취업활성화 방안에 관한 연구" 선문대학교 대학원 박사학위논문, 2008, p.19.

기능연령에 의한 노인, 사회적 역할상실에 의한 노인, 주관적 의식에 의한 노인을 말한다. 「국민연금법」에서는 노령연금을 받기 시작하는 60세부터 노인으로 규정하고 있다.

노인이란 용어는 어의상으로는 '―늙은이'―또는 '나이 많은 자'―라고 일반적으로 흔히 많이 사용되고 있다. 그리고 신체적, 정신적, 사회적 제 측면에서 능력이나 적응성의 퇴화현상이 발생하여, 사회적 기능 수행에 장애를 초래하는 시기를 노년기라 하며, 노년기의 사람을 노인이라고 칭한다.10)

그러나 연령기준은 현행 「노인복지법」에서 노인은 65세 이상을, 「고령자고용촉진법 시행령」은 고령자를 55세 이상 65세 미만인 자, 「국민연금법」에서는 노령연금11)을 받기 시작하는 60세부터, 기업에서의 정년퇴직 기준은 일반적으로 55세, 사회 통념적 60세를 노인으로 규정한다.

노인의 개념은 1951년 미국에서 개최된 제2회 노년학회에서 의학적인 관점에서 노인의 정의를 규정한 것에서 출발한다(C. Tibbits, Origin, Scope and Field of Social Gerontology, 1960, p.10).

국제노년학회(International Association of Gerontology)12)에서 노인을 세분화하면, 첫째 환경변화에 적절히 적용할 수 있고 자체조직에서 경험이 있는 사람, 둘째 자신을 통합하려는 능력이 감퇴되어 가는 시기에 있는 사람, 셋째 인체의 조직기능

---

10) 버린(L. Breen): 노인을 생리적, 생물학적인 면에서 쇠퇴기에 있는 사람, 심리적인 면에서 정신기능과 성격이 변화되고 있는 사람, 사회적인 면에서 지위와 역할이 상실되어 가는 사람이라고 정의하였다.

11) 노령연금(老齡年金, old age insurance benefits): 일정한 연령에 달한 노령자의 권리로서 정기적으로 지급되는 금전적 급부를 말한다. 선진국에서는 국민연금·후생연금·농업자노령연금 등이 운용되고 있다. 한국에서는 「국민연금법」에 의하여 1988년 1월 1일부터 시행되고 있다. 가입기간이 20년 이상인 가입자 또는 가입자였던 자가 60세(대통령령이 정하는 특수직종근로자는 55세)에 달한 때에는 그때부터 그가 생존하는 동안 노령연금을 지급받는다.

12) 1951년 제2회 국제노년학회(The 2nd International Conference of Gerontology)에서는 노인이란 인간의 노화(aging) 과정에서 나타나는 생리적, 심리적, 환경적 변화와 행동의 변화가 상호작용하는 복합형태의 과정에 있는 사람이라고 정의하였다(C. Tibbits, Origin, Scope and Field of Social Gerontology, 1960) p.10.

등에 있어서 감퇴현상이 일어나는 시기에 있는 사람, 넷째 생활 자체의 적응이 정신적으로 결손되어 가고 있는 사람, 다섯째 인체의 조직과 기능저장의 소모로 적응이 감퇴되어 가는 시기에 있는 사람, 즉 모든 노인은 나이가 들수록 노화가 진행됨으로 신체적, 심리적, 사회적 제 기능이 쇠약해져서 결국 장애인과 유사한 처지가 된다. 인간은 세월이 가면 누구나 노령기를 맞이하게 되고 많은 사람들이 노후에 신체적, 경제적, 정신적인 문제에 직면하게 됨을 깊이 인식하고 남의 일이 아닌 우리의 당면과제로 다 같이 노력해야 할 것이며 노인도 이 사회의 귀찮은 존재가 아닌 우리 사회를 지켜 오고 맥을 이어 온 하나의 공동존재로서 그 공적에 감사하고 이해할 수 있어야 한다. 제2차 세계대전 이후 인간의 수명이 현저히 증가하고 치명적인 질병이나 천재지변으로 인한 집단 사망의 사례가 크게 줄어들면서 노인인구의 수도 크게 증가하였다. 한편 노인인구가 전체 인구 중에서 차지하는 비율도 급격히 증가하였다.

노인이란 환경변화에 적절히 적응할 수 있는 자체조직에 있어서 결핍을 가진 사람, 자신을 통합하려는 능력이 감퇴되어 가는 시기에 있는 사람, 인체의 기관·조직 기능 등에 있어서 쇠퇴현상이 일어나는 시기에 있는 사람, 생활 자체의 적응성이 정신적으로 결손되어 가고 있는 사람, 인체의 조직 및 기능저장의 소모로 적응감퇴 현상에 있는 사람이라는 것이다.[13]

한국사회의 경우 인생의 마지막 단계에서 노화와 더불어 신체적·심리적·사회적 기능이 점차 쇠퇴하여 생활기능 수행상의 장애를 경험하는 사람이라고 정의하는 견해도 있다.[14]

앞서 언급한 바와 같이 한국의 급속한 인구 고령화는 의학기술의 발달과 더불어 급격히 낮아진 사망률 및 1970년대 이래 급격히 감소한 출생률에서 기인한다. 남녀

---

13) 한국의 경우 「생활보호법」 제3조에서 65세 이상의 노쇠자를 '생활보호대상 노인'으로 지정하고 있다. 「노인복지법 시행규칙」 제10조에 따르면, "무료양로시설과 무료노인요양시설에 입소할 수 있는 자는 65세 이상의 노쇠자로서 부양의무자가 없거나 부양의무자가 있어도 부양능력이 없는 자." 등으로 되어 있어, 실정법상으로 65세 이상의 노쇠자를 노인으로 규정하고 있다.
14) 이혜원, 「노인복지론」, 유풍출판사, 1998, p.13.

모두 1970년 이후 출생기준 기대수명이 13년 증가하였으며, 이는 OECD 국가들 가운데 가장 높은 증가율이다.

〈표 2-4〉 연령계층별 인구 및 구성비 추이

	2000	2004	2005	2010	2018	2026
총 인 구	47,008	48,082	48,294	49,220	49,934	49,771
0~14세	9,911	9,417	9,240	8,013	6,495	5,796
15~64세	33,702	34,483	34,671	35,852	36,276	33,618
65세 이상	3,395	4,182	4,383	5,354	7,162	10,357
구 성 비	100.0	100.0	100.0	100.0	100.0	100.0
0~14세	21.1	19.6	19.1	16.3	13.0	11.6
15~64세	71.7	71.7	71.8	72.8	72.6	67.5
65세 이상	7.2	8.7	9.1	10.9	14.3	20.8

자료: 통계청, 「장래인구특별추계」, 2005, p.59.

그 결과 60세를 기준으로 할 때 기대수명은 2000년 현재 남성의 경우 17.5년이며 여성의 경우 22년이다. 또한 통계청의 전망에 따르면, 출생기준 기대수명은 2010년까지 남성의 경우 80세, 여성의 경우 86세를 상회하는 수준으로 늘어날 것으로 예상된다. 이에 비해 1970년대 초 4.5명을 약간 상회하던 출산율은 이후 급격하게 감소하여 2000년에는 1.5명 이하로 떨어졌다. 이는 장기적인 인구 유지에 필요한 대체율 2.1명 내지 2.2명을 크게 밑도는 수치로, 통계청 추계에 따르면 이와 같은 낮은 출산율은 향후 수십 년간 지속될 전망이다(Keese, 2002).

〈표 2-5〉 성별 고령인구 추이

	2000	2004	2005	2010	2020	2030
65세 이상	3,395	4,182	4,383	5,354	7,821	11,899
구성비	7.2	8.7	9.1	10.9	15.7	24.1

	2000	2004	2005	2010	2020	2030
성 비	62.0	66.1	67.1	70.5	77.0	81.2
남 자	1,300	1,665	1,760	2,213	3,403	5,332
구성비	5.5	6.9	7.2	8.9	13.5	21.5
여 자	2,095	2,517	2,623	3,141	4,418	6,566
구성비	9.0	10.6	10.9	12.9	17.8	26.5

자료: 통계청, 「장례인구특별추계」, 2005, pp.60~61.

왜냐하면 한 시대의 노인은 그 시대를 만들어 온 주인공일 뿐만 아니라 다음 시대의 창조를 위한 전승자이기도 하다. 따라서 노인은 마땅히 다음 세대로부터 존경을 받고 지난날의 업적이 높이 평가되어 사회로부터 우대를 받아야 한다. 이를 위해서는 노인들에게 경제적인 도움을 주는 것도 중요하지만, 무엇보다도 노후에 꾸준히 할 수 있는 직업과 정책적인 지원, 즉 노인들이 일할 수 있는 사회적인 분위기를 만드는 것이 무엇보다도 중요하다고 하겠다.

3. 고령화 사회와 노인문제

현재 당면하고 있는 노인의 문제는 우리 사회가 고도 산업사회로의 변화과정에서 일어난 문제들이다. 사회변동은 기존의 질서체제를 서서히 붕괴시키고 새로운 형태의 사회체제를 지향한다. 여기에 필연적으로 충격이 일어나며 이 충격에 대한 극복과 새로운 질서에의 적응은 기존질서에 익숙한 노년층일수록 어렵다. 이것은 종래 우리가 경험하지 못했던 여러 가지의 노인문제에 직면하지 않을 수 없게 하였다. 이러한 노인문제의 극복을 위하여 다양한 제도나 적극적 정책적 대안이 필요하다

1) 고령화 사회의 문제

가장 큰 문제점은 고령화로 인한 젊은층의 사회부담금이 늘어난다는 것이다. 그동안 정부의 강력한 복지정책으로 인해 지금은 많은 사람들이 국민연금을 내고 있지만, 그래도 문제점이 많아 현실에 맞는 제도개선이 필요하다. 지금 현실로만 본다면 일반회사의 정년퇴임은 50~60세 정도이다. 이렇게 회사에서는 늙은 사람에 대해 빨리 퇴직시키려고 한다. 하지만 한국의 평균연령은 70세가 훨씬 높다.

통계청(2000년)자료에 따르면 노인 단독세대 비율은 1995년 36.6%에서 2000년 44.9%로 증가되고 있으며 65세 이상 노인인구(377만 명)의 8.9%(33만 6천 명)가 기초생활보장수급자로서 노인의 생활수준이 상대적으로 열악한 편이다. 아울러 재가노인복지시설 322개소, 이용노인은 1일 16,663명으로 전체 노인의 0.4%, 이용대상은 주로 저소득노인에 한정되고 있다. 또한 전체 의료비 중 노인의료비 비중이 급속히 증가하고 있다. 65세 이상 노인인구의 약 87%가 한 가지 이상의 만성질환을 앓고 있으며, 8.3%(약 3만 1천 명)가 치매를 앓고 있는 것으로 추정되고 있다. 또한 20.67%(약 73만 9천 명)의 노인은 신체적, 정신적 기능장애를 가지고 있다.[15]

2) 고령화 사회의 노인문제

노인문제는 가정과 지역사회 그리고 국가가 일정한 역할을 분담하며 해결해야 할 것이다. 정부는 가정의 역할을 유지·강화하기 위한 제반 수단을 강구하지만 가정에서의 노인부양에 대한 여건의 변화는 불가피한 현상이므로 이러한 부분에 대한 지역사회의 역할이 지속적으로 보완·발전되도록 지원하고 가정과 지역사회의 역할만

---

15) 고령화 사회의 문제점은 1) 가정에서 노인의 역할 축소와 왜소화. 2) 노인들의 경험과 지혜를 활용한 적절한 일자리가 제공되지 않음. 3) 노인들의 경제적 어려움과 불안한 노후생활. 4) 여생을 편안히 보낼 수 있는 노인복지시설이나 휴식공간의 부족. 5) 체력의 저하와 잦은 질병에 대한 치료문제. 6) 소일거리 부족-무료함, 소외감. 7) 노부모와 살지 않으려는 젊은 부부 증가-외롭고 불안한 노후. 8) 사회구조 변화에 따라 노인에 대한 공경심 약화 등을 말할 수 있다.

으로 감당할 수 없는 부분에 대한 국가적 역할도 확대해 나갈 것이다.

흔히 노인문제의 해결은 정부나, 공공단체의 몫으로 생각하는 경향이 많은데, 그것은 아주 잘못된 생각이다. 자신의 부모님이 자신의 할머니, 할아버지가 겪고 있고, 겪어야 하는 문제라는 것을 인식하고, 개개인 모두가 계획하고 노력해야 할 문제임을 알아야 한다.

의료기술의 발달로 수명이 늘어남에 따라 노인문제가 대두되었지만, 이에 따른 해결책은 마땅히 없는 게 문제이다.[16] 특히 서양 다른 나라들과 달리 한국은 노인문제에 너무 무관심해 왔다. 언젠가 우리도 노인이 될 거라는 생각은 하지 못했다. 경로당의 증설 등, 노인문제를 적극적으로 해결하려고 노력해야 하고, 우선 우리 국민들부터 노인들에 대해서 더 깊은 관심을 가져야 할 것이다.

노인문제의 근본적 요인은 노인인구가 상대적으로 많아지고 있다는 것이다. 이러한 현상을 노령화(혹은 고령화)라고 한다. 노령화 현상은 의학의 발달로 인해 필연적으로 나타나는 세계적인 현상이라고 한다.

산업구조의 근대화에 따른 인구 이동과 이에 수반되는 가족제도의 붕괴에 의한 동거 부양의 감소 또는 핵가족화로 인한 가족의 세대별 분화가 추진되었고, 농촌의 청·장년층이 도시에 집중됨에 따라 젊은 세대가 없는 노인 단독세대가 많이 형성되고 있는 현실이다.[17]

노인이 되면 건강을 잃게 되고 누구에게나 의지하지 않으면 안 되는 시기를 갖게 된다. 어린아이는 부모가 책임을 지고 부모가 없을 경우에는 고아원 같은 시설에서 보호한다. 노인의 경우도 가정에서 가족들이 보호한다면 그보다 이상적인 것은 없

---

16) 핵가족화, 출산율 저하, 여성경제활동 증가, 주거생활 변화 등으로 자녀에 의한 부양체계가 한계에 직면하고 있다.

17) 노인문제란 노령에 수반되는 사회생활상의 갖가지 어려움이라고 할 수 있다. 여기서 어려움이란 인간으로서 사회생활의 기본적인 욕구가 충족되지 않은 상태를 말하며, 구체적인 기본욕구는 경제적 안정, 직업적 안정, 가족관계의 안정, 의료와 건강의 보장, 교육의 기회, 사회협동의 기회, 문화·오락의 기회 등을 생각할 수 있다. 결국 이는 노인의 네 가지 어려움, 즉 심신의 경제적인 의존, 심신의 건강 상실, 인간관계의 단절, 사회적 역할 상실로 요약할 수 있다. 이렇게 노인의 기본적 욕구와 네 가지 어려움이 치료·간호되지 않고 사회문제화되어 있는 상태를 가리켜 노인문제라고 한다.

을 것이다. 그러나 가정보호가 점점 어려운 시대가 되어 가고 있어 노인문제는 사회적 문제로 대두되고 있다.

모든 사람들이 젊은 시절부터 노후를 위한 설계를 하고 준비를 했다면 보다 편안하고 보람 있는 노후생활을 보장받을 수 있을 것이다. 국민 각자가 노후생활에 대한 준비를 하지 못했다 하더라도 국가적 차원에서의 훌륭한 복지정책이 수행된다면 별로 염려할 것이 없을 것이다. 그러나 노인복지문제는 그렇게 쉽게 해결될 문제가 아니다. 노후를 준비해야 할 젊은 사람들의 경우 노인이 된다는 생각을 하기란 쉽지 않으며 노인문제를 생각한다 하더라도 노후문제에까지 신경을 쓸 여유가 없다.

노후생활을 경험하며 노인복지의 필요성을 절감하고 있는 노인층은 복지정책에 영향력을 발휘할 수 있는 능력이 부족하다.

한국노인문제 연구소에서 조사한 노인의 생활비 조달방법은 노인들이 자신의 생활비를 어떻게 조달받는지에 대한 것이었다. 그 조사에 따르면, '자녀에게 전적으로 의존한다.'가 19.9%였고, '국가보조나 타인에게 의존한다.'가 18.9%로 그다음, '자신이 젊었을 때 준비한 노후자금으로 생활한다.'고 대답한 비율은 7.5%밖에 되지 않았다. 또한 노인들의 한 달 생활비는 '10~20만 원'이 29.8%, '10만 원 미만'이 28.6%. '20~30만 원'이 21.4%로 우리나라 대부분의 노인이 어려운 생활을 하고 있는 것으로 나타나고 있다.

노년기에 접어들면서부터 경제적으로 자립하지 못하고, 건강이 악화되며, 의지할 곳이 마땅하지 못하여 어려운 생활을 하게 되는 사람이 많아지고, 변화하는 사회에 적응하지 못해 노인들은 사회적 부적응을 겪게 되는데 이러한 여러 가지 문제를 노인문제라고 한다.

즉 노인이 겪고 있는 네 가지 고통, 빈고(貧苦: 경제적인 의존), 고독고(孤獨苦: 인간관계의 단절), 무위고(無爲苦: 사회적 역할 상실), 병고(病苦: 심신의 건강 상실), 이렇게 노인의 기본적 욕구와 사고가 치료·간호되지 않고 사회문제화되어 있는 상태를 가리켜 노인문제라고 한다.[18]

---

18) 노인문제의 원인: 한국은 경제성장으로 1960년에 평균수명이 남자는 53.0세 여자는 57.8세이던 것이 1980년에는 남자가 62.7세 여자가 69.1세, 1990년에는 남자가 67.1세 여자가

이러한 노인의 문제를 해결하기 위해서 우선적으로 인식해야 할 부분은 노인에게서 찾아볼 수 있는 특성과 문제들이다. 그들이 안고 있는 문제를 정확히 인식하고 있어야 그들에게 접근하고 개입하는 방법의 모색이 가능할 것이기 때문이다.

이 밖에도 노인들이 직면하고 있는 문제에 대한 배경을 살펴보자면 산업화·도시화는 노인을 ① 전통사회에서의 권위자로부터 지위를 하락시켰고 ② 효율과 능력주의에서 밀려나와 사회의 무역할자가 되었으며 ③ 개인주의·물질주의는 인정과 사랑에 바탕을 둔 전통적 경로효친사상을 말살시켜 경제생활, 정서적 안정에 위협을 주어 노령에 야기되는 고독감과 소외감을 가중시키고 있다.[19]

73.6세로 늘어났다. 더구나 우리나라의 65세 이상 노령인구가 2000년 올해 처음으로 전체인구의 7%를 넘어 유엔이 분류한 '고령화 사회(aging society)'로 진입했다. 2000년 7월 10일 세계인구의 날을 맞아 통계청이 내놓은 '한국의 인구현황' 보고서에서는 7월 1일 현재 노령인구가 3백37만 1천 명으로 총인구의 7.1%를 차지한 것으로 발표함으로써 명실상부한 고령화 사회 진입이 확인된 것이다.

19) 또한 노인들이 직면하고 있는 현실적인 문제에 대하여 일반적으로 빈곤, 질병, 고독, 역할상실 등이 문제라고 말해지고 있는데, 노인복지와 관련한 문제를 보다 더 구체적으로 살펴본 것을 보면 다음과 같다. ① 소득원의 상실에 의한 빈곤의 문제, ② 질병치료 및 건강의 문제, ③ 가정과 사회에서의 역할상실 문제, ④ 고독과 소외의 문제, ⑤ 주거문제, ⑥ 여가선용과 사회참여 노력의 적극성 결여, ⑦ 경로효친의 전통적 가치관의 변화 경향에 의한 피해 등으로 보고 있다.

 **제2절** **노인복지정책의 개념 및 특성**

한국은 이미(2000년) 고령화 사회에 진입하였고 향후 2022년에는 고령사회로 진입할 것으로 전망된다. 이러한 고령화현상은 최근 사회적인 이슈로 대두되고 이에 따라 사회 각 부분에서도 노인의 삶에 대한 관심은 갈수록 늘어나고 있는 실정이다. 이처럼, 늘어나는 관심 속에서 노인들의 문제는 더욱 부각되고 있으며, 이러한 문제는 더 이상 개인이나 가족의 문제가 아닌 사회 문제로서 두각을 보이면서, 이젠 노인문제를 개인이나 가족의 해결에서 나아가 사회적인 개입을 통해 해결해야 한다는 주장이 아주 거세지고 있다고 볼 수 있다.

1. 노인복지정책의 개념

실제로 노인복지정책과 관련해서 최근 우리나라 노인사회에서 일어나고 있는 목소리들을 보면 국가는 노인문제에 대해 지나치게 관심을 갖지 않는다, 문제를 해결할 의지가 없는 것 같다, 노인문제의 심각성을 제대로 파악하지 못하는 것 같아 안타깝다, 노인문제에 무관심한 정부 당국의 처사에 분노를 느낀다 등으로 나타나고 있다(박재간, 1999).

노인복지정책의 기본방향은 '선 가정보호 후 국가보장'이라는 보수주의적 경향에서 탈피하지 못하고 있는 실정이다.[20]

그러나 노인복지정책은 노인을 대상으로 함과 더불어 노인을 부양하는 가족을 대상으로 하는 정책이다. 인간에게 있어서 노화는 필연적인 것이기에 노인복지정책은 노인계층이라는 인구학적인 특정계층에게만 해당되는 정책 사안이 아니라 모든 국민에게 해당되는 포괄적이며 전체적인 정책이다.

1) 고령화의 현상

고령화 현상은 경제적 측면에서는 비생산인구를 증가시켜 젊은 세대에게 부양부담을 가중시키고 노동력 부족현상을 초래하며 사회적 측면에서는 젊은 세대와의 의사대립으로 사회진보의 저해요인이 되기도 하며 심리적 측면에서는 가족제도의 변천과 더불어 고독을 갖게 하는 등 사회문제를 야기하고 있다.[21]

2) 경제적 빈곤문제

그동안 자식들 뒷바라지를 위해 모든 것을 희생하고, 노년기에 경제적으로 의존해야만 하는 노인인구가 많다는 점이다.

한국노인문제 연구소에서는 다른 조사도 했는데, 그 조사 내용은 노인들이 자신의 생활비를 어떻게 조달받는지에 대한 것이었다. 그 조사에 따르면, '자녀에게 전

---

20) 정책결정(policy making): 행정기관이 국가목표를 달성하기 위해 정책대안을 탐색하고 그 결과를 예측·분석하고 채택하는 동태적인 과정을 말한다. 즉 정책이 추구하는 미래의 바람직한 상태, 즉 목표상태를 결정할 뿐만 아니라, 정책 목표달성의 수단으로서 정책대안을 개발·분석·채택하는 과정을 말한다.

21) 인구 고령화는 갖가지 지표로 볼 수 있으나 일반적으로 총인구에 차지하는 고령자 인구의 비율로 나타날 수 있다. 「고령자고용촉진법시행령」 제2조에서는 55세 이상을 고령자, 50세 이상 55세 미만 자를 준고령자로 규정하고 있다. 그러나 노인의 보건과 복지에 관하여 규정하고 있는 노인복지법 제9조에서는 노인에 대한 구체적인 규정을 두지 않고 다만 복지조치의 개별조항에 65세 이상이라고 연령을 기준으로 일률적으로 규정하고 있다. 일반적으로 사람의 평균수명이 긴 나라가 선진국이고 평화롭고 안정된 사회를 상징하는 의미에서 장수는 인간의 소망이기도 하지만 반면 고령에 따르는 질병, 빈곤, 고독, 역할상실 등에 대응하는 사회경제적 대책이 고령화 사회의 당면 과제이다.

적으로 의존한다.'가 19.9%였고, '국가 보조나 타인에게 의존한다.'가 18.9%로 그다음, '자신이 젊었을 때 준비한 노후자금으로 생활한다.'고 대답한 비율은 7.5%밖에 되지 않았다.

또한 노인들의 한 달 생활비는 '10만 원~20만 원'이 29.8%, '10만 원 미만'이 28.6%. '20만 원~30만 원'이 21.4%로 우리나라 대부분의 노인이 어려운 생활을 하고 있는 것으로 나타나고 있다.

급속한 산업화에 따른 산업구조의 변화와 생산기술의 발달은 노인들을 직장에서 조기 은퇴케 하여 소득원이 상실되었으나 평균수명 연장 등 노년기의 생활 기간은 길어지게 되었고 일단 직장에서 은퇴하고 나면 재취업의 기회가 제한되고 경제적 빈곤에 처하는 노인이 많아지게 되었다.

김대회(2008)의 연구결과 〈표 2-6〉에서는 고령자들의 경제수준이 주택소유의 경우 본인 혹은 배우자 소유가 69.1%(386명)로 가장 많았으며 다음으로 전세가 15.2%(85명), 자녀소유 9.3%(52명), 월세 5.0%(28명), 기타 1.4%(8명)의 순으로 나타났다. 수입원은 본인 및 배우자소득이 54.5%(307명)로, 자녀보조가 25.5%(143명), 연금 11.3%(63명), 부동산임대료 3.2%(18명), 기타 1.8%(10명), 퇴직금 및 실업급여 1.6%(9명)의 순이었다.

월수입의 경우 50~100만 원 미만이 244.1%(245명)로 가장 많았으며 다음으로 50만 원 미만이 31.7%(176명), 100~150만 원 미만 11.0%(61명), 150~200만 원 미만 8.3(46명), 200만 원 이상 5.0%(28명)로 나타났다.

경제상태에 대해 중이라고 응답한 고령자는 51.8%(289명), 하로 응답한 고령자는 36.4%(203명), 상 11.8%(66명)의 순이었다. 지출비는 본인생활비가 65.7%(368명), 경조비 및 친목회비 17.3%(97명), 약값 및 의료비 14.8%(83명), 손자녀 용돈 1.3%(7명), 기타 0.9%(5명)의 순으로 나타났다.

<표 2-6> 경제적인 상황

변인		빈도	백분율
주택소유	본인(배우자)소유	386	69.1
	자녀소유	52	9.3
	전세	85	15.2
	월세	28	5.0
	기타	8	1.4
수입원	본인 및 배우자소득	307	54.8
	연금	63	11.3
	자녀보조	143	25.5
	국가보조	10	1.8
	퇴직금 및 실업급여	9	1.6
	부동산임대료	18	3.2
	기타	10	1.8
월수입	50만 원 미만	176	31.7
	50~100만 원 미만	245	44.1
	100~150만 원미만	61	11.0
	150~200만 원 미만	46	8.3
	200만 원 이상	28	5.0
경제상태 1)	하	203	36.4
	중	289	51.8
	상	66	11.8
지출비	본인생활비	368	65.7
	경조비 및 친목회비	97	17.3
	약값 및 의료비	83	14.8
	손자녀 용돈	7	1.3
	기타	5	0.9

자료: 김대회(2008), 고령자 취업활성화 방안에 관한 연구, 선문대학교 대학원 박사학위논문, p.64.

　　노인들이 노후생활에서 가장 문제가 되는 것은 '소득의 상실'로 인한 경제적 궁핍이다. 노인들은 심신의 기능이 쇠퇴하게 되면 노동능력이 감퇴되어 사회의 일선에서 물러나게 되고, 이로 인해 소득상실과 연결되는 것이다. 노인의 소득상실 문제는 노인연령층에서 가장 광범위하게 나타나는 사회문제로 지적되고 있다. 소득상실이 경제적 빈곤의 가장 큰 이유는 급속한 산업화 과정에서 나타나는 산업구조의 변화와 과학적 생산기술의 발달로 인해 조기 은퇴하여 직업일선에서 물러나게 되었고 이는 소득의 조기상실을 초래하게 된다. 직장에서 은퇴하고 나면 재취업의 기회가 제한되고 경제적 빈곤에 처하는 노인이 많아지게 되었다. 노인들의 경제적 어려움을 해결할 수 있는 수입원으로는 자신의 노동·배당수입·연금·퇴직금·공적 부조·사회복지의 급여·자녀와 친척의 보조 등이 있다.[22]

3) 노인의 건강문제

현재 노인들의 건강에는 많은 문제가 있다. 주위만 둘러보아도 만성 질병으로 고생하는 어르신들을 쉽게 찾아볼 수 있다. 계속해서 신체적·정신적인 노인성 질환이 증대되고 있는 실정에 있으나, 경제적인 지원이나 전문 치료 및 요양 시설이 턱없이 부족한 실정이다. 또한 핵가족화로 인한 가족규모의 변모, 여성취업의 증가에 따른 주 수발자의 감소 그리고 사회복지제도의 미비 등을 꼽을 수 있다. 이러한 주변 여건 변화로 노인건강문제가 더 이상 가족이나 친지 및 사적 부양 장치만으로는 해결될 수 없는 현실이다. 만성질환을 가지고 있는 시점부터 행복한 노후생활과는 거리가 멀어지게 된다. 또한 노인의 건강 문제는 본인뿐만 아니라 가족들에게도 엄청난 부담감을 남겨 줄 수 있기 때문에 여러 사람의 삶의 질에도 문제가 될 수밖에 없다.

노인건강문제의 현황은 한국 보건 사회연구원의 통계 자료에 따르면 65세 이상 노인인구의 86.7%가 장기간 치료를 요하는 당뇨, 관절염, 고혈압 등과 같은 만성질

---

22) 노인들의 수명은 의학의 발달에 따라 연장되고, 아직 더 일을 할 수 있는 상황인데도 생산연령층에게 밀려나 어쩔 수 없이 퇴직하게 되어 이에 따라 적절한 소득이 보장받고 있지 못하는 실정이다. 또 이러한 퇴직 제도도 현 세대 퇴직자들은 퇴직연금으로서 받지 않기에 여러 문제들이 발생되고 있기도 하다. 그리고 국민연금에서 제외되는 사각지대에 놓인 노인들은 연금조차도 받지 못하고, 국민기초생활보장도 받지 못하는 실정이다. 하지만 노년기에 접어들수록 만성질환을 앓기 쉽고, 이에 따라 늘어만 가는 소득 지출에 뒷받침되는 소득보장이 절실히 필요한 실정이다.

환을 한 가지 이상 갖고 있으며, 전체 노인의 35% 정도가 제3자의 도움이 없이는 일상생활 유지가 어려울 정도의 고통을 겪고 있다고 한다. 따라서 심신기능의 장애로 주변의 도움이 없이 스스로 살아갈 수 없는, 거동이 불편한 노인을 위한 간병·수발 등 장기보호에 대한 대안이 마련되어야 한다.

노인들은 신체적 노화로 인한 건강악화로 고통을 당하고 있어도 수입절감으로 인한 빈곤으로 적절한 치료를 받을 수 없고 만성적, 장기적인 질병의 발생빈도가 높아 의료비 부담이 큰 문제가 되고 있다. 노인성 질환은 노환으로 정신질환을 노망이라 하여 환자를 방치하는 경향이 있으며 만성질환의 경우 가족, 특히 며느리의 심리적 부담이 크며 이는 가족과의 불화를 일으키는 주요문제로 등장한다. 따라서 가족들의 노인 보호에는 한계점이 있으며 노환이니 치매 등 가정에서의 간호에는 많은 어려움이 따르게 된다.[23]

2006년 출생아가 특정 사망원인이 없을 경우 연장될 수 있는 기대수명은 암을 제거할 경우 남자 5.05년, 여자가 2.62년 늘어날 것으로 추정됐으며, 뇌혈관 질환 등 순환기계 질환을 제거할 경우 남자 3.40년, 여자가 3.50년 늘어나는 것으로 조사됐다. 이 같은 한국인의 기대수명은 30개 OECD 국가 평균보다 남자는 0.1년 낮은 수준이지만, 여자의 경우 1년이 높았다.

기대수명이 가장 높은 일본(남 78.5세, 여 85.5세)에 비해서는 남자는 2.8년, 여자는 3.1년 낮은 것이다. 한국인의 기대수명 증가율은 OECD 회원국 중 두 번째로 빠른 것으로 나타났다. 1970년 이후 기대수명 증가 폭은 터키가 남자 17.1년, 여자 17.7년으로 가장 높았고 우리나라는 남자 17년, 여자 16.8년으로 뒤를 이었다(자료원: korea. kr, 국정브리핑, 2007).

---

23) 최근 10년간(1996~2006) 사망확률이 증가한 사인을 보면, 남자는 폐암(2.5%), 폐렴(1.7%), 자살(1.6%), 심장질환(1.2%) 순으로 증가했으며, 여자는 심장질환(2.2%), 폐렴(1.8%), 당뇨병(1.2%), 자살(1.0%) 순이었다.

4) 부양의무의 변화

법(민법제974조)으로나 사회적으로 볼 때 부모의 부양에 대한 의무에 대하여 그 장남, 차남 등의 구분 차이는 없다. 이는 예전의 가부장적 제도하에서 장남이 재산 상속권한이 더 있을 당시였다면 장남의 의무가 더 강제되었을는지 몰라도 지금은 출가한 여자식이나 장남이나 모두 똑같은 재산 상속권한을 가지고 있으므로 부모의 부양에 대한 의무의 차등은 없다.

그리고 부모의 부양에 대하여는 헌법이나 관계법률에서 강제하기보다는 자율적인 사회통념과 윤리의식과 도덕감에 의해 행하여지는 것이 자식의 도리라고 본다.

산업화의 과정에 따라 자녀들은 부모를 떠나 직업을 찾아 도시로 집중하게 됨으로 핵가족이 출현하게 되었다. 부모를 공경하고 권위를 세워 줄 자녀는 남아 있지 않게 되어서 유교적 효도 중심의 대가족제도가 붕괴하게 되었다. 산업화에 따라 나타난 부부 중심의 핵가족제도는 개별주의·이기주의·물질주의 사상들에 우리들이 의식하지 못하는 사이 동화되어 경로효친사상이 희박해지면서 자녀들은 노부모를 봉양하지 않더라도 부끄러워하지 않고 오히려 당연한 것으로 착각하기 쉽다. 이러한 의식구조의 변화로 윤리적 생활이나 노부모에 대한 부양의식의 변화를 가져오게 되었다.[24]

이처럼 노인 단독세대는 가속화될 것으로 예상되며 현재 동거하며 자녀의 부양을 받고 있다 하더라도 고부간의 갈등, 맞벌이 부부가 증가하면서 부양보호의 문제가 제기되고 있다.

5) 노인의 여가생활문제

사회구조가 산업화, 도시화함에 따라 높은 비율의 노인은 강제적 또는 자발적으

---

24) 한국 노인문제 연구소의 조사로 보면 서울, 부산, 대구 등 대도시 지역에서의 노인 단독 가구 비율은 29%, 읍·면 단위 이하의 농촌지역에서는 60%가 넘는 것으로 집계하고 있다.

로 노동과 사회참여의 기회에서 이탈하게 된다. 또한 가정의 역할 면에서도 젊은이 주도의 핵가족화 사회로 변모함에 따라 가정에서의 역할마저 상실함으로써 현실적으로 너무 많은 여가시간을 가지게 된다. 특히 자녀와 동거하지 않는 노인들의 경우 대화의 상대자가 없어 더욱 무료함이라는 고통을 체험하게 된다.

물질만능의 산업사회에서 후기산업사회로 이동함에 따라 물질보다는 행복한 삶을 추구하는 경향을 보이고 있다. 한국에서도 국민소득의 향상과 라이프스타일의 변화로 국민들은 어느 때보다도 삶의 질을 추구하는 경향이 뚜렷하다. 삶의 질을 결정하는 요소는 가족관계, 건강, 수입 등이 중요한 변수로 작용하나, 이와는 상관없이 인간 누구나가 자유스럽게 자신이 좋아하는 활동들을 하고 싶어 한다. 말하자면 여가시간을 이용하여 자신의 계발에 눈을 돌리고 있는 경향이 나이에 관계없이 일어나고 있다.

노후는 다 끝난 인생을 덤으로 살아가는 여생이 아니다. 새롭게 개척할 미래도 있고 즐거움과 보람도 찾아야 한다. '젊은 시절 열심히 일하고 애썼으니 이제 그만 편안히 죽음을 기다리세요.' 그것이 여생의 의미라면 자신의 인생은 그 대가에 만족해서는 안 된다. 노인에 대한 사회의 인식도 변하고 있다. 이전까지 노인의 역할은 인생의 한 주기에서 성장·교육·경제 활동을 끝내고 편안히 쉬는 잉여세대로 보았다. 그러나 흔들의자에 앉아 햇볕이나 쬐며 소일하는 모습은 더 이상 이 시대의 노인상이 아니다.

장수하는 노인의 경우 장구한 세월을 어떻게 보낼 것이냐에 대한 문제는 개인적으로나 사회적으로 중요한 과제다. 사회구조가 산업화, 도시화함에 따라 높은 비율의 노인은 강제적 또는 자발적으로 노동과 사회참여의 기회에서 이탈하게 된다. 또한 가정의 역할 면에서도 젊은이 주도의 핵가족화 사회로 변모함에 따라 가정에서의 역할마저 상실함으로써 현실적으로 너무 많은 여가시간을 가지게 된다. 특히 자녀와 동거하지 않는 노인들의 경우 대화의 상대자가 없어 더욱 무료함이라는 고통을 체험하게 된다.25)

---

25) 대가족제도가 붕괴되고 핵가족화가 일반적인 가족형태를 이루고 있는 현시점에서도 가족은 여전히 노인에게 있어서 중요한 부양역할을 수행하고 있다. 그러나 핵가족화와 더

산업화에 따라 도시화에서 노인들이 직면하고 있는 문제에 대한 배경은 노인을 첫째 전통사회에서의 권위자로부터 지위를 하락시켰고, 둘째 효율과 능력주의에서 밀려나와 사회의 무능한 자가 되었으며, 셋째 개인주의·물질주의는 인정과 사랑에 바탕을 둔 전통적 경로효친사상을 말살시켜 경제생활·정서적 안정에 위협을 주어 노령에 야기되는 고독감과 소외감을 가중시키고 있다.

또한 노인복지 차원에서 현재 당면하고 있는 노인의 문제를 살펴보면, 첫째 소득원의 상실에 의한 빈곤의 문제, 둘째 질병치료 및 건강의 문제, 셋째 가정과 사회에서의 역할상실 문제, 넷째 고독과 소외의 문제, 다섯째 주거문제, 여섯째 여가선용과 사회참여 노력의 적극성 결여, 일곱째, 경로효친의 전통적 가치관의 변화경향에 의한 피해 등으로 보고 있다.

이러한 노인문제는 우리 사회가 고도 산업사회로의 변화과정에서 일어난 문제들이다. 사회변동은 기존의 질서체제를 서서히 붕괴시키고 새로운 형태의 사회체제를 지향한다. 여기에서 필연적으로 충격이 일어나며 이 충격에 대한 극복과 새로운 질서에의 적응은 기존질서에 익숙한 노년층일수록 어렵다. 이것은 종래 우리가 경험하지 못했던 여러 가지의 노인문제에 직면하지 않을 수 없게 하였다. 이러한 노인문제의 극복을 위하여 다양한 제도나 적극적 정책적 대안이 필요하다.

2. 노인복지정책의 배경과 특성

1960년대 이후 세계 인구는 전체적으로 출산력 저하로 인해 성장률이 둔화되고 수명 증가로 인한 사망률 저하로 노인인구 증가현상을 가져왔다.

이러한 노인인구 증가현상은 인구구조의 노령화를 형성하게 되었고, 앞으로의 인구

불어 '맞벌이 가족'이 증가하면서 자녀들은 심리적·신체적·경제적으로 노인부양에 대한 부담을 느끼고 있으며, 부모세대들조차도 미래에 자녀들과 동거하지 않고 부담을 자녀들에게 전가하지 않겠다는 경향이 늘고 있다.

예측과 국가적 계획수립에서 노인복지에 관한 정책문제의 중요성이 확대되고 있다.[26]

노인복지 문제가 등장하게 된 두 번째 배경은 산업화로 인한 가족의 분화가 이루어졌기 때문이다. 한국의 경우 기존의 1차 산업에서 2·3차 산업으로 산업혁명이 일어나면서 가족이 분화되었고, 이에 따른 핵가족화 현상은 고령화 노인들에 대한 문제 해결책이 제시되어야 할 필요성이 제기되었다.

첫째는 가치관의 변화이다. 우리의 전통 사회에서는 부모님에 대한 공경과 효도가 당연한 도리로 여겨졌으며 최대의 미덕으로 승상(丞相)되어 왔다. 전통 사회에서는 결혼을 하여도 가족이 분리되지 않고 여러 세대가 함께 사는 전통적인 확대가족 속에서 최고의 가장권이나 지위와 권력을 가졌으며, 따라서 생계유지를 위한 소득, 건강유지를 위한 의료, 신체적 노쇠나 질병에 대한 보호 또는 사회적 역할 등에서 가족의 부양을 받아 이에 대한 어려움을 겪을 필요가 없었다.[27]

그러나 근대화와 산업화 과정을 거치면서 전통적인 가족구조는 해체의 과정을 겪게 되었고, 이는 노인들의 위치에 대한 변화에도 큰 영향을 미쳤다. 즉 해방 후 개인의 능력과 업적을 토대로 한 새로운 개인주의와 물질주의, 보편주의, 편리주의 등의 가치는 노인의 권위를 하락시키고 있는 것이다.

둘째는 노인들의 평균 수명 증가와 건강상태의 호전으로 인한 노인들의 일자리 부족을 해결할 정책이 필요하다. 건강하게 장수하는 노인이 늘어나면서 일할 수 있는 능력이 있는데도 불구하고 은퇴 후 30~40년 기간을 무료하게 보내야 하는 노인들이 늘어나고 있다. 그러나 구조조정과 생산성 문제 등으로 기업들은 노인의 취업을 기피하고 있고 정부의 고용대책도 실효성 부족으로 고령 인구 대비 취업률이 부진한 상태이다.

한국노인복지정책[28] 추진 과정에서 고려해야 할 특징을 살펴보면, 첫째, 노인인구

---

26) 1960년대 이후 이농 현상과 도시화가 빠르게 진행되고 있어 도시 인구가 농촌 인구에 비해 상대적으로 많아졌고, 농촌의 절대 인구 규모가 줄어들어 인구 집중화 현상이 가속화되었다. 따라서 산업화와 함께 젊은 연령층의 도시유입으로 농촌지역인구의 평균연령은 높아지고 인구고령화도 빠르게 진행되고 있어 연령구조의 차이에 의한 부양부담도 커지고 있다.

27) 김대희, "고령자 취업활성화 방안에 관한 연구" 한국학술정보(주), 2008, p.9.

변화추세로 급속한 노령화의 진전이 이루어졌다는 것이다. 즉 산업화의 영향과 보건위생의 개선, 평균수명 연장의 영향으로 인구의 고령화가 급속히 진행되고 있어 초고속 고령사회로의 진입이 이루어지고 있다.

셋째는 노인들의 주거 형태이다. 과거의 노인 단독세대나 부부 단독세대는 큰 비중을 차지하고 있지 않았으나 가족세대의 고립화와 분리화 현상이 진행되면서 실질적인 부양기능인 손·자녀와의 동거 상태가 줄어들고 있는 실정이다. 고령사회가 될수록 도움을 받아야 할 노인들이 증가하고 있으나 가치관의 차이와 심리적 갈등으로 인해 노인 단독세대가 증가하고 있는 것이다. 이러한 노인 단독가구의 증가는 노령화의 직접적인 영향보다는 노령화와 병행하여 진행되고 있는 핵가족화 및 세대 간 동거의식의 변화 등과 결부된 영향이라고 볼 수 있다. 말하자면 1세대 가족은 점차 증가하고 3세대 이상 가족은 감소하는 추세이다.

넷째는 지역별 노인인구 비율의 불균형이다. 한국의 경우 수도권 및 대도시의 인구 편중과 인구 구성비상의 남녀 성비 불균형이라는 점이 정책 추진과정에서 중시되어야 하는 점이다.

3. 노인복지정책의 기본 원칙

노인복지의 기본개념은 「노인복지법」 제2조(2000년 1월 12일 개정)에 다음과 같이 명시되어 있다. "① 노인은 후손의 양육과 국가 및 사회의 발전에 기여하여 온 자로서 존경받으며 건전하고 안정된 생활을 보장받는다. ② 노인은 그 능력에 따라 적당한 일에 종사하고 사회적 활동에 참여할 기회를 보장받는다. ③ 노인은 노령에

---

28) 노인복지는 보호적이며 사후문제 해결적인 경향을 띠고 있는 노인복지정책에서는 효과적인 정책을 수립할 수 없기에, 예방적이며 노후의 삶을 적극적으로 계획할 수 있도록 원조하는 방향으로 정책의 방향이 선회해야 할 것이며, 가족의 노인부양에 대한 부담을 줄이고, 사회가 이 부담을 공유하여 정책의 효과성을 도모할 수 있도록 하는 시책 및 프로그램이 개발·실시되어야 한다.

따르는 심신의 변화를 자각하여 항상 심신의 건강을 유지하고 그 지식과 경험을 활용하여 사회의 발전에 기여하도록 노력하여야 한다." 따라서 노인복지정책을 수립하고 시행하는 과정에서 이러한 이념들이 구현되기 위하여서는 최소한 다음과 같은 기본 원칙들이 충분히 고려되어야 할 것이다.[29)]

첫째는 노인들에게도 모든 국민과 같이 신분·직업·신체적 및 정신적 건강·경제적 지위로 인해 차별받지 않는 인간적인 권리로서 존엄성이 존중되어야 한다는 것이다.

둘째는 개별성의 원칙으로 노인에 대한 일반화나 고정관념은 배제하고 노인의 개성이 존중될 수 있도록 개별적으로 적용함으로써 개별적으로 다루어져야 함을 의미한다.

셋째는 연대책임의 원칙이다. 노인복지에 대한 책임의 소재를 분명히 밝히는 것이 매우 중요함을 강조하는 내용으로 노인 자신의 노력도 중요하지만, 노인복지의 책임 대부분은 노인을 둘러싼 환경과 밀접한 관련이 있으므로 국가·지방자치단체·기업·지역사회·가족·이웃 등 모두가 공동책임을 가지고 있어야 한다는 것이다.

넷째는 전체성의 원칙이다. 노인에 대한 전체적인 이해에 기반을 둔 서비스가 갖추어져야 한다는 것으로 노인을 신체적·정서적·지적·사회적·심리적·영적 제 측면의 총체로서 인정해야 하며 어느 한 측면만을 강조하여 원조하는 것은 바람직하지 못하다는 것이다.

다섯째, 노인의 연령별·시대별 욕구반영의 원칙으로 노인복지는 노인의 연령 및 시대에 따라 다르게 나타나는 욕구를 반영해야 한다는 원칙이다.

즉 시대의 빠른 변화 속에서 어제와 오늘의 노인들의 욕구를 파악하는 것이 중요하며 욕구 조사를 바탕으로 한 새로운 프로그램 계획을 통한 노인복지 증진을 위한 노력이 필요하다는 것이다.

노인복지를 정책론적인 측면과 관련하여 J. Kaplan은 노인복지에 있어서 불가결한 생활상의 욕구로서 사회가 들어주지 않으면 안 되는 것으로서 ① 건강증진과 생명

---

29) 김만두, 「현대사회복지개론」, (서울: 홍익재), 1995, p.449.

연장을 위한 의료나 정신의학적 서비스, ② 적절한 주택, ③ 정신적 안정과 사회적 유용성을 부여하는 사회, ④ 퇴직 후의 경제적 안정, ⑤ 만성병 노인의 보호, ⑥ 노동능력에 알맞은 일을 할 수 있는 기회, ⑦ 창조적 활동의 기회 및 여가를 적극적으로 이용하기 위한 지도 등을 볼 수 있다. 그중에서도 의료와 경제적 안정의 욕구는 모든 노인에게 있어서 불가결의 요구로 보며, 이와 같은 요구에 대응하는 노인대책을 노인을 위한 사회적 대책(social program for prople)이라 부르면서 광범위한 노인대책의 필요성을 지적하고 있다.

제3절 **노인복지정책 주요이론**

　　인간은 누구나 태어나 자라고 성숙해지며 나이가 들면 늙어서 몸이 쇠약해져 마침내 죽음에 이른다. 이러한 과정은 누구도 피할 수 없는 보편적 현상이며 우리는 자신의 미래 모습인 노인에 대한 관심을 소홀히 해서는 안 될 것이다. 따라서 노인을 위한 복지정책이 적합하게 제도화되어야 할 것이므로 여기에서는 한국 노인복지정책에 관해서, 문제를 인식하고, 정책 발달에 관한 역사적 배경을 살펴보고자 한다.

1. 노인복지의 개념

　　노인복지(The Aged Welfare)는 한마디로 노인이 복리적인 상태를 유지하도록 하는 사회적 활동으로 사회복지 실천의 한 분야이다. 그러기 때문에 노인복지로 노인의 문제를 해결하려는 사회적 노력이 필요한 것이다.

　　노인복지란 사회복지가 추구하는 모든 인간의 사회생활 중에서 노인에게 일어나는 문제를 해결하고 노인의 복지를 이룩하려는 사회적 노력이라고 할 수 있으며 생애주기의 후기 또는 완성기에 처한 인간의 복지라 할 수 있다.[30] 특히나 고령화 사회에서 노인복지의 개념은 노인의 병환을 사전예방 또는 조기발견하고 병환상태에

---

30) 신섭중, "한국노인복지 정책에 관한 연구", 「사회과학논총」, 제1권 1호(부산: 부산대학교, 1982), p.219.

따른 적절한 치료요양으로 심신의 건강을 유지하고 노후의 생활안정을 위하여 필요한 조치를 강구함으로써 노인의 복지증진에 기여하는 것을 의미한다. 그리고 노인이 인간다운 생활을 영위하면서 자기가 속한 가족과 사회에 적응하고 통합될 수 있도록 필요한 자원과 서비스를 제공하는 데 관련된 공적 및 사적 차원에서의 조직적 활동이라고 정의할 수 있다(장인협·최성재, 1989, 노인복지학, 서울대학교 출판부).

복지에 대한 개념을 한마디로 정의하기는 매우 어렵다. 그러나 복지란 개념은 빈곤층의 어려운 사람들을 도와주고 부족한 사람들을 채워 줘서 잘 살게 한다는 뜻이지만, 더 나아가 내 자신이 편하게 살 수 있는 세상을 말한다.[31]

일반적으로 노인복지의 개념은 근본적으로 사회변동과 함께 변화하는 성격을 지니는 동시에 노인복지가 놓여 있는 특정 사회의 여건과 환경, 정치, 경제, 사회, 문화 등에 따라 그 성격을 달리하는 특징을 지니고 있기 때문에 한마디로 정의하기란 쉽지 않다.[32]

노인복지란 어르신을 위한 복지제도[33]를 말한다. 그러나 사회복지가 추구하는 모든 인간의 사회생활 중에서 노인에게 일어나는 문제를 해결하고 노인의 복지를 이룩하려는 사회적 노력이라고 할 수 있으며 생애주기의 후기 또는 완성기에 처한 인간의 복지라 할 수 있다. 노인복지가 노인의 문제를 해결하려는 사회적 노력이라한다면 현재 사회의 노인문제는 무엇인가? 이러한 물음에 다음 몇 가지 그 유형을

---

31) 김대희, 2008, "고령자 취업활성화 방안에 관한 연구" 선문대학교 대학원 박사학위논문, p.20.
32) 노인복지(the aged welfare): 많은 사회문제 중, 노인에게 일어나는 문제를 해결하고 노인의 복지를 이룩하려는 사회적 노력이라고 할 수 있다. 오늘날 사회변화와 다양화를 추구하는 산업화, 정보화 시대에서 노인들은 젊은 세대들에 비해 생활 적응이 어렵고 생산활동에서 소외되어 있다. 노인복지란 인간다운 생활을 영위하면서 자신이 속한 가족과 사회에 적응하고 통합될 수 있도록 필요한 자원과 서비스를 제공하는 데 관련된 공적, 사적 차원에서의 조직적 제반 활동이라고 정의한다.
33) 노인복지제도는 주어진 자원을 효과적이고 효율적으로 활용하여 노인들의 욕구를 최대한 충족시킬 수 있도록 물적, 인적 자원을 조직하여 운영함을 목표로 두고 있고 그 주체도 각 나라의 정부가 중심이 되고 있다. 한국의 경우 노인복지제도와 서비스에 대한 정책은 보건복지부, 정책 시행도 중앙정부에서 광역자치단체 및 기초자치단체의 일선 행정기관으로 이어지는 전달체계로 이루어지고 있지만 노인복지의 기본 틀은 사회복지제도 안에서 이루어지고 있는 실정이다.

살펴보기로 한다.

한국은 우리의 전통적인 경로효친의 미풍양속을 정신적 자산으로 유지, 발전시키고 현대 사회에 부응하는 노인복지 시책을 효율적으로 추진하기 위해 노인복지법이 제정되었다. 「노인복지법」은 국가와 지방자치단체의 노인복지 증진에 대한 책임과 경로 주간의 설정, 노인복지시설의 설치, 운영 및 노인의 건강증진과 경로우대 그리고 주택, 적성직종의 개발, 보급 등 노인복지에 관한 사항을 규정하고 있다. 그러나 한국의 「노인복지법」은 법제화 과정에서 서구의 노인복지를 위한 입법과는 달리 선 가정보호 후 사회보호라는 정부 방침에 적지 않은 영향을 받았다는 점이다.

따라서 노인복지는 특정 사회 내에서 시간의 흐름에 따라 여러 가지 형태와 내용을 지니고 있는 하나의 역동적인 개념으로 이해해야 한다. 보다 구체적으로 정의하면 노인복지는 "노인이 인간다운 생활을 영위하면서 자기가 속한 가족과 사회에 적응하고 통합할 수 있도록 필요한 자원과 서비스를 제공하는 데 관련된 공적 및 사적 차원에서의 조직적 제반 활동"이라 할 수 있다.[34]

특히 한국은 경제성장과 더불어 산업화에 따른 도시화, 핵가족제도화로 노인들은 과거 대가족제도하의 위치로부터 멀어져 가고 있으며 예로부터 익혀 왔던 경험들은 급속히 발전하는 산업기술에 이용되지 못해 그들의 경제적 배경은 미약해져 가고 노후와 시대적 배경에 따라 억지로 생긴 여가를 활용하지 못한 채 허비하는 것이 대다수이다. 그들의 갈등은 특히 교육적 배경의 차이가 심한 젊은 세대와의 사이에서 많이 나타나고 있다. 이와 더불어 의학의 발달에 따른 평균수명의 연장, 사망률의 저하, 가족계획의 보급으로 인한 출생률 저하는 노령인구의 절대수를 증가시킬 뿐 아니라 노령인구의 구성비를 높이려 하고 있다. 이와 같은 추세로 확대될 노인문제는 심각한 사회문제의 하나로 대두될 것이며 이에 적절한 예방책 및 해결을 위한 방안의 모색이 시급한 것이다.[35]

---

34) 김근홍, "한국노인복지이해", (서울: 학문사), 2001, p.48.
35) 김현주 외, "노인복지의 시설과 현황", 이화여자대학교 법정대학, 1992, p.125.

2. 노인복지정책의 이론

노인복지정책에 대한 이론은 활동이론, 은퇴(분리)이론, 갈등이론, 지속이론, 현대화이론, 사회구조이론, 상징적인 상호작용이론, 기능이론 등으로 다양하게 전개되어 온 것이 사실이다. 한국사회는 산업화와 도시화·현대화가 이루어지면서 수명의 연장으로 인하여 노인인구 수가 급속히 증가하였고, 핵가족화로 인한 부양의식 변화가 이루어졌다.[36]

첫째, 은퇴이론은 사회학의 구조기능주의 시각에 기초하고 있으며 특히 뒤르겡(E. Durkheim)과 파슨스(T. Parsons)의 이론의 영향이 크다. 구조기능주의란 사회의 부분이 각각의 역할을 수행함으로써 전체로서의 사회가 기능한다는 것으로 전통적인 마르크스의 시각인 갈등론을 수정한 이론이다.

활동이론의 내용은 "인간은 나이를 먹어도 적극적으로 역할과 활동을 계속하면서 노후를 보내는 것으로 일상생활에서도 노인이 제일선에서 활동을 할 필요가 있다."라는 견해를 보이고 있다. 반면 은퇴이론은 고령자는 노화를 피할 수 없고 쇠약함을 수용하여 사회적인 활동을 단계적으로 이탈하여 보다 내성적인 생활을 추구하면 무리 없이 고령기를 적응할 수 있다는 것이다. 이 이론의 경우 세대교체가 순조롭게 진행하는 것에 의해 노인뿐만 아니라 사회도 고령화에 적응할 수 있다는 장점이 있다.[37]

또한 이론의 주창자인 커밍과 헨리(Cumming & Henry)[38]에 의하면 노인은 젊은

---

36) 정책결정의 배경이나 형성과정 그리고 정책의 효과에 대한 분석을 함에 있어서 정책형성과 관련된 방법론으로 정책의사결정의 모형이나 사회정책과정의 모형이 있으며 정책결정의 방법론이 있다. 먼저 정책의사결정에서는 합리적 의사결정모형, 조직과정모형, 정치체계창출모형이 있으며 사회정책과정의 모형에서는 사회양심론, 합리이론, 테크놀로지결정론, 시민권론, 사회정의론이 있다. 그리고 정책결정의 방법론에서는 탐색적 정책결정, 점변적 정책결정, 합리적 정책결정, 상황적 정책결정 등 분류가 가능하다(손명세, 1989).
37) 김응렬 편저, 「한국의 노인복지」, 한국연구총서, (서울: 월인), 2003, pp.398−400.
38) Cumming, E., & Henry, W. E., Growin od: *The Process of Disengagement*, New York: Basic Gooks, 1961, pp.239−244.

사람에 비하여 건강하지 못하고 사회에 대한 공헌도 역시 미약하고 급격히 사망할지도 모르기 때문에 이들을 종료한 사회적 위치로부터 쉬게 하는 것이 사회적 평형을 유지할 뿐 아니라 노인 개인으로 보아도 좋은 일이라고 주장하고 있다.[39]

그러나 은퇴이론의 사람들은 나이가 들면 자연스럽게 이탈을 원하기 때문에 사회에서 분리하거나 은퇴를 해야 한다는 이론은 최근 노인들 스스로 일자리와 활동을 더 원하는 경향이 있다는 점에서 비판을 받고 있으며 이탈을 모든 사람에게 똑같이 적용해야 한다는 주장에 설득력이 없다.

둘째, 하비거스트(Havighurst Neugarten & Tobin)[40]와 동료에 의한 주창된 활동이론이 있다. 활동이론은 은퇴이론과 반대로 보다 적극적인 사회활동에 참여하는 노인일수록 생활만족도가 더 높다는 입장을 보이고 있다. 이 이론에 의하면 자아개념은 자신이 소유하고 있는 역할과 밀접하게 관련되어 있다고 전제한다.

노년기에 들어선 노인들은 각종 역할 상실을 경험하게 되고 자아의 긍정적인 개념을 유지하기 위해서는 노인들은 노후에 상실한 새로운 역할들로 대치할 필요성이 있는데 노후의 생활 만족감은 새로이 성취한 역할에 적극적으로 활동하는 데서 기인하기 때문이다. 따라서 노년기의 상실감이나 활동의 축소 등을 보상해 줄 수 있는 방안으로 대안적 활동에 몰입하기 위해 높은 수준의 사회활동을 권장하며 이것을 통한 긍정적 자아 개념형성과 사기를 유지할 수 있다고 보는 견해이다. 그러나 생활만족도와 노후 활동참여와의 상관관계는 활동 유용이나 개인이 처한 상황에 따라 다른 결과를 초래할 수 있다는 점[41]을 충분히 인식한 후 활동을 하는 것이 효율적이다.

셋째, 현대화 이론은 카우길과 홈즈(Cowgill & Holmes)[42]가 대표적인 학자로 노

---

39) 최순남, 「현대노인복지론」, (서울: 법문사), 2002, pp.36-37.
40) Havighurst, R. J., Neugarten, B. L., & Tobin, S. S., *"Disengagement and Pattern of Aging"*, In B. L. Neugarten(ed.), Middle age an aging: A Reader in Social Psychology, Chicago: University of Chicago Press, 1985, pp.105-108.
41) 유성호 외, 「노인복지론」(서울: 아시아미디어리서치), 2002, pp.58-59.
42) Cowgill, D. O. & Holmes, L. D. "Aging and Modernization". New York: Appleton-Century-Crofts, 1972, pp.1-13.

인의 지위는 특정사회의 산업화 정도와 반비례적으로 현대화 정도가 높을수록 노인의 지위는 낮아진다고 가정한다.

현대화 과정에서 노인의 지위를 약화시키는 건강기술, 생산기술, 도시화, 교육의 대중화가 현대 노인의 지위를 약화시키는 요인으로 지적하고 이러한 기술의 발전과 사회환경 변화를 통하여 고령 인구가 증가되고 고령노동자들은 젊은이들과 직업 경쟁에서 뒤처져 퇴직을 강요당하게 된다는 것이다.

사회변화 과정에서 현대화는 불가피한 것이고, 현대화 과정에서 기존의 전통사회에서 절대적인 지위를 가지고 있었던 노인들의 역할과 지위가 현대화를 통해 옛 지식을 소유한 노년층의 경험과 지식을 쓸모없게 만들어 노인 계층을 사회로부터 추방하는 결과를 초래하게 된다는 것이다.

특히 생산기술의 발전은 새로운 직종을 많이 창출해 내고 있지만 젊은이들에게 지식과 기술 면에서 뒤지는 노인들은 노동시장에서 밀려나게 되어 소득감소로 인한 사회적 신분은 낮아지게 되고 현대화 과정에서의 도시화와 대중교육은 젊은이들의 취업과 교육의 기회를 증가시키면서 업무수행의 기동성과 기능 면에서 세대 간의 격차를 가져와 노인들의 경제활동과 사회참여의 기회가 축소되거나 상실되어 결과적으로 노인에 대한 편견과 차별을 가져오게 된다는 것이다.[43]

그러나 현대화 이론은 현대화 이전에는 노인의 지위가 모두 높았다는 가정에 근거하지만, 사회역사가들은 산업화 전 사회에서 노인들이 높은 대접을 받았다는 논의를 일축하고 과거의 노령기가 황금시대라는 신화를 비판하고 있다. 또한 현대화 이론은 특정 사회의 노인 집단 간의 차이를 포괄하지 못하고 있어 비판이 제기된다.

---

43) 고양곤, "정년제와 노인차별", 계간 사회복지, 157호, 2003, p.22.

3. 노인복지법제정의 의의

1) 사회보장제도(社會保障制度)

저소득 실업 질병 재난 노쇠 등으로부터 가정생활의 파괴를 방지하고 인간다운 생활을 영위할 수 있도록 국가 또는 사회가 공공자원으로부터 일부를 보태 연대적(連帶的)으로 개인의 생활을 보장하는 제도를 말한다. 이 제도에는 사회보험과 공공부조가 있다.

사회보장기본법에 의하면 사회보장이란 질병, 장애, 실업, 사망 등 사회적 위험으로부터 모든 국민을 보호하며 빈곤을 해소하며, 국민생활의 질을 향상시키기 위하여 제공되는 사회보험, 공공부조, 사회복지서비스를 말한다. 즉 사회보장의 이념은 모든 국민이 인간다운 생활을 할 수 있도록 최저생활을 보장하고, 개개인의 생활수준을 향상시킬 수 있도록 제도와 여건을 개선하여 복지사회를 실현하는 것이다. 사회보장 중 하나인 사회보험은 운영 목적 및 방법에 의해 민영보험과 다음과 같은 점에서 차이가 있다. ① 민영보험은 보험가입자의 자유의지에 의해 가입하나 사회보험은 일정한 자격요건을 갖춘 사람은 법에 의해 가입이 강제된다. ② 민영보험은 가입자가 자기가 선택한 급부 내용에 따라 보험료를 납입하지만, 사회보험은 사회적 적정성을 실현하기 위한 급부구조를 갖고 있어 저소득층에게는 유리하고 고소득층에게는 불리하다. ③ 민영보험은 가입자가 급부 내용을 선택할 수 있지만, 사회보험의 급부 내용은 법에 의해 규정되어 있기 때문에 보험가입자의 선택권이 없다. ④ 민영보험은 경쟁적인 시장에서 제공되지만, 사회보험은 국가에 의해 독점되어 운영되고 있다. ⑤ 민영보험은 계약심사를 통해 위험이 큰 보험가입자에게는 높은 보험료를 부과하거나 인수를 거절함에 비해, 사회보험은 가입이 법에 의해 정해져 있기 때문에 계약심사를 하지 않는다.

하지만 사회보험은 다음과 같은 민영보험과 같은 공통점도 가지고 있다. 첫째 사회보험은 보험혜택을 받기 위해 보험에 가입하고 보험료를 납입하여야 한다. 둘째

보험제도가 장기적으로 안정적이고 건전하게 운영되기 위해 보험수리에 의한 적정한 보험료와 보험금의 산출 및 기금적립이 필요하다. 이러한 사회보험과 민영보험의 차이점과 공통점에 불구하고 이 두 체제는 자본주의 경제체제하에서 필수적인 생활보장 수단이다. 사회보험과 민영보험은 국민의 생활보장이라는 공통의 목적을 위하여 존재 필요성이 있다고 보아야 할 것이다. 국가가 경제 발전이라는 명목하에 사회보장에 대한 기본책임을 모두 민간에 맡기고 자율경제로 운영되어야 한다는 것은 더욱더 많은 소외계층을 양상하고 빈부격차의 가속화만 될 수 있다. 국가에서 받아야 할 기본적 생활보장조차 받지 못하는 소외계층의 양상은 더욱더 사회의 혼란을 야기할 수도 있기 때문에 현실에 맞도록 개선하여야 한다.

2) 사회보험(社會保險, social insurance) 현황

국가가 보험제도를 활용, 법에 의하여 강제성을 띠고 시행하는 보험제도의 총칭을 말한다. 사회보장정책의 주요수단으로서 근로자나 그 가족을 상해·질병·노령·실업·사망 등의 위협으로부터 보호하기 위하여 실시하는 것이다. 사회보험은 노동능력의 상실에 대비한 산업재해보험·건강보험과 노동기회의 상실에 대비한 연금보험·실업보험으로 크게 구분할 수 있다.

사회보험은 개인보험처럼 자유의사에 의해서 가입하는 것은 아니며, 보험료도 개인·기업·국가가 서로 분담하는 것이 원칙이다. 보험료의 계산에 있어서도 위험의 정도보다는 소득에 비례하여 분담함을 원칙으로 함으로써 소득의 재분배 기능을 가진다. 한국에서는 산업재해보험과 건강보험을 실시하고 있으며, 국민연금제도는 1988년 1월부터 실업보험은 1995년 7월부터 시행되었다.

노인복지(老人福祉法)를 노인문제 해결과 노후생활을 활력 있고 행복하게 영위하도록 국가 사회적으로 도움을 제공하는 제반 사회복지라고 한다면, 「노인복지법」은 노인복지와 관련된 활동을 법적으로 규정한 것을 말한다.44) 「노인복지법」의 제정은 헌

---

44) 노인복지법의 목적: 「노인복지법」은 노인의 질환을 사전예방 또는 조기 발견하고 질환상

법 제34조제1항 및 제4항에서 보장한 '인간다운 생활을 할 권리'와 '국가의 노인복지 향상을 위한 정책실시의 의무'를 실현 또는 구체화하기 위한 입법이라고 할 수 있다.

「노인복지법」은 「사회복지법」의 한 영역으로서 사회보험, 공공부조법과는 다른 「사회복지서비스법」으로서 특성을 가지고 있다. 국가와 국민은 경로효친의 미풍양속에 따른 건전한 가족제도가 유지·발전되도록 노력하여야 하며 노인의 보건 및 복지증진의 책임을 지고 그 시책을 강구하여 추진하여야 한다. 해마다 10월 2일을 노인의 날로, 10월을 경로의 달로 하며, 5월 8일을 어버이날로 한다. 시·군·구에 노인복지상담원을 둔다.

국가 또는 지방자치단체는 65세 이상의 생활보호대상자, 65세 이상의 소득이 기준금액 이하인 자에게 경로연금을 지급한다. 연금수급권은 양도·압류하거나 담보에 제공할 수 없다.

국가 또는 지방자치단체는 노인의 지역봉사활동 기회를 넓히고 노인에게 적합한 직종의 개발과 그 보급을 위한 시책을 강구하며 근로 능력 있는 노인에게 일할 기회를 우선적으로 제공하도록 노력하여야 한다. 국가 또는 지방자치단체는 65세 이상의 자에 대하여 경로우대를 하고 건강진단과 보건교육을 실시할 수 있다.[45]

(1) 사회보험(社會保險)의 종류

사회보험제도는 국가 및 사회가 책임을 지고 국민생활을 위협하는 여러 가지 생활의 위험이나 경제적 불안정으로부터 국민 개개인을 제도적으로 보호하는 것이다. 따

태에 따른 적절한 치료-요양으로 심신의 건강을 유지하고, 노후의 생활안정을 위하여 필요한 조치를 강구함으로써 노인의 보건복지 증진에 기여함을 목적으로 하고 있다(동법 제1조). 노인은 후손의 양육과 국가 및 사회의 발전에 기여하여 온 자로서 존경받으며 건전하고 안정된 생활을 보장받으며, 능력에 따라 적당한 일에 종사하고 사회적 활동에 참여할 기회를 보장받으며, 노령에 따르는 심신의 변화를 자각하여 항상 심신의 건강을 유지하고 그 지식과 경험을 활용하여 사회의 발전에 기여하도록 노력하여야 함을 기본 이념으로 한다.

45) 보건복지가족부장관, 시·도지사, 시장·군수·구청장은 필요한 때에는 노인의 상담·입소 등의 조치를 하여야 한다. 국가 또는 지방자치단체는 치매예방 및 치매퇴치를 위하여 치매연구 및 관리 사업을 실시하여야 하며, 노인을 위한 재활요양사업을 실시할 수 있다.

라서 사회보험은 국민생활여건의 악화요인을 예방하고 제거함으로써 사회적 또는 경제적 불평등을 최소화하고 형평과 안정 그리고 능률을 증대시키는 데에 그 목적이 있다. 고용보험(1995)의 실시로 연금보험, 의료보험, 산재보험과 함께 4대 사회보험 체제가 구축되었다. 사회보험관련 부처는 5개(보건복지가족부, 교육부, 총무처, 국방부, 노동부)가 관여되어 있고, 관리공단도 5개(의료보험관리공단, 국민의료보험관리공단, 직장조합, 국민연금관리공단, 사학연금관리공단근로복지공단)에 이르는 등 보험별로 목표, 대상 집단, 근거법령, 보험운영의 형태, 집행기관이 다원화되어 있다.

① **국민연금제도**(國民年金制度)

국민연금제도는 1986년에 법제화되어 1988년부터 시행되었는데 제도시행 후 불과 11년 만에 국민연금제도를 전 국민으로 확대 적용한다는 것은 세계에서 유래를 찾기 어려울 정도로 단기간 내에 국민연금화를 이룩한다는 점에서 평가할 만한 것이라고 할 수 있다.

국민연금제도의 목적은 노령, 장애, 사망에 따른 국민들의 생활안정을 도모하는 데 있기 때문에 제도적용의 우선순위는 보험료 부담능력이나 관리의 편의성 측면보다 소득보장의 욕구가 보다 큰 계층, 즉 상대적으로 미래를 준비할 경제적 여력이 낮은 영세사업체 근로자에 두어야 할 것이다.

② **국민건강보험제도**(國民健康保險制度)

한국에서의 의료보험의 실시는 「의료보험법」의 제정(1963)으로 거슬러 올라가지만 구체적으로 실시된 것은 1968년 장기려(張起呂)가 청십자운동(靑十字運動)을 전개하면서부터이며, 국가계획의 일환으로 시행되는 것은 1977년 제4차 경제개발 5개년계획의 일환으로 생활보호대상자에 대하여 의료보호사업을 실시하고 500명 이상의 사업장 근로자를 대상으로 실시되면서부터이다.[46]

1979년에는 공무원 및 사립학교 교직원과 300명 이상의 사업장 근로자까지 적용

---

46) 의료보험은 1883년 프러시아에서 사회보험으로 처음 실시되었다. 이후에 오스트리아와 영국에서 실시하였고, 이어 소련·일본 등에 파급되었다. 1930년의 세계공황 후에는 미국·캐나다를 비롯하여 라틴아메리카로 확산되었다.

대상에 포함하였으며, 점차적으로 그 범위를 확대하여 1988년에는 5명 이상의 사업장에까지 확대되었다. 또한 이해에 농어촌지역 의료보험이 실시되었고, 1989년에는 도시지역 의료보험이 실시됨으로써 전 국민 의료보험을 달성하게 되었다. 그 밖에 1987년에 한방의료보험이, 1989년에는 약국의료보험이 실시되었다.

그 후 국민건강보험으로 바뀌었는데 역할은 의료비용을 지불해 주는 보험의 한 형태이다. 좀 더 넓은 의미로도 사용되는데 장애, 장기 요양 및 관리를 포함하기도 한다. 정부에 의해 지원되는 사회보험을 통해 제공될 수도 있고, 집단적으로 가입할 수도 있으며(예: 기업이 종업원에게 보험을 들어 줌), 개인적으로 가입할 수도 있다. 각 경우 가입자 개인이나 단체는 보험료 또는 세금을 내어 불시에 닥친 높은 의료비로부터 자신을 지킬 수 있다. 비슷한 효과를 정부에 의한 사회복지를 통해 실현할 수도 있다.

국민건강보험은 의료 총비용을 추산하고, 고정적인 재정 수입 구조를 만들어(월 보험료나 연간 세금) 계약된 범위 내에서 의료비용을 지불해 주게 된다. 혜택의 범위는 주로 중앙 조직(주로 정부 기관이나 민영단체 또는 의료 담당 비영리 단체)에 의해 관리된다.

시장원리를 적용한 미국의 건강보험 체계는 민영보험 또는 비영리 건강보험이 큰 부분을 차지한다. 미국 인구주택총조사청(Census Bureau)에 따르면 60%는 고용주지원, 27%는 정부지원, 9%는 직접 개인적으로 보험에 가입한 것으로 나와 있다.

의료보험과 국민연금의 통합관리운영을 모색하기 위해서는 각각의 의료보험과 국민연금의 관리운영체계를 우선적으로 검토해야 한다.

③ 산재보험제도(産災保險制度)

산업재해보상보험(産業災害補償保險, industrial accident compensation insurance)법에 의거하여, 근로자의 업무상의 재해를 신속·공정하게 보상하기 위하여, 사업주의 강제가입방식으로 운영되는 사회보험인데 산재보험으로 약칭한다.

한국에서는 산업재해보상보험법이 제정(1963)되어 근로기준법의 적용을 받는 사업 또는 사업장의 근로자에 대한 업무상의 재해를 신속·공정하게 보상함과 동시에,

이에 필요한 보험시설을 설치·운영함으로써 근로자 보호에 기여하였다.

근로자가 산재보상을 청구하기 위해서는 그 재해가 업무상 발생한 것이어야 한다. 업무상의 재해 여부는 업무수행성(業務遂行性)·업무기인성(業務起因性) 등을 고려하여 판단하는데, 그 기준으로 노동부예규 업무상 재해인정기준이 1983년부터 시행되고 있다.[47)]

이 법에 의한 보상을 받은 때는 보험가입자는 그 한도 내에서 근로기준법상의 보상책임이 면제된다. 보험급여의 종류와 내용은 다음과 같다.

첫째 요양급여는 요양비의 전액으로 하되, 노동부장관이 설치한 보험시설이나 지정의료기관에서 요양을 하게 되며, 부득이 위의 지정 의료기관 등을 이용할 수 없는 경우에는 요양비가 지급된다. 요양급여의 산정기준은 노동부장관이 정하여 고시한다.

둘째 휴업급여는 요양기간 중 평균임금의 70%가 지급된다.

셋째 장해급여는 장해등급에 따라 연금 또는 일시금으로 지급된다. 연금은 등급에 따라 7급의 138일분(평균 임금의)부터 1급의 329일분이, 일시금은 14급의 55일분부터 1급의 1,474일분이 지급된다.

넷째 유족급여는 연금 또는 일시금으로 지급된다. 연금은 유족의 수에 따라 급여기초연액(평균임금×365)의 47%에 상당하는 금액이며, 일시금은 평균임금의 1,300일분에 상당하는 금액이 지급된다.

다섯째 상병보상연금은 폐질(廢疾) 정도에 따라 평균임금의 257(3급)～329(1급)일분이 지급된다.

여섯째 장의비는 평균임금의 120일분이 지급된다.

④ **고용보험제도**(雇傭保險制度)

현대사회에서 실업과 고용의 문제는 국가의 노동정책, 사회복지정책의 주요한 관심의 대상이다. 그것은 실업과 고용이 개인문제라기보다는 사회문제로서 혹은 사회적 책임의 문제로서 포착되기 때문이다. 실업에 직면하게 될 경우 소득의 단절로

---

47) 이 법에 의한 보험급여는 근로기준법상의 보상의 종류 및 내용과 거의 같으나, 일시보상 대신 상병보상연금이 규정되어 있는 점과 민사상의 손해배상문제를 간편하게 해결하는 장해특별급여·유족특별급여 등의 특별급여제도가 규정되어 있는 점 등이 다르다.

인한 경제적 어려움은 물론 안정감, 자긍심과 권위, 사회적 지위 등에 손상을 입게 되며 더 나아가 알코올중독, 고독감, 건강의 약화, 우울증 등 제반 가정적·사회적 문제가 2차, 3차적인 문제로 발생하는 경향이 있다. 실업문제를 해결하여 바로 이러한 문제의 예방과 해소를 하려는 목적에서 각국에서는 실업대책이나 고용정책에 힘쓰고 있다.[48]

이러한 맥락에서 고용보험이란 실직근로자에게 실업급여를 지급하는 전통적 의미의 실업보험사업 외에 적극적인 취업알선을 통한 재취업의 촉진과 근로자의 고용안정을 위한 고용안정사업, 근로자의 직업능력개발사업 등을 상호 연계하여 실시하는 사회보험제도이다. 따라서 실업보험은 단순하게 실직자의 생계를 지원하는 사후적 소극적인 사회보장제도에 그치는 반면, 고용보험은 실직자에 대한 생계지원은 물론 재취업을 촉진하고 더 나아가 실업의 예방 및 고용안정, 노동시장의 구조개편, 직업능력개발을 강화하기 위한 사전적·적극적 차원의 종합적인 노동시장정책의 수단이라고 할 수 있다.

(2) 독일의 사회보험

독일이 근대국가를 형성한 것은 1871년, 독일이 뒤늦게 통일국가를 형성하고 산업화를 막 시작하려던 시기에 당시 재상 비스마르크(Bismark)는 영국에서 격화되던 사회주의운동이 독일에 영향을 미칠 것을 우려하여 사회주의를 금하는 입법조치를 하고 이때부터 자본주의의 확립을 보았는데, 독일은 후발 자본주의국가였지만 격심한 노사 간의 투쟁이 일어났다. 그것 때문에 재상 비스마르크가 1878년 「사회주의진압법」을 제정함과 동시에, 사회민주당의 깃발 아래 모여들지 않도록 노동자들을

---

48) 고용보험(雇傭保險)은 감원 등으로 직장을 잃은 실업자에게 실업보험금을 주고, 직업훈련 등을 위한 장려금을 기업에 지원하는 제도이다. 의료보험·국민연금·산업재해보상보험과 함께 4대 사회보장제도의 하나로, 1995년 7월 1일부터 시행되었다. 이에 따라 사업주와 근로자는 각각 월정급여액의 일정비율을 보험료로 납부해야 하며, 전국적인 고용보험 전산망 구축에 따라 지방노동사무소와 시·군·구에서 구인·구직 정보를 제공받게 된다. 근로자는 나이와 보험 가입기간에 따라, 실업 시 복리후생 성격의 수당을 제외한 임금 총액의 50%까지 실업급여를 받을 수 있으며 수령기간은 90일에서 240일까지이다.

끌어당기기 위해, 이른바 '일면 매 일면 엿' 서구식 표현으로는 '채찍과 당근'으로 표현한다.[49]

(3) 국가개입노인연금의 종류

노인들은 자신의 노후생활준비보다 자식들에게 더 많은 투자를 했다. 하지만 자식들은 실질적인(경제적인) 노인부양능력을 상실하였다고 할 수 있다. 노인들은 자식들에게 기댈 수 없고, 외면당하는 실정이다. 노인들에게 가장 큰 문제라고 할 수 있는 경제적인 문제에 대한 국가적 개입의 필요성이 커지고, 해결방안이 필요해진 것이다. 국가개입노인연금의 종류 중 국민연금·경로연금·기초노령연금이 있다.

① 국민연금급여

국민연금급여(노령연금·장애연금·유족연금)는 가입자가 노령이나 질병·사망으로 인하여 소득능력이 상실 또는 감퇴되었을 때 본인이나 유족의 생계를 보장하기 위하여 지급된다. 국민연금급여의 종류에는 10년 이상 가입하고 60세부터 지급되는 '노령연금', 가입 중에 발생한 질병 또는 부상으로 장애가 남아 있을 때 지급되는 '장애연금', 가입자 등이 사망한 경우 그 유족에게 지급되는 '유족연금' 등이 있다. 이러한 연금급여의 수급요건을 충족하지 못하고 중도에 자격을 상실하거나 사망한 경우에는 본인 또는 그 유족에게 반환일시금이나 사망일시금이 지급된다.[50]

---

49) '사회정책'의 정책으로서 1880년대에 사회보험제도를 만들었다. 이때 비스마르크가 채택한 매의 정책으로서는 1878년의 사회주의진압법이었다. 국가의 정책으로서는 공장 및 광산노동자들을 대상으로 하는 질병보험법(1883), 노동재해보험법(1884), 유족연금보험법(1889) 세 가지였다(左藤 進, 1980: 31). 이와 같이 현대 복지국가가 나타나기 이전의 사회정책은 노동자들의 사회적·경제적 생활조건을 개선함으로써 현존 자본주의 체제를 유지·안정화하려는 사회보험에 의한 국가정책이었다.

50) 국민연금제는 노령·장애·사망 등으로 인하여 소득획득 능력이 없는 당사자 및 유족의 생활보장을 위하여 매년 정기적으로 일정액의 금전을 지급하는 제도이다. 특별법에 의해 연금이 적용되는 공무원·군인·사립학교 교직원을 제외한 18세 이상 60세 미만의 국내 거주 국민을 대상으로 1988년 1월 1일부터 시행되고 있다. 이 연금의 가입은 ① 당연적용 사업장 가입자, ② 임의적용 사업장 가입자, ③ 지역 가입자, ④ 임의계속 가입자의 네 종류로 구분하고 있다(국민연금법 7조). 이 중 ①은 상시 10인 이상의 근로자를 사용

한편, 급여의 구성은 연금액 산정의 기초가 되는 기본연금과 부양가족 수에 따라 가산되는 가족수당 성격의 가급연금(加給年金)으로 구성되며, 급여의 종류는 노령연금·장애연금·유족연금·반환일시금으로 되어 있다(45~46조). 또 노령연금은 완전노령연금·감액노령연금·조기노령연금으로 구분된다. 이 중 완전노령연금의 경우는 가입기간 20년이 되어 60세에 이르면 최종 보수액을 기준으로 월 18.75~100%까지 소득에 따라 연금을 받을 수 있게 된다. 국민연금의 조성을 위해 근로자와 사업자는 1년의 총 수령액을 월 평균액으로 환산하여 각각 1.5%씩 불입하도록 되어 있다.

② **기초노령연금**(基礎老齡年金)

기초노령연금이란 전체 노인의 60% 어르신에게 매월 일정액의 연금을 지급하는 제도이다. 기초노령연금은 2008년 1월부터 만 70세로서 월 소득인정액이 40만 원(배우자가 있는 경우 64만 원) 이하인 자에게 지급한다. 소득인정액에 따라서 다르기는 하지만, 최소 2만 원에서 최대 8만 4천 원(부부일 경우 13만 원 정도)까지 받는다. 2차로 2008년 7월부터는 만 65세 이상까지 지급한다. 이때 자녀의 유무나, 자녀의 재산 유무와는 전혀 관계가 없다. 본인 명의로 된 금융재산이나, 부동산, 연금 등 소득인정액이 없으면 노령연금은 지급된다.

③ **경로연금지급**(敬老年金支給)

대상자는 65세 이상의 노인을 대상으로 하는 연금제도이다. 1991년부터 70세 이상 생활보호대상자에게 실시되어 온 노령수당제를 폐지하고, 「노인복지법」을 제정(1997)하여 시행하는 연금제도이다. 「국민기초생활보장법」에 의한 수급권자 이외의 자로서 현재 주민등록상 65세 이상이고 본인 및 그 배우자와 부양의무자의 소득을 합산한 금액이 가계소득 및 가구원 수 등을 기준으로 대통령령이 정하는 금액 이하이고 그 재산을 합산한 금액 이하이고 그 재산을 합산한 금액이 대통령이 정하는

하는 사업장의 근로자와 사용자를 대상으로 한다. ②는 상시 10인 미만의 근로자를 사용하는 사업장으로서, 사용자가 근로자의 3분의 2 이상의 동의를 얻어 신청한다. ③은 농민·어민·자영자·주부, 10인 미만의 사업장 중 본인의 희망에 따라 가입된다. ④는 원칙적으로 60세가 되면 국민연금 가입자격을 상실하지만, 노령연금의 수급요건을 채우기 위해 계속 가입하기를 희망하는 경우 65세까지 연장 가입하는 경우에 해당된다.

금액 이하인 자이다. 「국민연금법」, 「공무원연금법」, 「사립학교교원연금법」 또는 「군인연금법」에 의한 연금 지급대상자는 이 법에 의한 연금을 지급하지 아니한다. 다만 국민기초생활보장법상의 보호대상자인 경우에는 그러지 아니하다.[51]

노령수당제에 비하여 많은 이들에게 혜택이 돌아가는 장점이 있으나, 제도의 성격이나 대상의 선정기준이 명확하지 않은 단점이 있다. 연금액 인상과 적용대상 확대 등을 거쳐, 결국은 65세 이상 모든 노인에게 최소한의 생활보장을 위한 기초연금제로 바뀔 것이다. 지급대상자는 65세 이상 국민 중 「국민기초생활보장법」에 의한 수급권자이다.

3) 사회복지법(社會福祉法)

「사회복지법」은 인간다운 생활을 보장하는 데 그 의의가 있다고 할 수 있다. 헌법 제34조에 규정하고 있는 인간다운 생활을 할 권리라는 명시적인 조항으로 인해 「사회복지법」의 존재 의의가 있다(개정, 2005. 1. 27.).

「사회복지법」은 사회복지에 관한 법으로서 법적인 성격과 틀을 가지고 있으되, 내용은 사회복지를 다루는 법이라 할 수 있다. '사회복지'는 인간의 아름다운 삶을 달성시키기 위한 사회적 노력을 말하며, '법'은 도덕, 윤리, 관습과 같은 규범으로 인간의 행위를 안내하는 행위규범이다. 따라서 「사회복지법」은 사회적 관계 속에 있는 인간다운 삶을 달성시키기 위한 인간의 행위규범이다. 그러나 「사회복지법」의 개념과 범위에 따라 「사회복지법」의 범위가 달라지기 때문에 '사회복지' 개념의 규정이 중요하다.[52]

---

51) 연금지급액: 연금지급액은 국민연금법상 특례노령연금의 최저지급액을 감안하여 예산의 범위 안에서 매년 보건복지부장관이 결정하되 본인 및 그 배우자가 모두 연금을 지급받을 권리를 가지는 경우에는 그중 1인에 대하여는 연금액의 100분의 25를 감액한다. 지급기간 및 지급 시기는 연금지급을 신청한 자가 연금을 지급받을 권리를 가지는 자로 결정된 날이 속하는 달의 다음 날로부터 연금을 지급받을 권리가 소멸한 날이 속하는 달까지 지급한다.

52) 사회법(社會法, social law): 원어명은 Sozialrecht(독)이다. 사회법이라는 용어는 독일과

사회복지 현상은 법제도 안에서 이루어지기 때문에 사회복지는 적어도 '법'이라는 관점에서 '법제도'라는 틀에서 바라보아야 한다. 법제도적 정의가 필요하다.

사회보장과 사회복지(협의)의 대립적 지위는 헌법에서 "국가는 국민의 사회보장과 사회복지의 증진에 노력할 의무를 진다."(제34조제2항)고 규정하고 있다. 이 규정은 사회보장과 사회복지가 다른 개념인 것으로 인식하게 만들었다. 사회복지란 용어는 헌법상의 규정 이외에는 일반법에서는 찾아볼 수가 없었다. 다만, 「사회복지사업법」, '사회보장에관한법률'에서 사회복지가 사회복지사업의 주 대상자인 미자립자를 위한 서비스로 인식하는 데에 영향을 주었다.

한국 법제도·행정 차원에서 보면 '사회복지'는 — 협의의 사회복지 — 사회의 도움이 없이는 독자적으로 삶을 꾸릴 수 없는 미자립적인 사람들만을 위한 국가의 노력을 지칭하는 것으로 이해해도 충분하다. 사회복지에 관한 법을 연구하는 학자들은 초기에 사회복지를 협의로 파악하고 사회복지 사업에 관한 법을 중심으로 서술하였으나 사회복지를 광의로 파악하고 주장하는 학자들을 중심으로 「사회복지법」에 「사회복지법」을 포함시키는 저서들이 나타나기 시작했다.[53]

4) 노인복지법(老人福祉法)

「노인복지법」은 노인의 질환을 사전예방 또는 조기발견하고 질환상태에 따른 적절한 치료와 요양으로 심신의 건강을 유지하고, 노후의 생활안정을 위하여 필요한 조치를 강구함으로써 노인의 보건복지증진에 기여함을 목적으로 한다(법1조).

노인은 후손의 양육과 국가 및 사회의 발전에 기여하여 온 자로서 존경받으며 건전하고 안정된 생활을 보장받으며, 능력에 따라 적당한 일에 종사하고 사회적 활동

프랑스의 학자들에 의하여 등장한 것이며, 국가에 따라서 다양한 의미로 사용되고 있으나, 우리나라에서는 대체로 공법(公法)과 사법(私法)의 중간의 제3의 법역(法域)을 나타내는 의미로 이해되고 있다.

53) 사회복지(社會福祉)서비스법은 「사회복지사업법」을 기본법으로 하여 「아동복지법」, 「장애인복지법」, 「청소년보호법」, 「모부자복지법」, 「정신보건법」, 「영유아보육법」 등으로 구분된다.

에 참여할 기회를 보장받으며, 노령에 따르는 심신의 변화를 자각하여 항상 심신의 건강을 유지하고 그 지식과 경험을 활용하여 사회의 발전에 기여하도록 노력하여야 함을 기본이념으로 한다.

2000년에 이미 고령화 사회가 된 한국은 현재 전체 인구의 8.3%가 노인인구이며 이러한 인구고령화는 앞으로도 매우 급격하게 이루어질 것으로 예견되고 있다. 인구고령화는 우리 사회가 단기간 내에 경험한 급격한 사회, 문화, 경제적 변화에 덧붙여져 복합적인 변화를 가져오고 있다. 따라서 이러한 변화에 대한 사회정책적인 대응이 적절히 이루어져야만 지속적인 사회발전이 가능할 수 있는 시점이 되었다.

보건복지증진의 책임(법 제4조)은 ① 국가와 지방자치단체는 노인의 보건 및 복지증진의 책임이 있으며, 이를 위한 시책을 강구하여 추진하여야 한다. ② 국가와 지방자치단체는 제1항의 규정에 의한 시책을 강구함에 있어 제2조에 규정된 기본이념이 구현되도록 노력하여야 한다. ③ 노인의 일상생활에 관련되는 사업을 경영하는 자는 그 사업을 경영함에 있어 노인의 보건복지가 증진되도록 노력하여야 한다.

이제 노인문제는 단순한 복지의 문제가 아니다. 우리 사회 전체가 맞게 될 고령사회에 대비하여 보건·복지·교육·노동·문화·주택·도시계획 등 모든 분야에 걸치는 사회시스템 차원에서 접근하지 않으면 안 될 국가발전 전략의 문제이며, 노인복지법도 이러한 사회 전반에 나타날 문제에 대비하여 발 빠른 변화를 꾀하여야 할 것이다.

이는 한국의 헌법상의 인간다운 생활을 할 권리에 근거하여 국가는 노인의 복지향상을 위한 정책을 실시할 의무(헌법 제34조)가 있음을 구체화한 입법이라 할 수 있다.[54]

---

54) 「노인복지법」에는: 국가와 국민은 경로효친의 미풍양속에 따른 건전한 가족제도가 유지·발전되도록 노력하여야 하며 노인의 보건 및 복지증진의 책임을 지고 그 시책을 강구하여 추진하여야 한다. 해마다 10월 2일을 노인의 날로, 10월을 경로의 달로 하며, 5월 8일을 어버이날로 한다. 국가 또는 지방자치단체는 65세 이상의 자에 대하여 경로우대를 하고 건강진단과 보건교육을 실시할 수 있다. 보건복지부장관, 시·도지사, 시장·군수·구청장은 필요한 때에는 노인의 상담·입소 등의 조치를 하여야 한다. 국가 또는 지방자치단체는 치매예방 및 치매퇴치를 위하여 치매연구 및 관리사업을 실시하여야 하며, 노인을 위한 재활요양사업을 실시할 수 있다.

1960년대 이래 진척되어 온 경제·사회적 발달과 함께 가족구조의 변화, 산업화, 도시화, 노인인구의 증가 그리고 부양의식의 감퇴 등은 노인문제를 점차 심각하게 하였다. 노인문제의 해결을 위한 노인복지법제정에 대한 관심은 1970년을 전후로 하여 나타나게 되었으며, 그간의 여러 가지 사정으로 입법화가 되지 못하다가 1981년 6월 5일 「노인복지법」이 입법화되기에 이르렀다. 그 뒤 사회경제적 변화에 따라 발생하는 제반 노인복지 욕구를 해결하기 위하여 수차례의 법 개정을 하고 있다.[55]

(1) 노인의 보건복지조치에 관한 규정

첫째 노인의 사회참여 지원은 국가 또는 지방자치단체는 노인의 사회참여 확대를 위하여 노인의 지역봉사활동 기회를 넓히고 노인에게 적합한 직종의 개발과 그 보급을 위한 시책을 강구하며, 근로 능력이 있는 노인에게 일할 기회를 우선적으로 제공하도록 노력하여야 한다.

둘째 생업지원은 노후의 생활안정을 위하여 국가 또는 지방자치단체 기타 공공단체가 설치, 관리하는 공공시설 안에 식료품, 사무용품, 신문 등 일상생활용품의 판매를 위한 매점이나 자동판매기의 설치를 허가, 위탁할 때는 65세 이상 자의 신청이 있는 경우 우선적으로 반영하도록 노력하여야 한다. 이 외에도 노인취업알선센

---

55) 노인복지법의 문제점: 한국에서는 1988년부터 국민연금제도가 실시되었다. 이 연금제도가 만개되기 시작하면 노인들이 자녀들과 떨어져 독립하여 살아갈 수 있는 경제적 기반이 마련된다. 이러한 소득 보장제도는 노인들로 하여금 자녀와의 불편한 동거보다 안락한 보호시설을 택하도록 하는 촉매 역할을 하게 될 것이고, 따라서 노인복지시설의 수요도 늘어날 것으로 본다. 그러나 한국 노인복지시설 현황은 그리 낙관적이지 못한 게 사실이다. 그 특징으로는 무엇보다도 시설의 수와 수용 인원 자체가 적다는 점을 들 수 있을 것이다. 선진 산업국가의 경우를 보면, 65세 이전 노인인구의 약 4~5%가 공공 양로시설에서 살고 있는 데 비해 우리의 경우 65세 이상 인구의 시설수용 비율은 겨우 0.3% 정도에 지나지 않는다. 또한 노인복지법에는 거택보호를 받기 어려운 노인과 부양 의무자가 없는 노인을 대상으로 하고 있어서 자녀가 있어도 부득이한 개인적, 가정적 사정으로 인하여 보호시설이 필요한 노인은 자격 기준에 해당하지 않는 것이 문제가 되고 있다. 노인복지시설의 사업이 단순한 보호수용 형태에 머물러 있다는 점을 들 수 있다. 실제 시설 내의 전문적 사업은 거의 없고 수용 노인들이 라디오나 텔레비전을 시청하거나 장기, 바둑, 바느질 등으로 소일하는 경우가 대부분이다.

터의 운영지원, 노인공동작 업장의 설치확대 등 노인취업을 정책적으로 지원하고 있다.

셋째 경로우대는 국가 또는 지방자치단체는 65세 이상의 노인에 대해 대통령령이 정하는 바에 의하여 국가 또는 지방자치단체의 수송시설 기타 공공시설을 무료로 또는 그 이용요금을 할인하여 이용하게 할 수 있다.

넷째 건강진단 등은 국가 또는 지방자치단체는 65세 이상의 자에 대하여 건강진단과 보건교육을 실시할 수 있다는 규정에 의한 건강진단은 보건복지부장관, 시·도지사 또는 복지시설 기관이 2년에 1회 이상 국·공립병원, 보건소, 보건복지부령이 정하는 건강진단기관에서 대상자의 건강상태에 따라 1차 및 2차로 구분하여 실시한다.

다섯째 치매관리사업은 국가 또는 지방자치단체는 치매예방 및 치매퇴치를 위하여 치매연구 및 관리사업을 실시하여야 한다.

치매환자의 등록과 관리, 치매환자의 관리에 관한 표준지침의 연구, 노인복지시설의 종사자, 치매환자 및 그 보호자 등에 대한 치매관련 전문교육의 실시, 치매관련 의료 및 복지서비스에 관한 연구, 재택치매관리사업이다.

여섯째 노인재활요양사업의 지원은 국가 또는 지방자치단체는 신체적·정신적으로 재활요양을 필요로 하는 노인을 위한 재활요양사업을 실시할 수 있다. 복지실시기관은 보건소 또는 노인복지시설에 대하여 노인건강증진 및 노인성 질환예방 등 노인재활요양에 필요한 전문인력 및 장비를 지원할 수 있으며 노인의 건강증진 및 노인성질환예방 등 노인재활요양을 위한 프로그램을 개발·보급하여야 한다.

(2) 노인복지시설에 관한 규정

「노인복지법」은 노인복지시설의 종류를 노인주거복지시설, 노인의료복지시설, 노인여가복지시설, 재가노인복지시설 네 종류로 구분하였다. 노인복지시설의 종류에 따라 시설, 설치목적, 입소대상자 및 설치에 관한 사항은 별도로 정한다.

(3) 비용에 관한 규정

첫째 비용의 부담은 국가 또는 지방자치단체가 부담하는 연금지급비용의 부담비율은 국가가 100분의 70, 지방자치단체가 100분의 30으로 한다. 다만, 특별시의 경우에는 국가가 100분의 50, 특별시가 100분의 50으로 한다.

건강진단 등과 상담·입소 등의 조치 및 노인복지시설의 설치·운영에 소요되는 비용은 대통령령이 정하는 바에 의하여 국가 및 지방자치단체가 이를 부담한다.

둘째 비용의 수납 및 청구 건강진단 등과 상담·입소 등 복지조치에 필요한 비용을 부담한 복지시설기관은 복지조치에 필요한 비용을 당해 노인이나 그 부양의무자로부터 전부 또는 일부를 수납하거나 청구할 수 있다.

셋째 비용의 보조는 국가 또는 지방자치단체는 대통령령이 정하는 바에 따라 노인복지시설의 설치·운영에 필요한 비용을 보조할 수 있다. ① 양로시설·실비양로시설 또는 실비노인복지주택, ② 노인요양시설·실비노인요양시설 또는 노인전문요양시설, ③ 노인여가복지시설, ④ 재가노인복지시설이다.

넷째 조세감면은 경로연금과 노인복지시설에서 노인을 위하여 사용하는 건물·토지 등에 대하여는 조세감면규제법 등 관계법령이 정하는 바에 의하여 조세 기타 공과금을 감면할 수 있다.

5) 고령자고용촉진법(高齡者雇傭促進法)

고령자가 그 능력에 적합한 직업에 취업하는 것을 지원·촉진함으로써 고령자의 고용 안정과 국민경제의 발전에 이바지함을 목적으로 하는 법률이다(1991. 법률 제4487호). 정부는 고령자의 취업을 지원하기 위하여 구인·구직 정보의 수집·제공, 고령자에 대한 직업능력 개발 훈련, 사업주에 대한 고용 지도, 사업주의 고령자 강습·훈련 및 작업 환경 개선에 대한 지원, 고령자의 취업 알선 기능 강화, 고령자 고용 정보 센터의 운영, 고령자 인재 은행의 지정 등을 행한다. 그리고 고령자의 고용 촉진을 위하여 사업주의 고령자 고용 노력 의무, 사업주의 고령자 기준 고용률

이행 계획의 수립, 고령자 고용 촉진을 위한 세제 지원, 고령자 적합 직종의 선정과 그 직종에 대한 고령자의 우선 채용, 고령자의 고용 확대의 요청 등을 행한다.

「고령자고용촉진법」은 고령자가 그 능력에 적합한 직업에 취업하는 것을 지원·촉진함으로써 고령자의 고용안정과 국민경제 발전에 이바지함을 목적으로 하는 법률이다. 이 법률에서는 고령자에 대한 정부의 고령자 취업지원과 고령자에 대한 직업능력개발훈련, 사업주의 고령자 고용 노력, 고령자 의무 적합 직종에 대한 채용을 하도록 규정하고 있어 고령자의 취업과 직장에서 권리 보호를 도모하고 있다.

노인인구의 증가에 따른 노인문제와 노인의 욕구문제의 향상 등으로 인하여 노인은 국가의 관심의 대상이다. 특히 노인의 욕구 중 하나가 소득보장인데 국가는 이를 해결하기 위해서는 노인에게 일자리를 마련해 주어 스스로 생활문제를 해결하도록 하는 것이다. 노인에게 일자리를 마련해 주는 것은 단순한 소득보장의 차원을 넘어서 여가선용, 건강유지, 사회적 역할 지속의 측면뿐만 아니라 노인의 인력을 산업현장에 투여함으로 수준 높은 기술력을 활용하고 인력부족을 보충하여 국민경제 발전에도 기여할 수 있도록 정부는 「고령자고용촉진법」을 추진하게 된 것이다.

(1) 기준고용률 제도

「고령자고용촉진법」은 '기준고용률'을 정하여 사업주의 고령자 고용을 촉구하는 내용을 담고 있다. '기준고용률'이란 '사업장에서 상시 고용하는 고령자의 비율'로서, 현재 시행령에서는 전체 상시근로자의 3%를 기준고용률로 정하고 있다. 즉 상시 300인 이상의 근로자를 사용하는 사업장의 사업주는 적어도 3% 이상의 근로자를 55세 이상의 고령자로 고용하도록 노력하여야 한다. 이러한 노력이 미흡한 경우, 노동부장관은 사업주에 대하여 기준고용률 이행에 관한 계획을 작성하여 제출하게 하고 이 계획의 적절한 실시를 권고할 수 있다. 현행 기준고용률제도는 상시근로자 300인 이상 의무사업장이 이미 고령자고용률 3.4%로 현행 기준고용률 3%를 넘어섰으므로, 권장목표치나 가이드라인으로서의 역할을 하고 있지 못하면서, 실제로 이 기준을 충족하지 못하는 사업장에 대해서도 이를 강제할 수 있는 정책적 도구가 없는 실정이다.

(2) 정년연장과 재고용권장

「고령자고용촉진법」은 정년과 퇴직자의 재고용에 관하여 언급하고 있다. 사업주가 근로자의 정년을 정하는 경우에는 그 정년이 60세 이상이 되도록 노력하여야 한다고 명시되어 있다. 특히, 상시 300인 이상의 근로자를 사용하는 사업장의 사업주로서 정년을 현저히 낮게 정한 경우에는 노동부장관이 정년연장에 관한 계획을 작성하여 제출할 것을 요청할 수 있다.

「고령자고용촉진법」은 기업의 정년에 대해서는 '정년을 정할 경우 60세 이상이 되도록 노력할 것'을 명시하고 있는 정도로 60세 정년은 권장사항 수준이다. 한국의 기업 중 일률정년제를 택하고 있는 기업은 1995년 현재 88.6%이며, 이들 일률정년제를 택한 기업 중에서 60세 이상의 정년을 가진 기업은 13.2%에 불과하다. 정년연장을 위한 기업의 노력을 유도하거나 지원하는 구체적인 정책은 없는 실정이다.

정년퇴직한 자가 그 사업장에 다시 취업하기를 희망하는 때에는 재고용하도록 노력하여야 하며, 이때 퇴직금이나 근속기간 정산에 있어서 종전의 근로기간을 제외할 수 있으며, 임금의 결정도 종전과 달리할 수 있게 되어 있다. 퇴직자의 재고용에 대해서도 조문에 명시되어 있으나 재고용 시 적정한 수준의 임금이나 퇴직금 산정 기준 등에 대한 가이드라인이 제공되고 있지 못한다.[56]

(3) 취업알선지원 확대

「고령자고용촉진법」은 정부의 역할로서 구인구직 정보를 수집하고 고령자의 취업을 알선할 의무가 있음을 명시하고 있다. 이를 효율적으로 수행하기 위하여 고령자

---

56) 근속연수에 따라 임금수준이 결정되는 임금제도하에서는 정년연장을 촉구하는 것이 현실성이 떨어진다. 따라서 기업이 정년퇴직자를 생산성 수준에 맞는 임금으로 계속 고용할 수 있도록 하는 제도를 정착시키는 것이 중요하다. 이것은 고용보험의 고령자재고용장려금제도를 개선하여 활용할 수 있을 것이다.

고용정보센터를 운영할 수 있으며, 무료직업소개사업의 허가를 받은 비영리법인이나 공익단체를 고령자인재은행으로 지정하고 소요경비를 지원할 수 있다.

현재 고령자를 대상으로 취업알선을 하는 기관으로는 고용안정센터와 인력은행의 '잠재인력창구' 이외에 고령자 인재은행과 고급인력정보센터를 지정하여 지원하고 있다. 고령자 인재은행은 사회단체와 사회복지관, 산업인력관리공단의 지역본부(지역사무소)를 지정하여 고령자 대상의 취업알선 업무를 담당하게 하고 국고보조금을 지급하는 방식으로 운영하고 있으며 고급인력정보센터는 전문관리직 경력의 인력을 대상으로 경총이 운영한다.

(4) 직업훈련정책 강화

이 법은 노동부장관은 고령자의 고용을 촉진하기 위하여 직업능력개발훈련과, 안전·보건에 관한 내용 등 적응훈련을 실시하도록 조치하여야 한다고 명시하고 있다. 한국산업인력공단 주관으로 한국노인복지회 등 69개 기관을 단기적응 훈련실시기관으로 지정하여 운영하고 있다. 훈련직종은 건물관리원, 주차관리인 등 고령자 적합 직종 중에서 수요가 많은 직종으로 선정한다. 각 직종별로 작업수행능력훈련을 실시하고 직업관 등 직업생활의 기본소양교육과 작업장 안전수칙 등 산재예방 및 안전관리요령을 훈련한다. 현행 고령자 직업훈련은 단기적응훈련 이외에는 거의 전무한 실정이며, 단기적응훈련도 훈련 후 취업률이 저조하여 현재의 모양으로 향후 훈련인원을 확대해 나가기는 어려울 것으로 보인다.[57]

(5) 고령자 취업에 우선고용직종과 채용

1991년에 제정된 「고령자고용촉진법」 제15조에 의하여 고령자, 준고령자의 취업

---

57) 고연령자는 취업에서 연령으로 인한 어려움을 겪을 뿐 아니라 훈련기회를 갖는 면에서도 불이익을 당하고 있다. 정부가 지원하는 재취업훈련에서도 지정훈련기관은 훈련생의 취업률로 평가받기 때문에 상대적으로 취업률이 저조한 고연령자에게는 훈련의 기회조차 주어지지 않는 경우가 많다.

에 적합한 직종을 선정하고, 선정된 적합 직종을 홍보, 보급하고 있다. 우선고용직종이란 노동부장관은 준고령자(50세 이상~55세 미만) 및 고령자(55세 이상)의 고용을 촉진하기 위해 고령자 등에 적합한 직종(우선고용직종)을 선정하여 고시하고 있다(「고령자고용촉진법」 제15조). 공공기관 등은 우선고용직종에 근로자를 모집 채용할 때는 준고령자 및 고령자를 우선적으로 채용해야 한다.[58]

우선고용직종에 신규채용, 인력보충 등 사유가 발생할 경우 준고령자를 우선 고용하여야 한다(「고령자고용촉진법」 제16조).

노동부(2004~2005)가 고용정보시스템(Work-net)에 신청한 구인·구직 통계를 분석한 자료에 따르면, 지난해 고령층의 일자리경쟁배수(신규구인인원 대비 신규구직자수)는 17.67배로 청년층(29세 이하)의 1.93배, 중년층(30~54세)의 1.88배에 비해, 9배나 높게 나타나 고령층의 일자리잡기가 매우 힘든 것으로 나타났다.[59]

노동부(2005)가 신규구인인원·신규구직자 100인 이상인 직종을 분석한 결과, 상표부착 등 생산관련 단순노무자의 일자리경쟁이 가장 치열하였고, 주방보조원, 건설 및 광업관련 단순노무자, 모니터, 기숙사사감 등 기타 서비스 관련직, 청소원 순으로 일자리경쟁이 심하며, 신규구인인원 가운데 비중이 가장 높은 경비 및 건물관리직의 경우도 일자리경쟁이 치열한 것으로 나타났다. 이는 고령층은 일할 의욕과 능력이 있어 일자리를 원하나, 사업주는 일반적으로 고임금 연공급임금체계에 따른 비용부담 증가 등을 이유로 고령자를 채용하는 것을 기피하기 때문으로 판단되었다(노동부 고시 제2003~7호).[60]

---

58) 김대회, "고령자 취업활성화 방안에 관한 연구", 선문대학교 대학원 박사학위논문, 2008, p.53.
59) 특히 2005년 고령층의 일자리경쟁배수는 2004년(15.30)보다 1.15배 높은 것이어서, 일자리잡기가 갈수록 어려웠으며, 60~64세 구직자의 일자리경쟁배수는 25.78배에 달해 고령층 가운데에서도 일자리경쟁이 가장 치열한 것으로 나타났다.
60) 노동부는 고령화 사회에 대비한 고령인력의 활용증진을 위해 2006년 1월부터 임금피크제 보전수당제도를 도입하였고, 준고령자 우선고용직종의 개편을 추진 중이며, 고령자취업지원 활성화 방안으로 고령자 취업알선 유관기관 간 구인·구직 DB 공유 등 고령자취업지원서비스가 고용안정센터에서 통합적으로 제공되고 고령자를 위한 고용정보의 장으로 자리매김할 수 있도록 고령자워크넷(Senior-net)을 확대 개편 중이다(노동부, 2005).

그러나 기 선정된 고령자 적합직종은 단순노무직 중심으로 변화된 노동시장 상황을 반영하지 못함에 따라, 「고령자고용촉진법」 개정(2002)으로 적합직종은 '우선고용직종'으로 명칭이 변경되었으며, 이후 중앙고용정보원과 합동으로 '적합직종'의 재검토 및 신규직종 개발을 추진하여 기존 77개 직종을 공공부문 70개, 민간부문 90개 직종으로 개편하는 한편, 공공부문의 적용범위도 기존의 국가, 지자체, 정부투자·출연기관 이외에 정부출자·위탁기관까지 포함하였다(노동부 고시 제2003~7호).

(6) 고용보조금제도(雇傭補助金制度)

「고령자고용촉진법」은 사업주가 기준고용률을 초과하여 고령자를 추가로 고용하는 경우에는 조세감면규제법이 정하는 바에 따라 조세를 감면해 주고 예산범위 안에서 일정기간 고용지원금을 지급할 수 있도록 명시하고 있다. 고령자 고용을 지원하기 위한 임금보조금제도는 고용보험의 고용안정사업의 범위 안에서 시행되고 있다. 고령자를 다수 고용한 기업에 대한 세제혜택은 현재 시행하는 바 없다.

고용보조금제도에 대해서는 사중손실과 대체효과가 커서 실질적인 고용유인효과가 미흡하고, 부동산·사업서비스(청소, 경비 등) 업종 등 일부업종에 편중 지원되고 있다는 비판이 제기되고 있다. 그러나 저학력·저기능의 고령자에 대한 고용지원제도로서 이만큼 적극적으로 활용되고 있는 제도는 달리 발견하기 어려운 형편이다. 고용보험의 고령자고용촉진장려금의 수혜자는 평균적인 고령근로자에 비해서도 나이가 많고 학력이 낮으며 단순직에 종사하는 경향이 있으며, 고령실업자의 특성과 유사한 특성을 보인다(장지연, 2002). 이를 근거로 고령자고용촉진장려금제도가 빈곤화될 수 있는 고령자에게 실질적인 도움이 되고 있다고 볼 수 있다.

노인복지정책의
현황과 배경

제**3**장

한국의 노인복지정책

  정부는 사회복지 전문조직을 육성하고 과감한 업무 이양으로 민관협동 체계를 구축하여 전문적이고 구체적인 사회복지업무를 전담할 수 있도록 기존 인력과 기구를 전문화하여야 한다. 특히나 노인복지시책 및 민간사회복지기관의 복지서비스 현황에 관한 정보를 종합하여 지역소외 계층들에게 효과적으로 제공하는 시스템을 구축하여 지역주민들이 자신들이 이용할 수 있는 복지서비스에 대한 정보를 손쉽게 얻을 수 있도록 민간복지 전달체계의 효과성을 높이고 민간부문 사회복지를 활성화해야 한다.

1. 노인복지정책의 현황

  노인복지정책은 모든 노인의 경제적 안정, 직업·주택·가족생활, 교육, 문화, 오락, 의료, 위생 등 사회생활의 기본적 욕구의 충족을 사회적으로 보장하는 일반적 대책으로서 '노인을 위한 사회정책'이라고 불리고 있다. 노인복지는 여러 가지 복잡한 성격을 지닌 노인문제의 중요한 일부이지만 그 자체가 바로 노인문제의 전부는 아니며 또한 노인복지의 실현으로 노인문제 전체가 해결되는 것은 아니다.

  즉 양로형식의 최소한의 생활 유지 개념의 복지가 아닌 노인이 하나의 독립된 인간으로서 기본적인 욕구충족 및 문화적 생활을 영위케 함과 동시에 사회에서 존경받고 지위와 역할을 유지하고 행사함으로써 자신이 사는 보람을 갖도록 하는 적극적이고 종합적인 개념으로 이해되어야 한다.61)

강촌중부에 의하면 노인복지는 사회복지의 한 분야이기 때문에, 노인복지란 노령에 의하여 일어나는 사회생활상의 곤란에 대한 노인복지적 원조가 아니면 노인복지라고 말할 수 없다고 하여 사회복지 고유의 관점에서 노인복지의 파악을 시도하고 있다.62)

현대 사회가 고도로 산업화, 도시화함에 따라 노인을 위하는 풍조가 더욱 아쉬워지고 있다. 이러한 사회윤리적 상황 속에서 노인이 정신적으로 느끼는 소외감은 말할 것도 없이 물질적인 결핍과 신체적인 노쇠 현상으로 인한 가치의 상실 의식, 이로 인한 사회적인 파급 효과의 문제는 심각하다. 각국은 이러한 노인문제를 분석, 파악하면서 행정적·법제적 대책을 마련하여 놓고 노인의 지위 향상과 경제적인 결핍 상태의 탈피를 위하여 노력하고 있다.63)

이와 같은 노인복지가 노인문제를 해결하고 노인의 복지, 곧 건전한 생활을 이룩하게 하려는 사회적 노력이라 할 때도 그 개념과 범위가 명확하지 않으나 노인문제를 해결하기 위한 하나의 방안으로서의 노인복지란 비생산적인 연령에 도달한 노인들의 생활을 안정시키며 육체적, 정신적으로 보다 쾌적하고 행복한 여생을 누릴 수 있도록 경제, 사회 및 문화적인 여건을 조성해 주고 도와주는 행동 또는 조치를 말한다고 볼 수 있다.64)

노인복지는 노후에 필요한 경제적 원조 또는 물적 시설의 제공이 중심이 되고 있으며, 다른 한편으로 중요한 정신적 고독이나 심리적 불안은 사회보장으로서의 노인복지의 한계를 넘어선 문제이다.65)

---

61) 박종삼 외, 「사회복지학개론」, (서울: 학지사), 2002, pp.126－127.
62) 岡村重夫·三浦文夫, 『老人の福祉と社會保障』, 東京, 恒內出版株式會社, 1974, p.62.
63) 황진수, 「현대복지행정론」, (서울: 대영문화사), 2003, p.324.
64) 김성순, 「老人福祉學」, (서울: 이우출판사), 1989, p.65.
65) 노인복지의 개념: 노인복지란 노인이 인간다운 생활을 영위하면서 자기가 속한 가족과 사회에 적응하고 통합될 수 있도록 필요한 자원과 서비스를 제공하는 데 관련된 공적 및 사적 차원에서의 전문적 서비스 활동이다. 1) 기본이념: 모든 국민은 인간다운 생활을 할 권리를 가지므로 이러한 인간다운 생존권 기본권을 보장하기 위해서는 국가는 노

노인복지의 체계는 우선 노인의 기본적인 욕구와 그것에 대한 일반적 시책을 관련시켜 생각할 수 있다. 전자는 경제적 안정, 의료·위생·영양의 보장, 가정적 안정 (주택, 일상생활), 사회적 협동의 기회, 교육의 기회, 문화·오락의 기능 등을 가지고 있다.[66]

<표 3-1> 노인복지의 체계

노인의 기본적인 욕구	일반적인 노인정책	구체적 내용
경제적 안정	노령연금	보조연금 서비스, 연금생활자 상담, 융자·대부금, 노인수당, 공적 부조, 감면세, 노령연금 증액운동 등
직업적 안정	중·고령자의 직업안정	정년제도개선, 퇴직자 재고용 훈련, 정년 전 사내훈련, 노인전직 연구 등
의료위생영양	의료보장, 공중위생	노인건강조사, 건강상담, 공비의료, 노인급식, 영양지도, 의료비감면
가족적 안정 (주거·일상생활의 보장)	가족근대화시책, 가족법, 주거정책	노인주택계획, 가족생활상담, 노인공동주택, 노인특수생활기구의 개발
사회적 협동의 기회	지역·지역단체참가	노인상호부조조직, 노인공동작업장, 지역별 노인활동, 노인문제입법활동(노인복지법의 재정 등)
교육의 기회	사회교육시책	지역노인대학, 학습원조, 노인문제의 교육 및 실습
문화·오락의 기회	비영리적 레크리에이션 시책	노인 레크리에이션, 노인스포츠센터, 각종 입장요금의 감면 또는 면제, 노인여가활동 연구

자료: 김대회, 고령자 취업활성화 방안에 관한 연구, 한국학술정보(주), 2008, p.39.

한국 노인을 위한 복지정책의 현황을 소득보장, 의료보장, 주택보장, 사회적 서비

인복지증진을 위한 정책을 실시할 의무를 가진다. 2) 노인복지법상의 이념: 노인은 후손의 양육과 국가 및 사회발전에 기여하여 온자로서 존경받으며, 건전하고 안정된 생활을 보장받는다. (1) 노인은 능력에 따라 적당한 일에 종사하고 사회적 활동에 참여할 기회를 보장받는다. (2) 노인은 심신의 건강을 유지하고 그 지식과 경험을 활용하여 사회의 발전에 기여하도록 노력하여야 한다.

66) 신수식, 「사회보장론」, (서울: 박영사), 1998, p.445.

스보장을 중심으로 다음과 같이 살펴보고자 한다.[67]

1) 소득보장정책

정부에서 실시되고 있는 소득보장정책은 직접적인 소득보장과 간접적인 소득보장으로 분류할 수 있다. 직접적인 소득보장제도로는 연금제도, 국민기초생활제도, 경로연금제도 등이 있으며, 간접적인 소득보장제도로는 경로우대제도, 고용증진, 생업지원제도, 세제감면제도 등이 있다.

(1) 연금제도

연금제도는 전 국민을 대상으로 하는 국민연금과 공무원연금, 군인연금, 특수직연금, 사립학교 교직원 연금이 시행되고 있다 국민연금은 사회보험의 방식으로 운용되어, 20년 이상 보험료를 납입하고 60세가 되었을 때부터 사망 시까지 일정액을 지급받는 수정적립식 연금제도이다.[68]

(2) 국민기초생활보장제도

국민기초생활보장제도는 빈곤층, 저소득층 노인들을 대상으로 한 공공부조의 일환으로 부양의무자가 없거나 부양의무자가 있더라도 부양능력이 없어 부양을 받을 수 없는 자로서, 소득이 최저생계비 이하인 경우가 수급대상이 된다. 급여의 기준은 수급자의 연령, 가구규모, 거주지역, 기타 생활여건 등을 고려하여 급여종류별로 결정한다. 급여의 종류는 생계급여, 의료급여, 자활급여, 장제급여, 주거급여가 있다.

---

67) 단, 2008년 7월 1일부터는 노인장기요양보험제도가 실시됨으로 일부 내용이 변경될 수 있다.
68) 국민연금의 일반적 급여형태는 노령연금으로 가입기간과 재직여부에 따라 완전노령연금, 감액노령연금, 재직자노령연금, 조기노령연금, 특례노령연금으로 구분된다. 그러나 연금제도가 1988년부터 실시되어 현재 대부분의 노인은 완전노령연금의 혜택을 받지 못하고 있다.

(3) 경로연금

국민연금의 혜택을 받을 수 없는 노인층을 대상으로 1991년부터 실시된 노령수당은 저소득 노인에 대한 공공부조적 성격을 갖고 있었다. 1997년 무갹출 노령연금제도 도입에 대한 주장이 국회에 반영되어 노인복지법이 개정되고 1998년 7월 경로연금제도가 도입되었다. 경로연금수급대상자는 65세 이상인 국민기초생활보장대상자와 1998년 7월 1일 현재 65세 이상으로 본인과 부양의무자 소득 및 재산이 대통령령으로 정하는 기준 이하인 자이다.[69] 간접적인 사회보장제도는 다음과 같다.

① 경로우대제도

경로우대제도는 65세 이상 노인이 전철, 철도, 항공기, 국공립공원, 국공립 박물관 등을 무료 혹은 할인하여 이용하도록 하는 제도이다. 또한 65세 이상 모든 노인에게는 교통비가 지급되고 있으며, 목욕, 이발과 같은 서비스 업종은 자발적으로 경로우대를 실시하도록 하고 있다.

② 고용증진 및 취업알선

고용증진 및 취업알선 프로그램은 노인취업알선센터, 노인인재은행, 노인공동작업장 등을 통하여 노인의 취업을 알선함을 그 목적으로 한다. 또한 경로당이나 노인복지시설을 통해 노인공동작업장이 운영되고 있으며, 300인 이상 사업장에서는 55세 이상인 자를 3% 이상 고용하도록 되어 있다. 그러나 이는 강제규정이 아닌 권장사항으로 법적 구속력이 약하다.

③ 각종 세제혜택

노인과 5년 이상 동거하는 가족의 경우 주택상속세 공제, 60세 이상인 자에 대하여 상속세 인적 공제, 65세 이상의 노인을 부양하는 자에 대한 경로우대 공제 등 혜택이 실시되나 그 수준이 매우 낮아 실제적인 소득보장 기능은 미비하다.

---

69) 2002년 현재 일반 저소득 노인의 경우 월 35,000원이 지급되고, 국민기초생활보장대상자 중 65세 이상 80세 미만 노인에게는 1인당 월 45,000원, 80세 이상 노인에게는 1인당 월 50,000원을 지급하고 있다.

2) 의료보장정책

　노인을 위한 의료보장은 노화에 따른 신체적인 기능쇠퇴와 질병으로 인한 건강상의 문제를 해결하기 위해 국가적인 차원에서 필요한 의료서비스를 제공하는 것을 의미한다. 현재 한국에서는 노인만을 대상으로 하는 의료보장정책은 없으며, 노인들은 일반인과 같이 사회보험형태인 국민건강보험과 공적부조인 의료급여제도, 노인건강진단제도에 의한 의료서비스를 받고 있다.

(1) 국민건강보험

　국민건강보험은 국민의료법에 의한 공무원 및 사립학교교직원 의료보험, 지역의료보험 및 직장의료보험이 통합된 제도로서 의료보호법에 의한 의료부조 대상자가 아닌 국내에 거주하며 보수나 소득이 있는 모든 국민은 국민건강보험의 가입자가 될 수 있다. 이때 보수나 수입이 없는 자는 국민건강보험 가입자의 피부양자로서 보험의 적용을 받는다. 현재 우리나라 국민으로서 국민건강보험의 적용을 받는 사람은 의료급여 대상자 3%를 제외한 나머지 97% 모두가 해당된다.[70]

(2) 의료급여제도

　의료급여제도는 공공부조로서 국민기초생활보장대상자 및 의료 빈곤자를 대상으로 급여를 제공한다. 수급자격조건은 1종과 2종으로 구분되는데, 1종 수급권자는 국민기초생활보장법에 의한 수급자 중 근로능력이 없거나 보장시설에서 급여를 받는 자, 희귀난치성 질환으로 6개월 이상 치료를 받는 자이며, 2종 수급권자의 자격은 국민기초생활보장법상 수급자 중 1종 수급권자에 해당하지 않는 자이다.

---

70) 급여의 종류는 요양급여와 임의급여가 있으며, 현재 우리나라 65세 이상 노인들은 요양급여의 경우 특별한 본인부담금 혜택이 없으나 외래의 경우 의원급 의료기관과 약국의 처방전에 의한 조제의 경우 할인혜택이 주어지고 있다.

(3) 건강검진제도

1993년부터 추진된 노인건강진단은 질병의 조기발견과 조기치료를 통해 노인의 건강을 유지, 향상, 증진시킬 목적으로 실시되었다. 현재 65세 이상의 노인을 대상으로 2년에 1회 이상 국·공립 병원 또는 보건소에서 무료로 실시된다.

(4) 치매상담신고센터

발생률이 높아지는 치매에 대한 예방, 치료 및 이에 필요한 서비스를 제공하기 위해서 1997년부터 치매 상담신고센터를 운영하고 있다. 전국보건소에 치매상담전문요원을 배치하여 환자의 등록, 관리 및 보호자를 대상으로 필요한 상담을 제공하고 있다.[71]

3) 주택보장정책

한국의 주택보장정책은 재가목적 주거정책과 입주보호목적 주거정책으로 구분할 수 있다.

(1) 재가목적 주거정책

재가목적 주택보장서비스는 일반 가정에서 생활하는 노인들을 위한 관련 서비스를 의미한다. 구체적으로 실비노인복지주택, 유료노인복지주택, 노인의 집 등 노인용 주택의 건설 및 공급에 의한 직접적 주택보장제도가 있으며 주택 상속세 공제, 주택자금 할증지원, 주택분양 우선권 부여, 저소득층을 위한 영구임대아파트 입주지원 등과 같은 간접적인 주택보장제도가 있다.[72]

---

71) 치매의 예방 및 간병요령 등에 관한 교육을 실시하고 환자의 상태에 따라 주간보호시설, 관내 복지관 프로그램 이용, 전문요양시설 입소, 치매전문요양병원에 대한 입소안내를 실시하고 있다.

(2) 입주보호목적 주택보장

입주보호목적의 주택은 양로시설(무료, 실비, 유료)과 요양시설(무료, 실비, 유료, 노인전문)로 구분된다. 이는 노인을 시설에 수용하여 보호하는 것을 목적으로 하는 주택보장관련 서비스를 말한다. 2000년 현재 시설 수는 250개이며 수용률은 전체 노인의 0.4%에 불과하며 이 가운데 무료양로시설 및 무료요양시설의 수용률은 0.3%, 실비 및 유료 양로시설과 요양시설은 0.1%이다. 이러한 낮은 수용률은 시설생활에 대한 부정적 이미지와 전통적 가치관 및 시설입소절차의 엄격성 등이 원인이라 할 수 있다.

4) 사회적 서비스보장

(1) 재가노인복지서비스

재가노인복지서비스는 신체적, 정신적인 이유로 혼자서 일상생활을 해야 하므로 불편을 겪는 노인가구에 대해 각종 서비스를 제공함으로써 이들이 지역사회 내에서 건전하고 안정된 생활을 영위할 수 있도록 지원하는 것을 목적으로 한다. 현재 한국에서 실시되고 있는 재가노인복지서비스로는 가정봉사원파견서비스, 주간보호서비스, 단기보호서비스가 있다.

① 가정봉사원파견서비스
신체적 정신적 장애로 일상생활을 영위하기 곤란한 노인이 있는 가정에 가정봉사원을 파견하여 필요한 각종 편의를 제공하는 사업을 말한다.[73]

---

72) 이 밖에도 저소득층 노인을 위한 영구임대아파트가 지원되고 있고, 노인 본인 또는 배우자의 직계존속과 2년 이상 동거하고 있는 세대주의 주택 신축, 매입, 개량자금을 융자해 주는 주택자금 할증제도, 무주택자녀가 50세 이상 직계존속을 부양할 경우에 주택청약자격을 부여하는 주택분양 우선권 부여제도 등이 실시되고 있다.

73) 가정봉사원은 가정을 직접 방문하여 식사, 목욕, 시장보기, 병원안내 등 노인의 일상생활에 필요한 각종 편의를 제공하는 전담자로 2000년 현재 113개소 가정봉사원파견사업기

② 주간보호서비스

신체적으로 거동이 불편한 노인들을 낮 동안 보호하여 줌으로써 이들의 심신기능을 강화시키고 가족의 신체적, 경제적, 심리적 부양부담을 경감시키는 것을 목적으로 한다. 주간보호서비스기관은 2000년 현재 97개소로 국민기초생활보장대상자일 경우는 무료지만 그 외 노인들은 비용을 부담해야 한다.

③ 단기보호서비스

부득이한 사유로 가족의 보호를 받을 수 없어 일시적으로 보호가 요청되는 심신이 허약한 노인과 장애노인을 시설에 단기간 입소시켜 보호하는 것이 목적이다. 시설입소기간은 2일 이상 45일 이내로 하고 연간 이용일수는 3개월을 초과할 수 없도록 규정하고 있다. 2000년 현재 36개소가 있으며 국민기초생활보장대상 노인은 무료지만 그 외 노인은 유료로 사용하고 있다. 그러나 이러한 주간 및 단기보호사업은 홍보가 미흡하고 시설 수가 적어 일반노인들에게까지 서비스가 적용되지 못하고 있다.[74]

(2) 시설노인복지서비스

① 주거복지시설

양로시설, 노인복지주택으로 나누어지는데 이는 다시 무료시설, 실비시설, 유료시설로 나뉜다. 양로시설은 노인을 입소시켜 급식 및 일상생활에 필요한 편의를 제공하는 시설이며, 복지주택은 주거의 편의와 생활지도, 상담 및 안전관리 등 일상생활에 필요한 편의를 제공하는 시설이다. 2000년 현재 무료시설은 93개, 실비양로시설은 4개, 유료양로시설은 22개로 총 119개의 양로시설이 있으며 5,694명의 노인이 이용 중에 있다.

관과 268개의 재가복지봉사센터에서 활동하고 있다.
74) 이 외에도 노인을 위한 사회적 서비스로 여가서비스를 꼽을 수 있다. 현재 우리나라에서는 경로당, 노인교실, 노인대학, 노인복지회관 등 여가시설을 전국에 설치 운영하고 있다. 그러나 이러한 여가시설의 프로그램은 현실적으로 전문성과 실효성이 없다.

② 노인요양시설

노인요양시설도 무료, 실비, 유료로 나누어지며, 심신이 불편한 노인을 대상으로 한다. 특히 치매나 중풍과 같은 중증의 노인질환자를 입소시켜 급식 및 요양 기타 일상생활에 필요한 편의를 제공하는 시설을 노인전문요양시설이라고 하며, 노인을 대상으로 하는 전문병원도 있다.[75] 하지만 시설복지서비스의 경우 프로그램이 단순하여 생계보호 외의 기능은 발휘하지 못하고 있으며 입소노인을 보호하는 전문인력 역시 부족한 실정이다. 또한 무료시설의 경우 입소노인에 대한 정부의 생계비 지원 수준이 최저생활보장에 크게 미흡하고, 유료노인복지시설의 경우 입소요금과 보증금이 너무 많아서 저소득층이 이용하기에는 부담이 크다는 문제점이 있다.

2. 노인인구 증가

선행연구 조사결과 일부학자는 노인인구증가에 대한 정의를 말할 때 출산력 저하에 의해 이루어진다고 한다. 그러나 출산력 저하는 소년인구비율을 감소시킬 뿐이지 노인인구증가에 직접적인 영향을 주는 것은 아니다.

노인인구증가는 지속적인 생활수준 향상과 보건, 의료기술의 발달로 국민들의 생명연장과 함께 노인인구가 크게 늘어나고 있는 것이다.

그 결과 1960년도에는 65세 이상 노인인구가 전체 인구의 2.9%에 불과했으나 1999년 현재 6.8%로 증가했으며, 2000년에 7.1%를 넘어서 고령화 사회에 진입하고, 2022년에 14%를 넘어서 고령사회가 될 전망이다.

특히, 그 증가속도가 빨라(노인인구의 비율이 7%에서 14%로 되는 기간이 22년) 오랜 기간에 걸쳐 인구고령화에 대처해 온 선진국과는 달리 우리나라의 경우 고령사회에 대한 준비가 그만큼 시급함을 의미한다.

---

75) 2000년 현재 무료요양시설이 77개소, 실비요양시설이 13개소, 유료요양시설이 13개소, 전문요양시설이 25개소로 총 128개소의 요양시설을 7,864명의 노인이 이용 중이다.

이러한 사회에서는 비노동 고령인구에 대한 경제적·사회적 부담의 증대를 어떻게 대처해 나갈 것이냐 하는 문제가 제기된다. 노인인구의 빠른 증가와 함께 노년부양비도 급격히 늘어 1998년 현재 9.2%에서 2030년에는 29.8%로 늘어나고 생산연령인구 3.4명이 1명의 노인을 부양해야 할 것으로 전망되고 있다.

한국 사람의 평균 수명은 1971년에 62.3세에서 2000년에는 75.9세로 13.6세 늘어났다. 현재 한국의 평균 수명은 선진국 평균을 웃도는 수준이다. 나아가 2030년에 이르면 81.5세 수준에 도달하여 일본 다음으로 높은 평균 수명을 갖게 될 것으로 전망된다.

이 두 가지 현상, 즉 출산율의 저하와 평균수명의 연장은 앞으로도 지속될 것으로 예상되기 때문에, 그 속도가 어느 정도인가의 문제가 남아 있을 뿐 인구의 고령화 자체는 피할 수 없는 추세가 될 것으로 보인다.[76]

〈표 3-2〉 주요국가 평균수명 전망

(단위: 세)

국 명	2000년	2010년	2020년	2030년
선진국	75.3	76.9	78.3	79.5
개도국	63.9	66.8	69.9	72.5
미 국	77.1	78.4	79.5	80.4
일 본	80.2	80.9	81.7	82.5
이탈리아	78.5	79.6	80.5	81.3
중 국	70.5	73.0	75.0	76.8
인 도	63.4	66.6	69.6	72.2
한 국	75.9	78.8	80.7	81.5

자료: *UN, World Population Prospects*(1998).

---

76) 평균수명(平均壽命): 어떤 연령의 사람이, 평균해서 몇 년 살 수 있는가 하는 기댓값으로 0세의 평균여명(平均餘命)을 평균수명이라 한다. 국민의 건강상태, 즉 공중위생의 정도를 알아보는 데에 가장 중요한 수치이며, 현재 100개국 이상의 여러 나라들의 생명표가 1년에 1회 또는 수년에 1회씩 국제연합의 WHO를 통해 발표되고 있다. 연대에 따라 연장되고 있으며 여자는 남자보다 긴 것으로 나타나 있다.

고령화 전망으로 볼 때 인구구조의 변화를 살펴보면 2000년 7월 1일 현재 한국의 총인구는 4천7백만 8천 명이다. 통계청의 장래인구추계(2001)에 따르면, 2013년에는 인구 5천만 명을 돌파할 것이고, 2023년에 5천만 6십8만 3천 명을 정점으로 이후 감소세로 돌아설 것이라는 전망이다. 2000년 현재 한국의 인구규모는 세계 26위 수준에 있으며, 2025년에는 28위, 2050년에는 37위로 변화하면서 세계 인구에서 차지하는 비중은 줄어들 것으로 예측되었다.[77]

3. 고령화 사회와 노인생활

오늘의 노인들은 삶의 마지막 부분에 서 있는 입장에서 삶을 어떻게 정리해야 하는지 확신하지 못하며 변화하는 세태에 갈등하고 있다.

노년을 행복하고 보람 있게 보내기 위해서는 지나 온 삶이 비록 슬픔과 상실, 실패의 세월이었다 해도 남은 삶의 가치는 남아 있는 것이다. 남은 삶에서 훌륭한 가치를 찾는 것이야말로 노년을 맞이하는 이들에게 가장 현명한 삶의 자세이며 지혜이다. 남은 삶에서의 훌륭한 가치란 자기 손에 쥐고 있던 것들을 언제 놓아야 하는지를 아는 것이며, 오래된 원망을 키우기보다 관용과 용서가 보다 성숙하고 훌륭한 삶의 자세임을 아는 것이다. 지금 어떠한 여건에 서 있건 노년의 삶은 외롭고 쓸쓸할 수도 있고 즐겁고 보람 찰 수도 있다. 그것은 자신의 의지와 선택이 결정짓게 될 것이다.

한국노인문제연구소의 조사에 의하면 1994년 현재 노인 혼자 또는 부부끼리만 사는 비율이 52.3%로 70년대 초의 7.0%에 비하여 7배 이상 증가하였으며, 특히 전체 노인 중 41.0%는 자녀가 있음에도 함께 살지 않는 것으로 나타났다. 특히 농촌에서

---

77) 한국의 고령화는 빠르게 진행되고 있다. 인구구조의 고령화가 평균수명이 연장된 탓도 있지만 최근에는 출산율 급락에 인한 것이다. 통계청이 발표한 장래추계인구 전망에 따르면, 한국의 인구는 2023년 5천68만 명으로 최대치에 이른 뒤 2050년 4천434만 명으로 1990년대 초반 수준으로 급격하게 줄어든다.

는 젊은이들의 이농 현상 심화로 65.8%의 노인이 자녀들과 별거하고 있어서 노인들의 건강악화에 따르는 보호문제가 심각해지고 있다.

일상생활에서 고독감을 느끼는 노인은 58.9%, 자녀들과 갈등을 겪는 노인은 조사대상의 절반으로 나타났다. 생활비 및 용돈 마련은 자식들로부터 받는다가 44.5%, 일해서가 30.6%, 모아둔 재산으로가 18.4%, 연금이 3.9%, 국가보조가 2.6%의 순이다. 무의탁노인 112명 중 여자가 100명(89.3%), 평균연령은 75.5세이며, 주거형태는 전세 47명(42%), 월세 27명(24%), 무료임대·친척집 동거 등이 38명(34%)이다. 정부가 매월 지급하는 쌀 10kg, 보리 2.5kg, 부식비 및 연료비 3만 5000원 등의 배급이 넉넉하다는 응답자는 17명(15.2%)에 불과하였다.

한국은 그동안 높은 경제성장을 이룩하였음에도 불구하고, 경제발전에 헌신적인 기여를 해 온 65세 이상 노인이 수입원의 대부분을 자녀에 의존하는 등 대다수 노인이 경제적으로 어려운 생활을 유지하고 있다. 전체 국민(1998)의 2.0%가 국민기초생활보호대상인 반면 노인인구의 경우 이의 4배에 달하는 7.9%로 노인의 소득수준이 상대적으로 열악하다.[78]

과거 전통사회에서의 노인은 대가족제도의 가장으로 생활의 전반적인 지식이나 기술, 문화 등의 전승자로 그 지위와 역할이 확고하고 경로효친사상의 사회규범화로 어른으로서 존경받으며 살았고 노인문제는 사회문제화되지 않았다. 특히 부모에 대한 효행은 인륜의 도리로서 꼭 지켜야 하는 덕목으로 강조되었다. 노부모의 부양은 자식으로서 의무였으며 부모의 권리였다. 그러나 산업사회에서는 도시로의 인구집중, 핵가족화의 촉진, 주거공간의 제한 등 소득불균형을 낳게 함으로 대가족제도에서 핵가족제도로 전환되고 사회가치관의 변화로 노인의 지위와 역할은 축소, 상실되어 점차 소외당하는 위치에 놓이게 되었다. 또한 사회, 경제, 문화적 여건의 변화와 함께 노인부부 또는 혼자 사는 노인이 늘어나고 있는 실정이다.

---

78) 65세 이상 노인의 대다수(약 87%)가 장기간 치료, 요양을 요하는 당뇨, 관절통, 고혈압 등 만성퇴행성 질환을 앓고 있고, 전체 노인의 약 3.5%가 일상생활을 위한 동작수행을 전혀 할 수 없으며, 치매, 중풍노인이 증가하고 있으나, 이들을 효율적으로 치료, 요양할 시설과 프로그램이 부족하여 노인부양 가정에 경제적으로 큰 부담을 주고 있다.

제2절 선진국의 노인복지정책

　각국의 노인복지에 대한 문제의 인지(認知) 정도와 추진하고 있는 노인복지정책은 각국이 처한 사회적·경제적 구조의 현실적 여건에 따라 각기 그 내용과 특색을 달리하고 있다.

　선진 각국이 노인복지사업으로 추진하기 위해 제도적으로 마련한 서비스 분야로는 소득보장서비스, 의료서비스, 거택서비스, 연금서비스 등 측면으로 볼 수 있으며, 선진 각국이 추진한 노인복지시책과 사업은 그 시기를 달리하면서 내용도 변해 왔다. 1900년대 초에는 보편적 기초연금과 비례적 부가연금 등 주로 경제적 지원을 목적으로 하다가 이제는 경제적인 여건의 조성 위에 인간의 정서적인 면을 중시하여 생의 질적인 향상을 위해 거주환경의 개선, 지역사회와의 원만한 관계 유지, 노인의 사회참여의 기회 확대를 추진하게 되었다(황진수, 1993: p.275).

1. 미국의 노인복지정책

　미국의 노인복지정책 관련법은 소득보장, 의료보장, 노인복지서비스 및 프로그램 세 영역으로 나누어진다.

　미국의 노인 관련 소득보장제도로는 노령·유족보험과 보충소득보장이 있으며, 의료보장제도로는 의료보호(Medicare)와 의료부조(Medicaid)가 있고, 노인복지서비스에

92　제3장 노인복지정책의 현황과 배경

는 사회적 서비스프로그램 등이 있다.

미국의 소득보장제도로는 노령·유족보험과 보충소득보장이 있는데 노령·유족보험은 근로자가 노령에 이르거나 사망하여 노동능력을 상실하게 되는 경우 이로 인해 중단된 소득을 대치하기 위한 것이다.[79]

기본 급여는 일생 동안 낸 사회보장세의 평균에 기초하며, 매월 수표의 형태로 지급된다. 급여액은 퇴직 전 소득에 따라 차등적으로 지급되며 평균 약 40% 수준으로 2001년 퇴직자의 월 평균 급여는 845불로 나타났다.

운영체계는 미국 보건인간서비스성(Department of Health and Human Service)의 사회보장청(Social Security Administration)에 의해 운영되며 급여 신청은 각 지역사무실에서 접수되고 적격여부를 가리며 재무성이 세금을 거둬들여 월 급여수표를 만들고 신용기금(trust funds)을 관장하고 있다.

보충보장소득은 1974년의 사회보장법 개정으로 입법화되어 1974년부터 실시되었다. 노후연금 혜택을 받지 못하거나 최저 생계비 이하의 소득밖에 없는 사람들에 대하여 지급하는 데 노인을 포함하여 전 국민을 대상으로 하는 연방정부의 공적 부조제도이다.[80]

자산 및 재산조사(means and assests tests)를 기초로 소득수준에 따라 급여가 지원되고 대상자는 65세 이상의 노인과 저소득층, 시각장애인을 포함한 사회적으로 도움을 받아야 할 사람이 조사를 통해 결정된다.

보충보장소득 급여는 수혜자가 다른 소득이 있으면 줄어들도록 되어 있으며, 의료부조의 혜택과 연결되어 있는 경우가 많다.[81]

---

79) 미국은 1935년 노령연금(Old~Age Insurance)으로 출발하여 1939년의 개정을 통해 유족을 포함하였다. 적용대상의 자격은 근로자가 최소한 10년 동안 취업에 종사하여 임금에 대한 일정률의 공제를 통해 사회보장세를 납부할 경우 이의 혜택을 받게 되며, 근로자에게 강제적으로 적용된다.

80) 현외성, "OECD 가입과 노인복지제도의 추진방향", 한국복지연구회, 1997, pp.18－19.

81) 운영체계는 사회보장청(Social Security Administration), 보충보장소득국(Bureau of Supple - mental Security Income)이 전국적으로 지역 및 구역 사무소를 통해 운영되며 지역적 특성에 따라 사회보장청이 주정부나 지방정부 기간과 계약을 맺어 위탁하기도 하고 모든 급여와 행정비용은 연방정부 일반 조세에서 충당된다.

2. 일본의 노인복지정책

일본의 노인복지대책은 1963년 「노인복지법」 제정에 의해 적극적인 진전이 있었고, 「노인복지법」이 제정될 때까지의 노인을 위한 시책은 주로 「후생연금보험법」과 「국민연금법」인 노령연금급부와 「생활보호법」에 의한 양로시설에의 수용보호 등을 들 수 있고, 노인복지법의 재정에 의해서 노인복지향상을 기하기 위한 시책이 종합적, 체계적으로 진전되었다.

일본의 소득보장정책은 전 국민에게 적용되는 기초연금인 국민연금제도와 퇴직전의 임금 및 봉금에 비례하여 지급되는 피고용자 연금제도가 있으며, 피고용자 연금제도의 가입자가 전체 연금 가입자의 90%를 차지한다.

기초연금에는 노령기초연금은 장애기초연금, 유족기초연금 등 세 종류의 급부가 있고, 노령기초연금은 가입기간이 25년 이상인 것을 요건으로 65세부터 지급된다.[82]

일본 노인은 피고용자보험과 국민건강보험 및 이것을 기초로 한 공동 사업인 「노인복지법」에 의한 의료혜택을 받고 있어 종사하는 직업에 따라 정부과장보험, 조합관장보험 및 그 외의 피고용자보험에 가입하고 퇴직한 후에는 피고용자보험의 피보험자 또는 지역 주민을 대상으로 하는 시정촌의 국민건강보험에 가입하고 있다.[83]

사회적 서비스정책으로는 공영주택제공 및 우선입거 조치, 노인전용거실 등 증개축에 필요한 경비의 대부, 고령자 보호 장치가 부착된 주택제공 등 3개의 서비스로 구성되어 있고, 최근 개개의 주택에만 한정하지 않고 주택의 지역 환경, 주거지 환경의 개선과 함께 주택보장과 보건의료서비스와의 연계가 강조되고 있다.

---

82) 일본의 의료보장정책은 미국의 메디케어 같은 노인을 위한 특별한 의료보장 프로그램이 제도화되어 있는 것이 아닌 노인의료보장제도로 의료보험과 고령자와 장애자 복지를 위한 사회보험인 개호보험으로 이원화된 사회보험방식이다. 1983년 2월부터 본격적인 고령화 사회를 대비한 종합적인 보건의료대책을 추진하면서 노인보건법이 시행되었다.
83) 노인복지정책연구(200), 「주요선진국의 노인보건복지정책」, (서울: 노인복지정책연구소), pp.206-207.

3. 프랑스의 노인복지정책

현재 인구의 고령화 현상은 범세계적인 현상으로 떠오르고 있다. 이러한 노인인구의 증가는 심각한 문제들을 낳고 있다. 그리고 사적·공적 노인부양에 대한 도덕윤리의 붕괴, 노인 학대 및 유기와 같은 도덕적 해이 등이 바로 그것이다. 그래서 최근 미국과 같은 고도의 공업화·도시화된 나라에서도 아동은 낙원, 젊은이는 전쟁, 노인은 살아 있는 무덤이라고까지 신랄하게 표현하고 있듯이 고령화가 새로운 사회문제로 대두됨에 따라 노년기에 있는 당사자는 물론 가족과 사회의 새로운 갈등으로 표출되고 있다. 이런 노인문제들을 해결하기 위해 세계 각국에서는 나름대로의 정책을 펴 나가고 있지만, 어느 나라도 이 문제를 원만하게 해결해 나가고 있는 것 같지는 않다. 지금부터는 OECD 국가 중 노인보호가 가장 활성화되어 있다는 프랑스(FRANCE)의 노인복지에 대해 자세히 알아보고자 한다.[84]

프랑스 여성의 평균수명은 83세이고, 남성의 경우는 74세이다. 이와 같은 이유 때문에 이 나라는 노인 중 여성이 차지하는 비율이 상당히 높다. 65세에서 79세의 노인 중 여성노인이 차지하는 비율은 60.0% 내외이지만 80세에서 89세 사이에서는 74.0% 그리고 90세 이상에서는 79.0%가 여성이다.[85]

또한 중앙, 광역, 지역정부의 역할은 프랑스에서 노인을 위한 서비스 입법안의 결정은 중앙정부의 소관 업무이다. 재정지원과 행정구역은 중앙(National), 주정부(Departmental) 및 지방정부(Municipal)로 나뉘어져 있다. 노인을 위한 서비스 제공은 중앙정부에서 담당하고 있다.

---

84) 프랑스의 노인인구 구조는 유럽대륙 중심부에 위치하고 있는 프랑스의 인구는 5천9백만 명을 약간 상회한다. 65세 이상 노인인구는 2000년을 기준으로 8백십만 명으로 전체 인구 대비 16.0%이지만 10년 후인 2010년에는 20.0%선에 도달할 것으로 전망된다.
85) 프랑스의 65세 이상 노인 중 94.0%는 일반주민들과 더불어 지역사회에서 살고 있고 나머지 6.0%는 공공기관 또는 민간단체가 운영하는 노인주거시설에서 생활하고 있다. 그리고 일반주택에서 생활하고 있는 노인 중 32.0% 내외는 독신가구이고 53.0%는 노부부세대이며, 나머지 10.0% 내외는 자녀 또는 친지들과 동거한다.

4. 영국의 노인복지정책

영국의 노인인구(1993)(남 65세, 여 60세 이상)는 영국 전체 인구 중에서 14.2%를 점유함으로써 노년국 중에서 상위에 속한다고 볼 수 있다. 정부와 민간단체에서는 이러한 사실을 중요한 해결과제로 여기면서 '노후는 자기 집에서'라는 노인정책의 기본적인 방침에 입각하여 노인을 위한 주택제공, 급식제공, Home Helper서비스, Nursing Service(요양원제도), 생활상담 등 노인의 욕구를 Residential Level에서 해결하고 있다. 따라서 영국에서는 노인복지의 중점을 주택서비스, 곧 주택정책에 두고 있다. 영국의 주택서비스 활동으로는 'Meals on Wheels'라고 알려진 급식사업과 Home Helper가 있다.86) 또한 주택정책의 실시에 있어서는 지방자치단체에서 One Bed Room House 형식의 독립주택과 아파트도 건립하고 있으며, 민간단체에서도 노인주택을 세우고 있다(황진수, 1993: pp.275~276).

영국의 의료대책은 National Health Service에 의해서 국영으로 하고 있는데 노인의 의료비는 65세 이상이면 무료이다. 또한 입원할 필요 없는 치료를 목적으로 Day Hospital이 있다.87)

1) 영국의 노인복지정책 실버산업·실버타운

영국에서 노인복지사업을 펴고 있는 민간단체는 Age Concem과 전국노인복지재단, 퇴직전협회 등이 있으며(황진수, 1993: pp.276~277), 오늘날 국가재정이 그리 풍족하

---

86) 급식사업은 원래 민간단체에서 실시하다가 1962년 법률개정에 의하여 지방자치단체에서도 실시하게 되었다. 또한 Day Center와 Nursing서비스 등의 실시로 노인의 고독을 해소하고 있다.

87) 영국에서는 15세부터 61세까지의 모든 국민은 정부가 관리하는 국민보험제도에 가입하여 보험료를 지급받는다. 이에 의하여 퇴직연금 등이 지급되고 있는데, 이 기업연금의 수혜자 중 1/4 정도는 퇴직자로 알려지고 있다(한창영, 1979: p.70). 그러므로 기업연금의 유무가 노후생활의 여유를 결정하게 된다.

지 못한 영국이 세계에서 가장 이상적인 노인복지정책을 펴고 있는 것은 민간단체의 대규모적인 지원이 있기 때문이다.[88]

2) London Bourugh of Hackney

런던 시내에 있는 Hackney는 구청 소속으로 국가에 의해 운영되고 있다. 해크니 노인시설은 하얀색 바탕에 벽돌무늬가 적절히 조화를 이룬 3층의 아담한 건물로서 내부로 들어가면 밝은 조명 아래 하얀색 복도에 문이 안락한 시설분위기를 연출하게 된다. 시설은 아파트 형식으로 사적 자유 보장이다.

노인시설은 개인보호 주택(Personal Care Residence)과 허약노인보호시설(Frail Eledrly Accomodation)을 겸비하고 있다.[89]

개인보호주택은 관리자가 상주하면서 노인에게 필요한 다양한 서비스를 제공하는 시설이다. 허약노인보호시설은 요양시설(Nursing Homes)의 한 형태로, 건강상태가 좋지 않아 일상생활을 하는 과정에서 남의 도움이 필요한 노인에게 여러 서비스를 제공하는 시설이다.

영국의 해크니 노인시설의 최대목적은 노인들이 자신의 공간을 지니며 사적 자유를 보장하는 형태를 지녀야 한다는 점에 있다. 이러한 취지의 하나로서 아파트 형식으로 되어 있으나 좀 더 안락한 집의 형태를 지니기 위해 정문 및 현관문을 이중으로 지니고 있는데, 이는 보다 많은 개인의 사적 자유를 주기 위한 것이다.

---

88) 영국은 '요람에서 무덤까지'의 완벽한 사회복지를 실현하기 위한 노력이 이루어진 사회 복지의 본고장으로 유럽의 여러 나라 중에서 노인복지의 선구자로 여겨진다. 영국 역시 다른 서구의 여러 나라와 같은 인구의 고령화 현상이 날로 심화되고 있다. 노인인구는 전체 인구 대비 15%, 1960년대 초 전체 인구 중 65세 이상 노인인구가 12%, 1990년대에 들어와서는 15% 이상, 2025년에 19.0%가 될 것으로 예상된다.

89) 중앙정부와 지방정부가 공동으로 각 정부에서 거둔 조세에 의한 세입에 의하여 재정지원 지방정부는 노인을 위한 주택과 사회서비스의 관리를 책임진다. 시설에 소요되는 비용은 1주당 194.50파운드(한화로 약 25만 3천 원)로서 183.19파운드(한화로 약 23만 8천 원)는 정부 차원의 주택보조에서 이루어지며 나머지 11.31파운드(한화로 약 1만 5천 원)만을 입주자 자신이 부담한다.

과거에는 식사 및 취침시간 등 일정한 규칙 내에서 노인들이 생활하도록 하였으나 최근의 경향은 노인들 자신 스스로 살고 싶은 형태를 존중하여 식사시간 및 취침시간을 자유로이 조정한다. 시설 내의 분위기는 노인의 독립성을 상당한 정도로 보장하고 있다.[90]

시설 내에는 공동이 사용할 수 있는 안락한 거실, 시설노인 개개인이 또는 공동으로 참여할 수 있는 예술 및 취미실 그리고 음악실, 독서실 등 문화적 공간을 마련하고 있으며, 공동식당, 주방, 세탁시설, 보조목욕시설 등 노인이 일상생활에서 필요한 여러 요구를 충족시키고 있다. 특히 복도마다 노인이 보행하기 쉽도록 보조막대를 설치하였고, 개인방은 물론 실내 어느 곳마다 위급 시 보조원을 부를 수 있는 장비가 설비되어 있다. 3층 건물이지만 엘리베이터 시설이 있으며, 엘리베이터 밖과 안에 호출장치가 있다.

영국의 시설이 유럽의 다른 나라와 다른 점은 시설 내 노인 각자가 개개인의 특별사회워커(Special Social Worker)를 갖고 있다는 점이다. 특별사회워커는 노인과의 대화 및 상담을 통하여 시설 내 노인이 가장 적합한 생활을 영위하도록 일상적인 생활계획을 세우는 것을 돕고 있다. 이는 노인의 경제적 문제, 건강보호, 가족관계 등에 이르기까지 광범위하다.

영국에서는 국민보건서비스(National Health Service)제도가 설립되어 국민 누구나 무료로 의료보호를 받을 수 있다. 해크니 노인시설에서도 기본적인 의료서비스가 제공되고 있는데, 이는 영국 내 이루어지는 의료보호서비스를 그대로 반영하고 있다. 영국에서는 England, Wales, Scotland, Northern Ireland 등 4개 지역에 따라 의료서비스가 차이점을 보이나 영국의 노인 대부분은 거의 저렴한 비용으로 의료서비스를 받을 수 있다. 특히 경제적 능력이 부족한 노인의 경우 대부분 정부로부터 생활보호를 받고 있으며, 이들에 대한 의료서비스는 무료로 제공되고 있다.

---

90) 일률적인 계획하에 노인에게 일정한 서비스를 계획하는 시설로서의 성격을 갖는 Residential Care Home에 있어서 개인은 일정 기간의 거주를 허락받아 정해진 공간을 사용하는 '방'이라는 의미와 달리 이 시설의 거주자는 집에 대한 소유권을 주택협의체(Housing Associations)와 공동으로 갖고 있다. 이는 시설 내 노인이 거주에 대한 보다 많은 안정감을 갖도록 하는 데 도움을 주고 있다.

이곳 시설종사원은 정규 직원 외 보조직원 10여 명이 구청에서 배속한다. 이들은 노인보호에 대한 기본적인 지식을 갖고 있으며 MBQ(사회복지사)라는 자격증을 소지하고 있다. 밤 근무는 2명의 직원이 교대로 하여 24시간 내내 노인들을 돌보고 있다.

영국 내 노인시설은 대부분 최소 10여 명에서 최대 40여 명의 노인을 수용하고 있다. 이는 노인들이 자기들의 가정이나 친구들의 모임처럼 친근감을 주면서 편안하게 시설에 거주하도록 하는 동시에 시설직원들과 아주 밀접한 관계를 유지하도록 하기 위함이다.[91)]

영국 노인복지시설의 특징에서 찾아볼 수 있듯이 노인이 시설 내에서 가족적 분위기를 상실한 채 '군중 속의 고독'을 느끼지 않도록 여가프로그램 및 세대 간 프로그램 등에 각별한 배려가 필요하다. 또한 다양성이 요구되는 현대사회이니만큼 소규모의 노인복지시설도 정책적으로 고려해야 할 것으로 본다.

5. 스위스의 노인복지정책

스위스의 노인인구는 1900년 이래 점차 고령화 추세를 보이고 있다. 1900년 65세 인구는 전체 인구의 5.8%에 지나지 않았으나, 1950년 9.6%로 증가하였고, 1990년의 경우 약 14.5%에 달하고 있다. 또한 이러한 노령화 현상은 2020년에는 전체 인구의 약 20%에 도달할 것으로 예상된다.

스위스의 노인은 대체로 경제적으로 부유한 편으로 평가되는데, 이는 스위스 사회보장체계에 의한 노령, 유족연금 및 직업연금 등의 지급과 함께 노후를 위한 개인저축에 기인한다고 할 수 있다. 또한 경제적 어려움이 있는 노인의 경우 스위스 정부로부터 보충부조의 혜택을 받을 수 있다.[92)]

---

91) 시설은 10~40명만 수용하고 있는데, 시설 내 노인들의 수가 적은 이유는 그들이 최대한 가족적 분위기에서 최상의 서비스를 받도록 하기 위해서이다. 이는 노인복지시설뿐만 아니라 다른 모든 시설의 규모를 적게 하고 소수의 인원에게 최대한의 서비스를 제공하여 시설거주자의 삶의 질을 높이도록 하는 영국정부의 방침과 일맥상통한다.

스위스의 시설보호는 시기적으로 많은 변화를 보여 왔다. 1970년 이전에는 자립적으로 살기 어려운 노인을 위한 노인의 집이 주요 정책과제였으며, 1980년대에 들어와서 최고령층 노인이 더욱 증가함에 따라, 노인의 집에 간호병동이 설립되었다. 현재 새롭게 세워진 노인의 집은 몸이 허약한 거주자의 필요를 만족시키는 부대시설을 반드시 갖추도록 규정되어 있으며, 현재 65세 이상 노인 중 7.5%가 시설에서 거주하고 있고, 4.8%는 노인의 집에, 2.0%는 병원에 거주하고 있다.

6. 독일의 노인복지정책

독일의 사회보장 역사와 발전을 살펴보면 다음과 같다.

첫째 중세 독일의 사회복지는 ― 16세기 독일은 상업 및 수공업 사회였으며 ― 노동의 집을 운영하였다. 이곳에서는 시설 수용자들에게 열심히 일해서 스스로 운영할 능력을 키우도록 노동으로써 사람을 훈련시키려는 것이 목적으로 설립되었다. 이 노동의 집은 18세기 감옥소로 전용되기도 하였으며 작업시설과 부랑인 수용시설로 분리되어 빈민층에 대한 사회통제정책으로 이용되기도 했다.

둘째 함부르크 구빈 제도는 가난한 사람과 가난하지 않은 사람의 장벽은 허물어져야 하며 이는 시민화를 통해 이루어져야 한다는 생각을 가지고 출발했으며 시민화 교육으로 직업교육에 초점을 맞추었다. 함부르크 구빈 제도는 구빈의 체계가 교회의 자선에서보다 책임적인 시민 연합체의 활동을 활성화했다.

함부르크 구빈 제도는 구빈자의 욕구와 자원에 대한 개별화된 조사에 근거해서 노동가능한 사람들에게는 일자리를 제공한다는 원칙을 가지고 노력했으며 초기에는

---

92) 스위스에서는 또 Spitex라는 제도가 1980년에 마련되었는데, 이는 집에서 살고 있는 노인에게 제공될 수 있는 모든 형태의 도움을 제공하는 서비스 체제를 의미한다. 즉 가정보호, 가사일 도움, 식사배달, 쇼핑, 운전, 방문, 산책, 미용, 발 치료, 주간 보호, 밤 보호 등이 이러한 서비스에 포함된다. 현재 스위스 전역의 거의 모든 도시와 농촌에 이러한 서비스가 제공되고 있다.

성공을 보이는 듯했으나 후기에는 실패를 했다. 그 이유는 재정적인 취약성과 빈민의 수가 대규모화에 있었다.

내용은 ① 아주 잘 조직되어 있고 걸인을 분산, 수용시키는 성격에서 떠나 어려움에 빠져 있는 사람들을 도와주는 시설을 설립하였다. ② 시민이 구빈사업에 적극적으로 참여하였다. 애국시민단체 중심(상공업의 기업인 중심)으로 구빈사업을 전개해 나갔다. ③ 함부르크의 구빈원은 성인을 위한 실업학교로서 거기에 수용되어 있는 사람들은 스스로 배우려는 자세가 되어 있어야 하며 여기에서 강조되는 것은 노동인데 노동을 통하여 건강을 유지하게 되고 근심걱정을 이기게 된다는 철학을 가지고 있다. ④ 구조는 빈민구호위원회와 빈민구호 상원위원회로 구성되었다. ⑤ 시민의 역할로서는 시민은 기부자로서, 모금원으로서, 자원봉사자로서, 구빈행정의 자원 책임자로서 일하였다.

목표는 ① 걸식행각을 완전히 폐지, ② 가난한 사람을 보다 더 효과적으로 지원하려 하였다. ③ 걸인의 숫자를 줄이려는 것이 목표이다.

셋째 비스마르크 사회보장제도는 1880년대 독일에서 만들어진 사회보험제도로서 사회민주주의의 무력화, 생산의 안정화, 경제적 효율성의 증대 등 다용도적 목적과 수단을 가지고 있었으며 철혈수상 비스마르크에 의한―위로부터의 혁명이라는 정치적 보험성격을 가지고 있다.

비스마르크는 1882년 프로이센 북독일의 수상으로서 철혈수상으로 불리며 철은 군비, 혈은 국민의 헌신을 의미하고 있다.[93]

그러나 독일에서 노인복지가 본격적으로 활발히 이루어진 시기는 노인에게 소득, 재원, 개인 보조에 있어서 도움을 주는 연방사회보조법이 제정된 1960년대 이후였다. 이는 노인의 경제나 신체, 정신, 사회적 상황의 질적 향상을 목표로 하여 노인의 경제적 상황의 향상뿐만 아니라 그들이 사회에서 인간다운 생활을 할 수 있도록

---

93) 비스마르크 시대인 1883년에 첫 사회보장제도인 의료보험 관련 법률을 제정하여, 1920년 대부터 1950년대에는 의료보험제도를 민간협력 체제로 추진한다. 비스마르크는 독일의 통일을 추진하였으며 프랑스와의 전쟁에서 1871년 승리하여 독일제국을 이끌었으며 이후 독일은 19세기에 들어 자본주의 국가의 길을 걷게 된다.

하는 각종 서비스를 보장하기 위함이다.[94]

독일의 연금제도로는 모든 근로자가 의무적으로 가담하는 사회보험 프로그램이 있는데, 고용인과 고용주가 지불하는 갹출금 및 정부의 보조금으로 운영되고 있다. 독일 연금제도의 특이한 사항은 노쇠한 노인을 위한 보호기간의 신용제도라 할 수 있는데, 이는 노인에게 일주일에 적어도 10시간 이상의 보호서비스를 제공하는 사람은 연금 갹출금을 지불한 것으로 간주함으로써, 보호제공자에게 노인들을 위한 봉사 및 소득에도 도움을 주는 것이다. 또한 독일에서는 병역의무의 대체의무로 시민의무제도가 있는데, 이 제도의 의의는 보호를 제공하는 노동력을 사회적 차원에서 확보한다는 것에 그치지 않고 병역의무와 같이 사회적 의무가 동등하다는 중요성을 일반인에게 심어 준다(원영희, 1999).

독일의 노인거주 시설의 형태를 보면, 알텐븐하임(Altenwohnheim)은 자립가능한 노인을 대상으로 하는 곳이며, 알텐하임(Altenheim)은 자립이 불가능한 노인에 대해 생활주거를 제공하고 개호를 하고 신체 주변의 보살핌을 하는 곳이다. 알텐크랑크하임(Altenkrankheim) 또는 알텐플레게하임(Altenpflegeheim)은 만성질환에 걸린 노인이나 개호를 필요로 하는 노인에 대해 종합적인 보살핌을 행하는 곳이다. 최근에는 이러한 시설들이 인접부지에 건설되어 동일 경영체와 인원에 의해 운영되는 노인종합시설의 역할을 하는 알텐첸트럼(Altenzentrum)이 많이 생기는 추세이다.

독일의 쾰른시에 있는 마리 유차크 알텐첸트 럼(Marie-Juchacz-Altenaentrum)이라는 노인시설은 양로원, 노인주택시설, 요양원, 주간보호시설 등이 한곳에 모여 있는 종합노인시설단지로서, 노인의 건강상태에 따라 주위환경의 큰 변화 없이 같은 시설 내에서 이동이 가능한 것을 특징으로 하는 연속보호공동체의 성격을 띠고 있다. 이 시설은 비영리기관으로서 수입에 의해 지출을 정확히 하여 이윤을 남기지 않도록 하고 있는 사립 사회복지단체이다. 이곳의 설립목적은 노인이 신체적 어려

---

94) 독일의 60세 이상 노인인구는 1960년 16%에서 1980년에 19.4%, 1995년에 22%로 증가하였으며, 2010년에는 27.4%로 증가될 것으로 예상되고 있다. 또한 80세 이상 노인의 증가율은 60세 이상 노인의 증가율보다 훨씬 높아 1960년 전체 인구의 1.4%에서 1995년에는 4.3%로 지난 30년 동안 약 3.1배나 증가하였다(원영희, 1999).

움에도 불구하고 가능한 한 본인 스스로 독립적 생활을 영위해 나갈 수 있도록 도와주고 이를 유도하는 데 있다.[95]

7. 이탈리아의 노인복지정책

이탈리아에서는 노인을 위한 서비스의 기본방향은 유럽의 다른 나라와 같이 시설보호서비스에서 지역사회보호서비스로의 전향을 목적으로 하는 탈시설화 정책을 지향하고 있다. 이와 동시에 의료보호 및 일상생활에 도움이 필요한 노인들을 위해 지속적인 시설보호서비스는 계속 추진되고 있다.

이탈리아 사회보장제도는 INPS(Instituto Nazion 및 dela Previodernas Sociate)로서, 이를 통해 종합적인 연금체제를 제공한다. 또한 일반근로자의 수입과 관련된 연금과 공무원, 전문직 종사자와 자영업자를 위한 특별연금제도가 있으며, 직장과 관련된 연금은 근로자 및 고용주의 갹출금과 정부의 재정지원에 의해서 운영되고 있다.[96]

이탈리아는 노인에게 다양한 시설보호서비스를 제공하고 있는데, 이러한 시설보

---

95) 이 시설에 거주하는 노인은 총 5백20명으로 연령층은 60세에서 백 세가 넘는 고령노인 등 다양하며, 평균연령은 88세로서 이 중 치매에 걸린 노인은 120~150명 정도로 추정하고 있다. 이곳에서는 전문요원들을 통해 노인 개개인에게 필요한 포괄적인 치료와 요양을 보장하고 있으며, 치료 부서에서는 정식작업치료원이 노인에게 여러 가지 작업 및 일 등을 통한 치료서비스를 하고, 상주의사 외에 20명이 넘는 전문의사가 정규적으로 시설을 방문하여 환자들을 치료한다. 입주자 부담금은 입주자의 건강과 생활능력 상태에 따라 다르며, 1일 기준은 126마르크에서 181마르크로 책정되어 있다. 건강한 노인의 경우 한 달에 약 3천9백6마르크(약 2백18만 원)이다.

96) 1970년 전체 이탈리아 인구 중 65세 이상 노인이 차지하는 비율이 10.9%였고, 1975년 12.0%, 1990년 14.6%로 증가하였다. 그리고 2020년에는 19.8%로 또한 2025년에는 24.1%로 증가할 것으로 예상된다. 특히 전체 노인인구 중 최고령이라 할 수 있는 80세 이상의 노인인구는 1970년에는 1.8%에 지나지 않았으나, 1990년에는 3.2%로 늘어나서 20년간 노령인구 증가 추세는 약 1.8배에 달하였고, 2010년에는 5.8%, 2025년에는 7.5%로 계속 증가할 것으로 예견되고 있다(원영희, 1999).

호서비스는 비영리공공단체 및 영리, 비영리의 민간업체에 의하여 설립·운영되고 있으며, 그 종류로는 크게 노인홈, 노인보호주택, 호텔하우스 그리고 의료휴양시설로 나누어 볼 수 있다. 노인홈은 지방자치의 자급자족하는 시설보호서비스 및 문화, 오락서비스를 제공하는 동시에 숙박이 가능한 시설이다. 노인 보호주택은 몸이 불편한 노인을 대상으로 그들에게 필요한 보호서비스 및 재활서비스를 제공하는 노인 거주시설로서 지방자치단체에서 운영하고 있다. 호텔하우스는 독립적으로 생활을 유지할 수 있는 경제적 여유가 있는 노인을 대상으로 주거, 식사, 세탁, 비상의료 등 제반 서비스 등을 제공하며, 의료휴양시설은 주거, 식사, 세탁, 의료 비상서비스, 지역사회보호 서비스 및 사회적 서비스가 제공되는 시설이다(원영희, 1999).

제3절 노인복지정책의 현황과 개선방안

한국은 산업화의 속도가 세계 어느 나라보다 빨랐고, 그 영향으로 인해 인구고령화도 매우 빠른 속도로 진행되었다. 이에 따라 우리 사회에는 고령의 병약한 노인의 증가와 더불어 급격한 사회변화에 대처할 능력이 상대적으로 부족한 노인들에게 빈곤문제, 부양 및 보호문제 등 산업화 이전에는 볼 수 없었던 문제들이 심각하게 제기되고 있다.[97]

현재 사회의 변화 속에서 산업화 및 도시화는 경제적으로 자급자족하기 힘든 전근대적인 사회에서 흔한 가족형태를 지니고 있는 전통가족의 적응 능력의 한계를 넘어 가족 해체를 야기하며 인구의 도시집중화는 도시지역, 특히 대도시지역에 심각한 노인의 문제를 야기하였다. 농어촌 지역에서는 청장년층이 교육 및 직업 기회를 따라 도시로 이동하는 이촌향도의 현상이 나타났고 따라서 농어촌 지역에는 노년층만이 남게 되는 등 가족분화가 불가피하게 나타났다. 더욱이 핵가족화가 가속화됨에 따라 전통적 부양의식의 감퇴로 도시지역이나 농어촌지역 모두 노인부부 또는 노인 혼자 사는 단독세대가 점차 증가하고 있다.

---

97) 「헌법」 제32조에서는 "모든 국민은 인간으로서의 존엄과 가치를 가지며 국가는 개인이 가지는 불가침의 기본적 인권을 확인하고 이를 보장할 의무를 진다."고 규정하고 있으며, 지난 1981년 제정된 「노인복지법」 제2조에는 "노인은 국가 및 사회의 발전에 기여한 자로서 존경받으며 건전하고 안정된 생활을 보장받는다."고 규정되어 있다. 그러나 이 같은 조문들은 단지 선언에 불과할 뿐 노인복지법 제정 20년이 다 되도록 노인에 대한 국가와 사회의 인식은 크게 달라진 것이 없다. 따라서 이 시점에서 현재 한국 노인복지와 관련된 각 분야별 현황들을 재점검해 볼 필요가 있다.

현재의 노인세대들은 대부분 한국을 선진국 대열로 이끈 산업화의 역군들이며 2세들을 지금의 정보화 시대의 주역이 될 수 있도록 교육시켰지만 정작 자신들은 고향 땅 빈집에서 생활고와 질병으로 신음하면서 외롭게 여생을 보내고 있는 것이 현실이다. 이러한 문제들은 빠르게 변화된 경제환경에 발맞추듯 우리의 정(情)의 문화에도 영향을 주어 가족제도의 빠른 붕괴와 핵가족화의 과정 등에서 파생된 문제들인 것이며, 결코 지나칠 수 없는 앞으로 다가올 나 자신의 문제이자 우리 모두의 문제인 것이다.

노인층의 경우 저하된 사회적 지위 및 경제적 능력 때문에 경제활동에 있어서 제한된 참가기회를 가지며 저축이나 연금 또는 자녀로부터의 소득이전이 없는 한 소득의 현저한 감소를 수반하게 된다. 또한 건강의 악화 및 주택가의 상승 등이 이러한 경제적 어려움을 더해 주고 있다.

이러한 노인복지정책의 문제를 해결하기 위한 제도가 마련되어 실시되고 있지만 아직도 많은 문제점을 개선하지 못하고 있다.[98] 본 연구에서는 노인복지제도의 현황과 문제점을 중심으로 발전적인 대안을 제시하려고 한다(박승, 상게서).

1. 관련법의 문제점과 개선

1) 노인복지법의 문제점과 개선방안

정부에서는 노인문제에 대한 인식을 전환시켜야 한다. 노인문제의 원인은 사회 전반적인 흐름에 있음에도 불구하고 국민의 인식은 문제가 발생한 가족문제로만 과

---

98) 실제로 노인복지정책과 관련해서 최근 한국의 노인사회에서 일어나고 있는 목소리들을 보면 국가는 노인문제에 대해 지나치게 관심을 갖지 않는다, 문제를 해결할 의지가 없는 것 같다, 노인문제의 심각성을 제대로 파악하지 못하는 것 같아 안타깝다, 노인문제에 무관심한 정부당국의 처사에 분노를 느낀다 등으로 나타나고 있다(박재간, 1999).

소평가하는 경향이 있다. 노인문제는 노인이 속한 가족뿐 아니라 그 지역사회 전체의 미래현안이기에 사회 모든 계층에서 이루어져야 할 것이다.

(1) 노인복지법 이행강화

「노인복지법」의 대부분이 비현실적이고 권장, 계몽 위주인 문제점을 타파하기 위해서는 정책의 명목과 구호에만 급급하지 말고 정책시행에 의해 노인 1인당 제공되는 혜택수준이 현실적으로 평가되어 보다 실질적인 도움이 제공되어야 할 것이다. 또한 어떤 정책을 시행하는 데 있어 막연히 권장하고 격려하는 수준을 벗어나 확인, 감독하고 시정명령이 내려지는 제도로 격상되어야 할 것이다.

(2) 보험과 연금의 종류 및 대상 확대

노인복지정책이 보다 현실적으로 개선되기 위해서는 재정확충이 필수적이다. 노인복지정책하에 한국 노인들에게 적용되는 보험은 건강보험이 전부이며 연금은 극히 일부 직종에만 국한되어 있다. 노인복지정책의 내실화에 필요한 재정확보를 위해서는 보다 다양한 종류의 보험과 연금을 보다 광범위한 노인계층에게 확대시켜야 할 것이다.

노후준비는 노후에 갑자기 이루어질 수 없듯이 노인복지 역시 단시일 내에 이루어질 수 없다. 노인복지의 천국으로 인식되는 미국 역시 1960년대부터 젊은 층에게 적용된 노후준비보험과 연금제도가 수십 년 흐른 오늘에 결실을 맺는 것이다. 보험이나 연금은 젊은 연령부터 가입대상을 확대하고 장기적인 국책사업으로 추진하여 수십 년 후 그 젊은 층이 노후에 이르러 자신이 오랫동안 노력한 결실을 볼 수 있도록 하는 정책철학의 기반 아래 지속적으로 추진되어야 하며 그러기 위해서는 국민 모두의 의식전환을 기초로 한 정부의 지속적인 정책추진이 동반되어야 할 것이다.

2) 고령자고용촉진법의 문제점 및 개선방안

(1) 정년퇴직연령의 연장

한국 기업의 90% 이상이 55세 이하 정년제를 채택하고 있어 외국에 비하여 정년연령이 낮고, 정년퇴직 후 재고용제도의 활용도 부진하다. 구미제국의 경우 일정연령에 도달하면 연금을 수급하면서 퇴직할 권리는 갖되 비자발적으로 퇴직할 의무는 지지 않으므로 우리와 같은 개념의 정년제는 없다. 특히 한국은 노후소득보장제도가 미비해서 정년퇴직을 하게 되면 노후를 대비하지 못한 근로자는 곧바로 빈곤으로 전락하게 된다는 데 문제가 있다. 노후빈곤의 직접적 원인이 조기퇴직이라고 볼 때 선진국 수준에는 이르지 못한다고 하더라도 60세 정도까지 정년연장이 필요하다. 더욱이 한국의 국민연금제도는 완전노령수급연령을 60세로 규정하고 있음을 볼 때 60세로의 정년상향 조정은 불가피하다.

(2) 법의 실효성 문제

동법 제12조의 대통령령이 정하는 일정 수 이상의 근로자를 사용하는 사업주는 기준고용률 이상의 고령자를 고용하도록 노력하여야 한다는 규정이 강제조항이 아니어서 이 규정을 따르는 사업체가 많지 않다. 법의 실효성과 안정성을 위해서는 가급적 임의조항은 기피되어야 하는데 이 법의 상당 부분이 임의조항으로 되어 있어 문제가 있다.

고령자 고용을 강제하는 것이 자본주의 경제원리에 위배된다 할지라도 제한된 범위 내에서 이 법의 실효성 확보를 위해 강제 규정화하는 것은 필요하다. 특히 국가 및 지방자치단체, 정부투자기관은 기준고용률 3% 이상의 고령자 고용을 솔선수범해서 이행해야 한다.

고령자의 직업지도와 취업알선, 고령자의 직장적응훈련, 작업환경개선, 고령자와 고령자고용사업체 등에 대한 상담·지도의 업무를 수행하기 위하여 고령자 고용정보센터와 고령자 인재은행을 설치·운영하도록 하고 있다. 고령자에 대한 직업지도 및 취업알선 등에 필요한 전문인력과 시설을 갖춘 전국 25개 기관을 고령자인재은행 (대한노인회, YWCA 등)으로 지정하여, 운영비 일부를 지원하고 있으나, 대다수 고령자들이 알지 못하고 있고 들어서 알고 있다 하더라도 무슨 기능을 수행하고 있는지 알고 있지 못한 실정이다. 따라서 이들 기관에 대한 홍보활동을 활발하게 전개해야 할 것이다. 또한 고령자인재은행의 운영비도 대폭 지원하여 정상적인 노동시장 Net Work로 편입, 활성화하여야 한다.

3) 노인복지시설의 부족현황

노인복지시설(老人福祉施設)은 65세 이상의 노인이 심신적·사회적·경제적 등의 이유로 가족과 생활하기가 어려울 때, 그들을 수용하기 위하여 국가·지방자치단체 또는 민간단체가 경영하는 시설을 말한다.[99]

그러나 현재 한국의 노인보호시설 중 보편적인 것은 양로원이라고 할 수 있다. 양로원을 제외하고는 노인을 수용보호하거나 의료재활을 위한 기관이나 시설 등은 영세한 상태다. 다만 이용시설로서 노인회관, 노인학교, 노인정 등이 있으나 이것은

---

99) 노인복지법 제18조에 의하면, 노인복지시설에는 양로시설·노인요양시설·실비(實費)양로시설·실비노인요양시설·노인복지회관·실비노인복지주택 등이 있으며, 그 내용은 다음과 같다. ① 양로시설: 노인을 입소시켜 무료 또는 저렴한 요금으로 급식 및 기타 일상생활에 필요한 편의 제공을 목적으로 하는 시설, ② 노인요양시설: 노인을 입소시켜 무료 또는 저렴한 요금으로 급식·치료, 기타 일상생활에 필요한 편의를 제공함을 목적으로 하는 시설, ③ 실비양로시설: 노인을 입소시켜 급식·치료 및 기타 일상생활에 필요한 편의를 제공하되, 이에 소요되는 일체의 비용을 입소한 자로부터 수납하여 운영하는 시설, ④ 실비노인요양시설: 노인을 입소시켜 저렴한 요금으로 급식 기타 일상생활에 필요한 편의를 제공함을 목적으로 하는 시설, ⑤ 노인복지회관: 무료 또는 저렴한 요금으로 노인의 각종 상담에 응하고, 건강의 증진, 교양·오락, 기타 노인의 복지증진에 필요한 편의 제공을 목적으로 하는 시설, ⑥ 실비노인복지주택: 노인을 입소시켜 저렴한 요금으로 주거의 편의를 제공함을 목적으로 하는 시설이다. 이들 시설을 설치하려면 사회복지법인이나 기타 비영리법인은 특별시장·광역시장·도지사의 허가를 받아야 하며, 운영에서는 보건복지부장관 또는 위의 허가권자의 주기적인 감독을 받는다.

여가를 활용하기 위한 시설이지 직접적으로 노인의 생활보호를 위한 시설은 아니다. 즉 국가로부터 일정한 보조금이나 지원을 받는 것도 아닌 단순히 민간의 자율적인 여가활용 장소에 불과한 것이다. 이러한 시설의 상태에서 시설보호서비스의 문제점을 든다면 다음의 사항을 지적할 수 있다.

첫째 시설 수가 종류별로 절대적으로 부족하다는 점이다. 둘째 시설보호서비스가 단순한 생활보호의 수준에 머무르고 있다. 셋째 노인복지시설에 대한 고정관념 때문에 보호시설의 발전에 큰 장애가 되고 있다. 넷째 시설의 자체 재정능력이 대단히 미약하다. 다섯째 시설 종사자의 수가 절대적으로 부족하고 시설 종사자 중의 유자격 전문가의 수가 적다. 여섯째 혼합수용의 문제가 심각하다는 점이다.

한국에서의 시설 수용의 주된 문제는 우선 스스로 일상생활을 할 수 없는 노인들을 수용할 시설이 부족한 점이다. 현재 보호를 요하는 노인의 수는 약 9만 4천 명으로 추정되고 있으며, 양로시설에 수용되고 있는 노인도 요보호 노인의 5%밖에 수용 못 하는 실정으로 시설이 부족함을 알 수 있다.[100]

농촌진흥청(2008) 조사 결과 특별시나 광역시 등 시 단위의 사정은 이보다 비교적 낫지만, 정작 노인복지시설이 절실한 군 단위 농촌 사정은 전혀 딴판인 것으로 나타났다. 한국 81개 군 가운데 65세 이상 노인인구 비율이 20%를 넘긴 '초고령 지역'은 무려 59곳이다. 하지만 자기 집에서 사는 노인을 위한 '재가노인복지시설'은 대부분의 군 지역에 아예 없거나 1~2개에 불과했다(윤순덕, 2008).

복지사업이 지방으로 이양되는 추세 속에서 초고령 지역이 대부분 농촌이고 재정 자립도가 낮아 복지 인프라 구축이나 서비스 제공에 한계가 있다. 게다가 군 단위 농촌지역 노인 100명당 영업용 자동차등록대수는 8.3대로 특별, 광역시나 일반 시지

---

100) 현재 전국에 걸쳐 재가노인복지시설이 98개에 불과한 실정이고 특히 시·도 중에서 시설이 10개가 넘는 곳은 서울, 부산, 경기도 등 3개 지역에 불과하다. 일반 시민들의 지원도 줄어 저소득층 밀집지역인 서울북부종합사회복지관의 경우 지난해 말까지만 해도 자원봉사자가 4백 명이 넘었으나 올해는 재등록자가 반으로 줄어든 데다 신규등록자도 50명을 넘지 못하는 수준이고 이러한 추세는 전국적인 현상이다. 가장 큰 문제는 노인들이 자기 힘으로 생활해 나갈 수 있는 공간이 더욱 줄어들고 있다는 것이다. 일할 능력이 있는 노인들이 일하고 싶어도 젊고 값싼 노동력의 구직자들이 흔한 상황에서 노인들은 외면당하기 일쑤이고 금전적인 어려움에서도 빠져나오기가 힘들기 때문이다.

역의 각각 1/3과 절반 수준에 불과했다.

양로원이나 요양원 등 시설에 입소하길 싫어하는 농촌 노인들, 결국 치매 등을 앓고 있는 농촌 노인들이 거의 방치되다시피 하고 있다. 농촌의 노인복지 문제가 더 이상 방치할 수 없는 심각한 수준에 이르렀다고 전문가들은 지적하고 있다.

노인복지시설의 적정수준 확보 및 다양화를 위해서는 시설에서의 보호가 필수적인 노인을 위한 적정수준의 노인복지시설이 운영되어야 하고, 또한 노인들의 경제적 능력·건강 정도, 기타 욕구에 따라 자유로운 선택이 가능하도록 다양하게 시설을 설치 운영토록 해야 한다. 수용보호시설과 함께 여유 있는 노인들을 위한 이용시설 그리고 실버산업도 함께 육성해야 한다.[101]

정부는 저소득노인이 입소할 수 있는 무료, 설비의 노인복지 요양시설을 확충하여 만성질환이 많은 노인들의 장기요양보호수요에 대처하여야 한다. 또한, 시설 운영상태 및 입소자의 서비스 만족도 등을 평가하는 시설평가제도 도입을 통하여 질적인 운영체계를 선진화하여야 한다. 또한, 경제적인 부담 능력이 있는 중산층 이상의 노인을 위한 유료노인복지시설을 지속적으로 확충하고 세제 감면 등 시설을 확충할 수 있는 행정, 제도적 방안을 강구해야 한다.

4) 노인복지시설의 재원충당

노인복지시설의 재정 상태는 자체 재정 형편도 풍부하지 못하며 성금도 많지 않으므로 단순히 수용 보호에 지나지 않는 시설이 많아 정부에서의 지원이 더욱 필요하고 시설 자체에도 재원 충당을 위한 노력이 있어야겠다. 또한 노인복지시설의 재정적 곤란으로 다양한 전문가를 채용하기가 매우 어려운 상황에 처해 있다. 재정의 확보와 더불어 전문 사회사업가를 위시한 전문가의 확보가 시급하다고 보겠다.

김성순(1990)은 노인복지와 관련된 재정은 크게 공공재정과 민간재정으로 나누고

---

101) 수용 보호의 주된 시설인 양로원에 수용되는 노인의 처우가 잘 되지 않은 것이 사실이긴 하지만, 양로원이 단순히 죽음을 기다리고 있는 장소 또는 환경과 분위기가 좋지 않은 곳으로 지나치게 고정관념화가 되어 있다.

있는데, 공공재정은 중앙부처로부터 지원되는 것과 지방자치단체에서 지원하는 것으로 나누어진다. 노인복지 재정 중 일반적으로 공공 영역은 세금을 재원으로 하는 경우가 많고, 민간 영역은 다양한 형태의 민간재원을 동원한다. 오늘날에는 공공과 민간의 재원들이 상호 혼합되어 있고, 이러한 재원들이 합해져서 시설이나 기관이 운영되고 있다. 공공재정은 중앙 및 지방정부에 의한 공공부담금 또는 보조금(사회 복지사업기금 포함)을 말하며, 민간재정은 정부기관 이외에서 지원되는 재정으로서 ① 대통령령으로 정한 이용자 부담금, ② 법인의 부담금, ③ 노인복지시설에 입소된 노인이 사망한 경우에 남긴 유류품(금전, 유가증권), ④ 지역사회의 기부금, ⑤ 기타 민간자금의 투자 등을 들 수 있다.

정부예산에서 사회보장예산이 차지하는 비율이 상대적으로 낮고 특히 노인복지의 공공부문 예산은 다른 예산과 비교하면 매우 적다.[102]

노인복지예산은 노령수당(경로연금)과 시설노인복지에 편중되어 있다. 1998년에는 이 두 영역이 각각 71.6%와 17.5%로 89.1%를 차지하고 있다. 따라서 한국의 노인 복지는 생활보호대상 노인과 입소시설 노인만을 위한 예산편성처럼 보인다. 이것은 아직도 한국이 좁은 의미로서의 사회복지 개념에 의한 구빈적[103] 차원의 노인복지

---

102) 1995년 사회보장예산이 국민총생산에서 차지하는 비율은 0.9%이며(선진국의 경우는 10~20%), 노인복지가 사회보장예산에서 차지하는 비율은 2.1% 정도이다. 그런데 노인복지예산이 사회복지서비스에서 차지하는 비율은 1986년도에 5.2%에 불과했으나 1990년에는 32.5%가 되어 불과 4년 사이에 6배 이상으로 증가했는데 그 이유는 노인교통비의 부담이 민간업체에서 국가부담으로 이전되었기 때문이다. 1994년부터는 노인교통비 지원이 지방비 부담으로 이관됨에 따라 노인복지예산이 사회복지서비스에서 차지하는 비율이 22%로 줄어들었다.

103) 구빈제도(救貧制度, poor-relief system): 자립할 능력이 없는 사회적 빈곤자에게 국가에서 원조를 주는 여러 제도이다. 1601년 제정된 영국의 구빈법(救貧法) 이후 유럽 여러 나라에서도 오랜 역사를 가진다. 자본주의사회가 만들어 낸 빈곤자에 대한 국가의 구제 제도라고도 할 수 있으며, 형태는 자본주의의 발전단계와 국가에 따라서 달라진다.
① 초기자본주의 단계: 본원적(本源的) 축적과정에 따라 강제적으로 만들어진 수많은 무산빈민이 자본주의의 새 질서에 순응하지 못하여, 자본이 필요로 하는 임금노동자로 전화(轉化)하지 못하였기 때문에, 구빈법으로 부랑화(浮浪化)를 방지하고 노동을 강제하는 동시에 구빈세를 정하여 그 책임을 교구(敎區) 등으로 전가하였다. 이 단계는 국가의 강제에 의한 임금노동자 창출을 위해서 노역장(勞役場)을 비롯한 강제적 산업도야제도(産業陶冶制度)를 수반한 점에 특징이 있다.

정책을 전개하고 있음을 시사해 주는 것이다. 노인복지예산은 구빈적 차원의 일부 노인에 한정시키지 않고, 일반노인들의 삶의 질과 보람을 위한 정책이 편성되도록 전환되어야 할 것이다.

5) 여가활용 프로그램의 부족

장수는 인류의 염원이었으나 기본적 사회문제로 인식하지 않았다. 그러나 고령화 사회에서 노인복지에 대한 개인적·사회적 미비는 노년기 삶을 빈곤과 질병, 소외, 무위 속에서 보낼 수 있다는 점에서 충분한 대책이 마련되지 않을 경우 오히려 불행을 가져올 수 있다.[104] 앞으로 급격히 증가될 노인복지 수요에 대해 능동적으로 대처하기 위해 '함께 나아가는 (성장) 공동체' 구축이라는 큰 틀 속에서 고령화 사회에 대비한 노인복지정책의 방향 전환이 필요하다(변용찬, 1997).

노인 증가에 따라 노인문제가 사회 문제로 대두되면서 누구나 나이가 들기 마련이고 노인복지에 대해 관심을 가지게 되었다. 건강한 생활과 풍요로운 노년기 생활을 위해 노인의 욕구는 양적으로 많이 확대되었으며, 뿐만 아니라 질적으로도 많은 변화를 나타내고 있다.

우선 양적으로, 수명이 연장되어 노인인구가 급증하는 가운데, 가족의 양상은 변화되고 가족의 부양기능이 저하됨과 동시에 인구의 도시집중에 따른 지역사회의 상

---

② 산업자본주의 단계: 실업대책의 성격을 가지면서 대상자들을 열등자로 처우하며, 그 발생을 막는 것을 원칙으로 삼음으로써 노동자계급에게 독립과 자조를 가르쳤다. 이 시기 영국의 새 구빈법은 노동빈민을 근대적 노동자계급과 피구휼적(被救恤的) 빈민으로 분화시키는 계기가 되었다.
③ 독점자본주의 단계: 종전의 주기적 실업 대신에 항구적 과잉인구를 낳기에 이르렀다. 또 이러한 자본축적의 필연적 산물인 구조적 실업자, 이에 대한 실업 반대투쟁은 구빈제도로서의 각종 공공적부조제도(公共的扶助制度)를 현실화하는 계기를 만들었다. 또한 공공적 부조제도가 사회보험과 통합됨으로써 사회보장제도로 발전하였다. 예로는 英國의 국민부조법(1948)이나 한국의 국민기초생활보호법(1961) 등이 있다.
104) 김성순, "산업사회에 있어서 노인복지에 관한 연구", 한양대학교 대학원 박사학위논문, 1984.

호부조 기능도 계속 저하되고 있다. 특히 후기 노년인구의 증가에 따라 허약, 와상, 치매 등의 이유로 수발 및 보호를 필요로 하는 노인이 계속 증가하고 있다.

또한 노인의 욕구가 질 높은 서비스를 요구하고 있다. 21세기 노인복지에 있어서 연장된 노년기에 삶의 질 확보가 당면 과제가 된다 하겠다. 즉 삶의 보람을 느끼면서 안정된 노년생활을 할 수 있을까? 특히 신체가 허약하게 되어 수발이 필요로 하는 경우에는 충분한 수발 또는 간호를 받을 수 있을까 하는 등이 노인복지의 중요한 관심사가 될 것이다(권육상 외, 2001).

뿐만 아니라 노인복지서비스의 욕구가 매우 다양화되고 있다. 노인의 여가활동 유형과 생활만족도 사이에는 높은 상관관계가 나타나 노인들이 여가활동 유형에 참여할수록 생활만족도가 높아진다는 연구 결과들이 있다(문희영, 2000).

노인은 일반적으로 노화와 더불어 인간의 사회적 지위와 역할이 위축된다. 가족 내에서 누리던 중심적 위치도 젊은 세대에게 이양함으로 가사결정권도 축소된다. 결국 신체적 건강의 약화와 함께 생활공간이 가정으로 제한되고 지역사회와의 교류가 단절되어 고립적인 생활을 영위하게 되는 경향이 높아지게 된다.[105]

노인들의 사회활동 참여욕구를 충족시키고 여가를 보람 있게 하기 위해 경로당, 노인교실 등 여가시설을 설치·운영하는 것이 중요할 뿐만 아니라 여가를 보람 있고 재미있게 보낼 수 있는 적절한 프로그램을 개발하는 것도 중요하다.

정부에서는 노인의 여가선용을 위해 경로당(노인정), 노인종합사회복지관, 노인복지회관, 노인교실 등 프로그램에 재정적 지원을 해 주고 있으나 노인의 여가생활은 대부분 개인적으로 처리되고 있으며, 아직까지 체계적이고 조직적인 여가생활을 위한 여건이 마련되어 있지 않는 실정이다. 그러므로 정부에서는 각종 유용한 정보를 적극적으로 제공하는 방안을 강구해야만 한다. 또한 일반노인들에게 건강, 교양, 오

---

105) 심지어는 노인여가활동 유형 및 형태에 따라 여가만족이 상이한 것으로 나타나기까지 한다. 이제는 일차적 지원의 개념에서 벗어나 취미, 오락, 각종 복지서비스가 개발되어야 하며, 또한 스포츠 활동이나 자원봉사활동 등의 참여를 통해 노인의 삶의 만족도를 높이는 프로그램들이 개발되어야 한다. 그리고 단순한 수발 및 보호 제공에 그치는 것에서 벗어나 노인이 건강하고 삶의 보람을 느끼며 살아갈 수 있는 조건 정비도 점차 중요하게 부각되고 있다.

락, 문화 등 다양한 복지서비스를 종합적으로 제공할 수 있는 '노인종합복지타운'을 설치하여 운영해야 할 것이다.

노인복지서비스프로그램의 부족으로 노인들의 심리적·정서적인 문제, 육체적 건강관리, 여가 선용, 손상된 기능의 재활, 시설 외부와의 연결 문제 등을 고려한 다양한 서비스가 부족한 실정이다.

노인을 위한 서비스는 크게 두 가지로 구분되는데, 즉 재가서비스와 시설서비스이다. 시설 중심의 노인복지는 경제적으로나 사회적으로 한계가 있고, 노인들을 가족과 지역사회로부터 격리시키며 또한 많은 경비가 지출되어 국가재정이나 개인 및 가족에게 커다란 부담이 되기도 한다. 그러므로 가족의 노인부양기능을 강화하고 노인들이 친숙한 가정환경에서 살아갈 수 있도록 재가노인서비스를 적극적으로 개발할 필요가 있다.

재가노인을 위한 프로그램으로 가정봉사원 파견사업, 주간보호, 단기보호 등 서비스를 제공하고 있으나 치매, 중풍 기타 심신기능 장애로 고생하는 독거노인이나 거동 불편한 노인들을 부양하고 있는 가족들을 돕기 위한 재가노인서비스의 확충이 절실히 요구되고 있다. 노인복지의 사회적 서비스 분야의 문제점은 서비스 체계의 정비가 이루어지지 않고 있으며 보다 더 전문성이 요구된다(임옥남, 1998: 415~430).

2. 의료서비스 전달체계의 미비

재가노인에 대한 의료보장서비스는 의료급여(의료보호)와 의료보험제도에 의해 충분히 이루어져야 하는데 이는 사실상 매우 어려운 일이다.

의료급여(medical care)는 수급권자의 질병·부상·출산 등에 대한 진찰·검사, 약제·치료재료의 지급, 처치·수술과 그 밖의 치료, 예방·재활, 입원, 간호, 이송과 그 밖의 의료목적 달성을 위한 조치이다. 의료보험과 의료급여가 동일시되거나 혼동되는 경우가 많은데, 의료보험은 의료급여를 위한 한 수단이 될 뿐이다. 한국의 경우 의료급여는 국민기초생활보장법 제7조에서 정하고 있는 생계급여, 주거급여, 의료급여, 교육급여, 해산급여, 장제급여, 자활급여 중의 하나이다. 생활이 어려운 자에게 의료급여를 실시함으로써 국민보건의 향상과 사회복지의 증진에 이바지함을 목적으로 의료급여법이 제정되어 있다. 의료급여는 의료수급권자의 질병·부상·출산 등에 대한 진찰·검사, 약제·치료재료의 지급, 처치·수술과 그 밖의 치료, 예방·재활, 입원, 간호, 이송과 그 밖의 의료목적의 달성을 위한 조치를 그 내용으로 한다(「의료급여법」 제7조제1항).[106]

따라서 기본적인 의료서비스는 이 두 가지 제도에 의하여 보장되어야 하겠지만 노인이 되면 누구나 질병에 걸려 있거나 심신기능이 저하하게 되는 데에서 오는 건강 취약성을 스스로 갖게 마련이다. 따라서 질병에 걸려 누워서 보내는 노인과 질병에는 걸리지 않았지만 항시 관찰과 예방을 필요로 하는 노인에 대한 한국의 의료서비스 전달체계는 다음과 같다.

첫째, 가정건강보호는 건강이 나쁘거나 질병을 갖고 있는 노인들 중 요보호 노인을 선정하여 그들의 가정을 방문하여 치료뿐 아니라 건강에 관한 교육·처방 등을 지도하는 매우 바람직한 일이다. 가정건강보호는 질환을 가진 노인뿐 아니라 가족건강환경에 관한 상담·지도·안내서비스도 행한다. 이와 같이 가정건강보호는 보조적인 간호보호를 제공하고 병원 밖에서 다양한 의료서비스를 행하는 것인데, 한국에서는 이러한 가정건강서비스를 좀처럼 찾아볼 수 없다.

둘째, 재가노인 기능회복훈련이다. 이것은 노인 전문수용 치료기관에서 수용 노인들을 치료하면서 인력과 시설을 이용하여 인근의 거동불능 노인이나 이미 치료받고 나간 재가노인들에게 재활훈련을 실시하는 것을 말한다. 한국은 양로원에 치료 및 기능회복 시설이 없고 다만 노인을 수용하여 기초적인 생활을 할 수 있게 하고 있을 뿐이다. 대부분의 선진국의 경우 양로원은 곧 병원을 겸하고 있다. 원래 노인은

---

106) 의료보호는 생활보호대상자와 일정수준 이하의 저소득층을 대상으로 그들이 자력으로 의료문제를 해결할 수 없는 경우, 국가재정으로 모든 질병이나 부상에 대하여 진찰, 처치·수술 기타의 치료, 약제 또는 치료재료의 지급, 의료시설에의 수용, 간호, 이송, 기타의 의료목적 달성을 위한 조치, 분만 등을 해 주는 의료보장정책으로서 대상자의 분류는 1종과 2종으로 구분하고 있다.

질환을 갖기 쉬우므로 마땅히 노인을 수용하는 시설에는 오닝 전용의 치료 및 훈련 시설이 있어야 한다.

셋째, 양로병원이다. 양로병원은 노인을 수용·보호하되 생계기능보다는 치료기능에 중점을 두는 시설프로그램이다. 노인요양원과 차이점은 요양원은 주로 장기치료를 요하는 경중의 노인들을 위한 요양시설인 데 비하여 요양병원은 치료 중심의 병원기능을 수행한다는 점에서 차이가 있다. 1970년대 '새마을 경로병원'이라는 이름으로 노인수용치료병원이 운영되었으나 1980년대에 중단된 바 있다. 노인들은 단기간에 치료가 용이하지 않은 중증의 질환을 갖고 있는 경우가 많은데 이들을 전문병원에 수용·치료하는 것은 매우 바람직한 일이다.

넷째, 노인전문병원이다. 노인전문병원은 노인병을 전문으로 치료하는 병원이다. 종합병원 내에 각 전문진료과목의 하나로 노인병 전문과목을 설치하는 경우도 있고, 아예 노인병만을 치료하는 전문병원을 포함하여 노인전문병원으로 분류할 수 있다. 양로병원이 수용기능과 치료기능을 함께 갖춘 치료시설이라면 노인전문병원은 치료기능이 주된 기능이다. 따라서 수용하는 경우도 있고 통원치료를 하는 경우도 있다. 노인인구의 증가와 노인병환자의 증가 그리고 노인병 치료의 특수성을 감안하여 노인전문병원의 필요성은 앞으로 크게 증대해야 할 것이다.

한국에서는 노인병원이 아직 없고 일반병원에서 노인병 진료과목을 두어 진료하고 있을 뿐이다. 그런데 종합병원을 선호하는 한국에서는 전 국민의료보험실시로 종합병원병상을 얻기란 그리 쉬운 일이 아니다. 이러한 상태에서 더구나 입원기간이 긴 노인들이 병상을 모두 차지해서 일반 환자들의 병실난을 가중시키는 문제가 발생할 수도 있는 것이다. 이러한 경우를 대비해서라도 노인들을 별도로 노인병원에서 집중 진료하고 기타 노인양로원이나 양로병원에서 장기치료를 할 수 있도록 하는 노인의료진료체계가 갖추어져야 할 것으로 생각된다.

3. 노인요양보장정책(老人療養保障政策)

1) 정부의 정책방향

치매·중풍 등 만성질환을 앓고 있어 다른 사람의 도움을 받지 않고서는 생활하기 어려운 노인들에게 사회공동책임으로 보건·의료·요양 등 서비스를 장기간 제공하는 제도이다.

고령화 사회로 급속하게 진전함에 따라 요양보호가 필요한 노인의 생활 자립을 지원함으로써 가족의 부담을 줄여 주고, 늘어나는 노인 요양비와 의료비 문제에 적절하게 대처하고자 도입되는 공적 제도이다. 요양보호가 필요한 노인은 급격하게 늘어나고 그 비용도 크게 증가할 것으로 예상된다. 반면에 핵가족화와 여성의 사회 참여 증가 등으로 가정 내에서 이들을 요양보호하기에는 한계가 있으므로, 공적 제도를 도입하여 이를 해결하자는 것이다. 이를 제도적으로 뒷받침하기 위하여 노인 요양보장법의 제정도 추진되고 있다. 이 제도는 신체적·정신적 기능장애를 기준으로 수발 비용을 지급하며, 주로 비의료적 서비스로 구성되어 있다는 점에서 질병치료를 목적으로 하는 건강보험과 차이가 있다.

정부(2007)는 21세기 한국에 있어 최대의 과제는 인구의 고령화 문제라고 한다. 고령화 선진국의 경험에서 보는 바와 같이 고령화는 사회보장은 물론 경제, 사회 전반에 걸쳐 광범위한 문제를 파생시킨다. 더구나 세계에서 가장 빨리 고령화가 진행되고 있는 한국도 노인들의 노후소득보장 및 일자리, 건강보장, 여가 및 사회활동 참여 등 노인문제에 있어 예외가 아닐 것이다.

요양보호 노인의 급격한 증가에 사회적 대응이 필요하다.[107] 노인요양보호문제는

---

107) 2003년 현재, 요양보호가 필요한 노인은 전체 노인의 20.9%인 83만여 명에 이른다. 앞으로 고령화가 더 진전되는 2010년에는 107만 명, 2020년에는 159만 명으로 급격히 늘어날 전망이다. 이로 인한 사회적 요양비용도 만만찮은데, 2003년은 잠재비용이 2조 1000억 원, 2020년에는 4조 1,100억 원으로 예측된다.

노인 자신은 물론 부양가족과 나아가 국가, 사회경제적으로도 무거운 짐이 아닐 수 없다. 또한 현재의 노인에 국한된 문제가 아닌, 부모를 부양하고 있는 현역세대 모두의 문제이다. 이에 정부(2007)는 노인요양보호에 종합적으로 대응하고자 공적노인요양보장제도의 도입에 대한 필요성을 다음과 같이 발표했다.[108]

첫째, 고령화 사회에서 요양보호는 노인 누구에게나 예외 없이 일어날 수 있는 보편적 위험요인이라는 점이다. 아울러 요양보호의 장기화, 중도화가 되어 가는 반면, 핵가족화와 여성의 사회참여 등으로 가족의 노인요양보호 기능은 절대적으로 약화되어 간다. 이러한 사정을 감안한다면 사회적 요양보호가 중심이 되는 공적인 요양보호시스템의 구축이 불가피하다.

둘째, 급격히 증가하는 노인요양비용을 감당하기 위해서는 사회적 연대에 의한 적절한 분담, 즉 요양비용의 사회화가 불가피하다. 노인병원이나 전문노인요양시설을 이용할 경우 가족이 한 달에 부담하는 요양비용은 적게는 70만 원, 많게는 250만 원 수준이다. 와상 상태의 요양기간을 평균 2년으로 잡을 경우, 약 1,680~6,000만 원에 이른다. 따라서 노인요양비용을 가정이나 정부 등 어떤 하나의 주체가 부담하기에는 너무나 벅차다.

셋째, 현재와 같이 노인보건의료, 복지가 각각 분립된 체제로서는 고령화 사회에서의 급증하는 노인요양욕구에 적절히 대응할 수 없다는 점이다. 특히, 요양보호 노인의 급성기 병원에의 사회적 입원현상이나 병원의 간병비 문제, 보건의료와 복지의 연속적인 서비스 제공 등을 위한 체계적인 대응이 불가피하다.

넷째, 고령화 사회 초기에 계획적이고 종합적인 요양보장체계를 구축하지 않으면 안 된다는 점이다. 국가 주도로 기본적인 시설인프라를 계획적으로 확충하고, 복지

---

108) 노인의학(老人醫學, geriatrics): 노년층의 건강과 질병에 관한 의학의 한 분야이다. 노인의학은 노인병학(老人病學)이라고도 한다. 한마디로 정의하기 어렵지만, 영국 노인의학회에서는 "노년에서 질병의 일상적·예방적·치료적·사회적인 면과 관련된 일반의학의 한 분야"로 정의하고 있다. 노년학과의 차이는 노년학은 질병의 효과와 구별되는 정상노화자병에 대한 연구라는 것이다. 현재 세계 노인인구가 급격히 증가함에 따라 사회로부터 주목을 받으면서 의학의 한 분야로 정착되고 있다. 미국의 경우 1988년 이후 노인의학 전문의사가 배출되고 있으며, 한국에서도 이에 대한 관심이 증가하고 있다.

다원주의에 의한 다양한 공급 주체의 참여기반도 정비할 필요가 있다.

노인이 이용할 수 있는 시스템 구축을 위해 정부는 새롭게 도입될 공적노인요양보장제도의 기본 이념으로 노인의 자립생활지원과 요양보호가족의 부담경감으로 정했다. 특히 자립생활 지원은 고령화 선진국이 지향하는 기본이념인데, 노인이 갖고 있는 잠재적 능력을 최대한 살려내어 스스로가 바라는 환경에서, 인간의 존엄성을 유지하면서 살아갈 수 있도록 지원한다. 기본방향은 "요양보호의 욕구가 있는 노인은 누구라도, 언제 어디서나, 필요한 서비스를 받을 수 있는 체제"의 구축을 지향하는 것이다. (1) 모든 노인이 이용할 수 있는 보편적인 체제, (2) 서비스의 권리성과 선택성이 보장되는 이용자 중심 체제, (3) 국가, 가족, 지역, 시민단체 및 민간 등 다양한 주체가 참여하여 지원하는 중층적인 시스템, (4) 사회적 연대에 의한 요양보호비용의 확보체제, (5) 노인의료비 증가에 효율적으로 대처할 수 있는 시스템, (6) 요양보호 인프라 기반정비에 민간이 적극 참여할 수 있는 체제, (7) 가정에서의 관리를 촉진하고 예방과 재활을 중시하는 시스템, (8) 대상자의 욕구사정, 케어플랜작성, 조정 등을 위한 케어 매너지먼트 시스템 등이다.

그러나 새로운 제도를 도입함에 있어서 가장 중요한 과제는 재원조달방식을 어떻게 할 것인가 하는 것이다. 또한 대상자를 노인으로 한정할 것인가, 아니면 연령에 관계없이 중증도를 기준으로 할 것인가 하는 적용 대상자 문제도 중요과제이다. 이외에도 급여의 형태(현물급여와 현금급여), 건강보험과의 역할분담, 조직운영체제 등 제도의 기본골격과 시설 및 인력 인프라 확충 등 다양한 과제가 있다.

이는 노후생활의 불안을 최소화하는 역할을 할 것이다.[109]

장기요양급여는 크게 재가급여, 시설급여, 특별현금급여로 구분된다.

---

109) 장기요양급여의 수가(3차 시범사업기준): 재가급여수가(재가서비스 월 이용 한도액 범위).
－장기요양등급 1: 1,097,000원.－장기요양등급 2: 879,000원.－장기요양등급 3: 760,000원

구 분		내 용
재가급여	방문요양	장기요양요원이 수급자의 집을 방문해서 목욕, 배설, 화장실 이용, 옷 갈아입기, 머리감기, 취사, 생필품구매, 청소, 주병정돈 등을 지원하는 급여
	방문목욕	장기요양요원이 목욕설비를 갖춘 차량을 이용하여, 수급자의 가정을 방문하여 목욕을 제공하는 급여
	방문간호	장기요양요원인 간호사는 의사, 한의사 또는 치과의사의 지시에 따라 가정 등을 방문하여 간호, 진료의 보조, 요양에 관한 상담 또는 구강위생을 제공하는 급여
	주·야간 보 호	수급자를 하루 중 일정한 시간 동안 요양기관에 보호하여 신체활동 지원 및 심신기능의 유지, 향상을 위한 교육, 훈련 등을 제공하는 급여
	단기보호	부득이한 사유로 일시적으로 가족의 보호를 받을 수 없는 수급자에게 일정기간 동안 단기보호시설에 보호하여 신체활동 지원과 심신기능의 유지 향상을 위한 교육 훈련 등을 제공하는 급여
	기타재가 급 여	수급자의 일상생활·신체활동 지원에 필요한 용구를 제공하거나 가정을 방문하여 재활에 관한 지원 등을 제공하는 급여(휠체어, 전동·수동침대, 욕창방지 매트리스·방석, 욕조용 리프트, 이동욕조 등, 현재 3차 시범지역 일부 운영)
시설급여	요양시설	장기간 요양시설(노인전문병원 제외)에 입소하여 신체활동 지원, 심신기능 유지·향상을 위한 교육·훈련 등을 제공하는 요양 급여
특별현금급여	가 족 요양비	장기요양기관이 현저히 부족한 지역(도서·벽지)에 거주하는 자, 천재지변 등으로 장기요양기관이 실시하는 장기요양급여 이용이 어렵다고 인정된 자, 신체·정신·성격 등 사유로 가족 등으로부터 장기요양을 받아야 하는 수급자에게 지급
	특 례 요양비	수급자가 장기요양기관으로 지정되지 않은 장기요양시설 등 기관과 재가 또는 시설급여에 상당한 장기요양급여를 받은 경우 장기요양급여 비용의 일부를 지급
	요양병원 간병비	수급자가 노인복지법상의 노인전문병원 또는 의료법상 요양병원에 입원한 때 장기요양에 소요되는 비용의 일부를 지급. 간병, 건강보험, 건강인, 국민건강보험공단, 노인, 노인수발, 노인장기요양보험, 용산지사, 치

2) 노인요양보호제도

한국이 1960년대 이후 지속적인 경제성장과 산업화의 영향으로 선진국의 산업화 발전과정에 겪었던 사회현상들 중 가장 큰 변화는 평균수명의 연장으로 인한 인구의 고령화이다. 한국의 노인인구 증가속도는 세계에서 유례가 없었던 것으로 이는 한국노인복지에 커다란 도전이 되고 있고 많은 국가적 정책과제를 안겨 주고 있다.

노인들의 질병은 만성적이고 퇴행적인 특성을 띠고 있고, 자연적 노화로 인한 노쇠현상도 서서히 나타나고 있기 때문에 노인의 건강보호는 장기적이 될 수밖에 없고 인구고령화 현상으로 장기요양보호의 기간은 더욱 길어지고 있다. 그러므로 노인보호는 거의 대부분이 장기요양보호라고 할 수 있는 것이다. 이러한 노인보호의 특수성에도 불구하고 노인들에 대한 사회적 대책은 그다지 주목을 받지 못하여 왔다. 이유는 무엇보다 이들에 대한 보호가 가족 및 친인척 등 비공식 보호체계에 의하여 상당 부분 이루어져 왔기 때문이다.

그러나 인구고령화의 진전과 가족 및 부양가치관의 변화는 장기요양보호에 대한 사회적 수요를 더욱 증가시켰다. 2003년 현재 장기요양 서비스가 필요한 노인(65세 이상)의 규모는 시설보호 필요 노인이 7만 8천 명, 재가보호 필요 노인이 51만 9천 명이다. 그러나 2003년 현재 시설입소 노인은 2만 3천 명으로 시설입소수요의 28.5% 수준에 불과하고 재가서비스 수혜 노인은 2만여 명으로 재가수요의 0.5%에 불과하다. 또한 요보호 노인 중 상당수가 방치되어 있고 요양보호 기간의 장기화에 따른 가족들의 심신 피폐와 경제적 부담이 가중되고 있어 2002년 자료에 의하면 가족수발이 50.9%, 수발결여나 가족 외 수발이 49.1%로 나타나서 부양가치관이 예전과 다름을 알 수 있다. 즉 장기요양보호대상 계층은 증가하는 반면 기존 보호제공자로서의 가족의 활용가능성은 감소됨으로써 장기요양보호 욕구의 사회적 해결의 필요성은 점점 증대하고 있다는 것이다.

또한 장기요양보호제도는 독립적으로 시행된다면 제도권에서의 공공부담과 비제도권에서의 민간부담을 장기요양보호제도로 이전함으로써 여러 곳에 산재되어 명확하게 구분되지 못하고 있는 요양비용을 감소시켜 재원활용의 효과성과 통일성을 기할 수 있다는 데서 그 필요성을 찾을 수 있다. 이는 가계살림을 위협하는 민간의 노인요양비용의 부담을 공공요양비용으로 전환함으로써 위험분산 효과를 갖게 되는 결과도 산출한다.

마지막으로 장기요양보호제도는 현 요양시스템의 취약성으로 인한 서비스 사각지대를 줄이고 서비스의 질을 향상시키며 장기요양부문의 새로운 인력을 요구하여 고용을 창출하는데 특히 여성의 경제활동참여를 유인하는 결과를 가져오기 때문에 그 시행이 필요하다.

3) 노인요양보험

정부(2007)에서 시행하는 노인요양보험제도는 다른 사회보장제도와는 별도의 제도로 운영하되, 제도의 명칭은 '노인요양보험'으로 결정하였다.

첫째, 제도의 적용대상과 관련하여 보험료를 부담하는 가입자는 건강보험 가입자로 정하되, 실제 요양급여를 제공받는 수급자는 65세 이상 노인으로 정함으로써 가입자와 수급자가 불일치하는 방식을 선택하였다. 수급자의 경우 지난 2004년 공적 노인요양보장제도 실행위원회안과 지난 4월 복지부장관에게 최종 보고한 문서에서 제시한 '65세 이상 노인과 45~64세 노화 및 노인성질환 대상자'보다 오히려 축소되었다.

둘째, 제도의 기본적인 재원조달방식은 보험방식을 선택하되, 공공부조자의 요양급여서비스가 제도에 포함되는 등 사유로 정부지원이 추가된다. 이때 수급자가 직접 부담하는 비용은 20% 정도로 결정하였다. 그러나 시설이용자의 경우 요양실 차액과 식비는 본인 부담으로 결정하였다.

셋째, 요양급여서비스는 평가판정기준에 따라 등급을 4~5등급으로 구분하여 등급별로 이용가능한 서비스와 월 한도액이 결정된다. 이용가능한 요양서비스는 크게 시설과 재가서비스로 나누는데, 시설서비스는 요양시설과 전문요양시설에 가능하며, 재가서비스는 방문간호·병, 방문목욕 등 주로 신체적 수발행위로 구성된 10종이 제공될 수 있다. 원래 공청회안과 복지부장관에서 보고된 최종안에서는 공립치매요양병원이 포함되었으나 마지막 당정협의과정에서 제외되었으며 요양병원 입원환자의 경우 간병비를 제공하는 것을 검토하고 있다.

넷째, 보험자는 건강보험공단으로 결정되었고 시·군·군 지자체는 요양보호 노인을 발굴하여 공단에 의뢰하고 평가판정위원회에 참여하며 요양시설의 확충 및 관리 등의 행정지원역할을 부여하였다. 서비스제공기관과 관련해서는 공단에서 요양서비스를 관리하는 요양관리원(가칭)을 설치하고 서비스제공기관의 신청으로 보험자가 지정하는 형태로 운영하기로 하였다. 정부는 민간사업자, 비영리법인·단체 등 다양한 주체의 참여를 적극 유도한다는 방침이다.

노인복지정책의
활성화 방안

제 4 장

제1절 노인복지정책의 효과성 검토

빠르게 증가하고 있는 노인인구의 증가속도는 프랑스의 115년, 스웨덴의 85년, 영국과 독일의 47년, 한국은 19년으로서 일본의 24년보다도 빠르다.

이러한 노인인구와 사회의 고령화에 따라 노인복지에 대한 관심은 많았으나, 노인복지정책은 주로 기초생활보호대상 노인이나 요양시설에 수용된 노인을 위한 서비스가 중심이었다. 그러나 시설서비스가 그동안 어려움을 겪으면서 정상화(normalization), 지역사회보호(community care), 사회통합(social integration)의 이념에 입각해서 재가복지사업이 대두, 활성화되기 시작했다.

즉 한국은 전통적으로 노인에 대한 가족기능이 강했던 것이 엄연한 사실이나 최근 들어 핵가족화되고 노인에 대한 부양의식의 변화와 노인의 의식수준 변화, 소득수준의 향상에 따른 노인들의 상대적인 욕구는 급속히 증가되고 있다. 지금까지 불우한 노인을 위한 서비스는 주로 시설 중심의 서비스 전개의 경향을 보였지만, 오늘날 탈시설화에 대한 논의가 이루어지면서 노인복지서비스의 흐름은 재가복지를 강화하는 방향으로 나아가고 있다.[110]

---

110) 실제로 노인복지정책과 관련해서 최근 우리나라 노인사회에서 일어나고 있는 목소리들을 보면 국가는 노인문제에 대해 지나치게 관심을 갖지 않는다, 문제를 해결할 의지가 없는 것 같다, 노인문제의 심각성을 제대로 파악하지 못하는 것 같아 안타깝다, 노인문제에 무관심한 정부당국의 처사에 분노를 느낀다 등으로 나타나고 있다(박재간, 1999).

한국은 다른 나라에 비해 빠른 속도로 노인인구가 증가하고 있으나 그동안의 노인복지사업은 40여 년간 '선 가정복지 후 사회보장'이라는 정책이념 아래 극히 제한적인 노인복지 예산을 편성하여 왔다. 정부는 일반인의 생활문제는 가정에서 책임지도록 하고 무의무탁한 저소득층 노인만을 선별하여 생계비를 지원하고 의료보호를 제공하고 있을 뿐 정부의 복지정책이 너무나 소극적이었다.

인간은 태어나서 늙어가고, 몸이 쇠약해지고, 마침내 죽음에 이른다. 이러한 과정은 누구도 피할 수 없는 보편적 현상이며 우리는 자신의 미래 모습인 노인에 대한 관심을 소홀히 해서는 안 될 것이다. 따라서 노인을 위한 복지정책이 적합하게 제도화되어야 할 것이므로 여기에서는 한국 노인복지정책의 현황 및 효과성을 살펴보고자 한다.

1. 노인복지정책의 발전방향

오늘날 노인은 과거, 자신보다는 자식과 가족, 더 나아가서는 나라를 먼저 생각하며 고된 삶의 역경을 겪어 왔지만, 그에 따른 보상은커녕 현대 사회에서 홀대받는 대상으로 전락했다. 이런 노인의 고단한 과거와 현재의 삶을 보상하고 미래의 행복한 삶을 보장하기 위하여 가족과 국가가 노력을 기울이고는 있지만 여전히 미흡한 실정이다(권중돈, 2004, p.551).

이런 상황에서 우리는 노인의 삶을 이해하고, 노인의 삶이 지금보다 좀 더 나은 삶이 되도록 사회와 국가에서 노인복지정책이 필요하다.

Eyestone(1978)과 신건희(1997)의 연구를 고찰해 볼 때, 노인복지정책은 오랜 역사 흐름 속에서 크게 여섯 단계 과정을 거치며 서서히 형성되고 있음이 나타난다. 그 첫 번째 단계는 노인복지에 관한 문제가 사회적 문제로 인식되는 과정이다. 여기서 사회적 문제란 많은 사람들이 불편하게 생각하며 시정되기를 바라는 사안을 말한다. 한일합방 후 조선 총독부는 1921년 사회과를 두어 사회사업을 관장하게 되었고

1933년 종교단체에서 6개의 비영리 양로원을 설립하여 65세 이상 노인 58명을 수용하였다. 그 후 6·25전쟁이 끝난 1950년 말부터 전쟁이 가져다준 인간성 상실과 인명 피해는 전통적인 가족결속과 효친사상을 붕괴시키기 시작했으며, 특히 젊은 남성들의 부상과 사망이 노인 부양의 근본적 원동력을 와해시키면서 노인에 대한 기본적인 복지를 대다수 국민들이 사회문제로 인식하는 계기가 된다. 두 번째 단계는 노인복지 문제가 보다 구체적인 사회적 이슈로 부각되는 과정으로서, 노인복지 문제를 주장하는 사회단체가 생겨나고 이에 반대하는 또 다른 집단이 발생하기도 하는 시기다. 5·16 이후 1960년대 중반부터 대한노인회 등 노인단체가 생겨 노인복지 문제에 대한 홍보를 하고 각 면 단위까지 대한노인회 지회를 결성한 것이 바로 이 두 번째 과정이라고 볼 수 있다. 세 번째 단계는 노인복지 문제가 사회적 쟁점으로 부각되어 일반 공공의제로 채택되는 과정이다. 한국노인병학회, 한국노인문제연구소가 설립되어 노인복지에 관한 정부 수탁연구를 수행하고 그 결과를 정부 고위관료 입회하에 발표하기 시작하는 1970년대가 이 과정에 해당되는데 노인정, 노인대학, 요양원, 노인복지회관이 생기고 이런 시설에 관한 보다 전문적인 공청회가 열린 것도 이 시기다. 네 번째 단계는 노인복지 문제가 정책결정의 공식 의제가 되어 정부 부처에서 구체적인 연구 검토가 이루어지는 과정이며, 다섯 번째 단계는 「노인복지법」과 정책적 방안이 형성되어 세부적인 실천 목표까지 생겨나는 과정이다. 1970년대 말부터 1980년대 초까지 노인복지법제화에 대한 수정, 보완작업 등이 국회에서 열리고 노인복지법이 부분적으로 법으로 정해진 시기가 네 번째와 다섯 번째 단계라고 볼 수 있다. 여섯 번째는 노인복지에 관한 법과 정책 중 우선순위가 정해지고 현실에 맞는 수정 보완작업이 이루어지는 시기이다. 1980년 말부터 노인복지법이나 정책 중 현실성이 적은 부분을 수정하고 새로운 항목을 첨가하여, 5월 8일을 전후한 일주일을 경로주간으로 정해 각 도, 시, 군, 단위로 경로행사를 추진하고 효행자 수상을 하기 시작한 시기가 바로 이 여섯 번째 단계이며 1990년대 초반부터 부유층 노인을 위한 유료양로시설 허가 법안이 마련되어 1996~1998년 사이에 확정된 것도 이 여섯 번째 단계이다.[111]

1) 노인복지정책의 필요성

인간이 생애과정의 황혼기에 진입하게 되면 신체적, 정신적 및 사회적 측면에서 그 능력이나 적응의 퇴화현상이 나타나고 이로 인하여 사회적 기능수해에 장애를 초래하게 된다. 이와 같은 시기를 노년기라 하고, 노년기의 사람을 노인이라 칭한다 (장인협 외, 사회복지학, 서울: 서울대학교출판부, 2001, pp.265~268).

즉 신체의 저하와 손상이 일어나고, 심리적인 권태와 고독감에 사로잡히게 된다. 사회적인 지위와 역할구조의 변화로 지금까지 가졌던 가부장적 권위나 사회생활 영역이 축소되며, 경제적으로도 고용과 생산활동에서의 후퇴로 소득이 감소하고 사회적응에 있어서 어려움에 처하게 된다. 따라서 인간노화는 사회문제로서의 노인문제를 심각하게 제기하고 있다. 산업화 이전의 노인은 대가족의 한 구성원으로서 생활이 안정되었고, 존경과 권위를 받는 가부장의 위치였다. 그러나 현대사회에 와서는 핵가족화로 부모를 존경하고 권위를 세워 주며 부양을 책임질 자녀가 남지 않게 됨에 따라 노인문제는 대다수 노인들의 문제로 심화되었다. 이에 따라 현대사회에서는 노인문제를 해결하기 위한 사회제도로서 노인복지제도가 형성되었다. 특히 노인문제는 노령화로 인한 소득의 감소, 건강의 악화, 역할의 상실 등과 같은 차원에서 이해되고 있으며, 이에 대한 소득보장, 의료보장, 주거보장, 사회복지서비스 등의 노인복지 대책이 필요하게 되었다.[112)

한국은 2000년 65세 이상 노인인구 비율이 7.1%로서 노령화 사회에 진입하였고, 2020년에는 15%를 넘어서 노령사회로 진입할 것으로 추정하고 있다. 노인인구의 빠른 증가추세와 함께 노인문제도 점차 심각하게 부상하고 있다. 노인문제를 크게

---

111) 노인복지정책과 법규는 이러한 여섯 단계의 역사적 발전과정을 거치며 완성되는바, 현재는 여러 가지 노인복지정책이나 법규가 이미 다 설정된 상태에서 현실성을 감안해 우선순위를 정하고 세부적인 변경이 추진되는 마지막 단계로 볼 수 있다. 노인 임대주택이 건설되고, 유료양로시설이 신고제로 완화되고, 노부모를 부양하는 자녀에 대한 주택상속 공제가 시행되는 등 주요 사안부터 우선순위가 정해져 보다 세부적으로 완성되고 있는 여러 가지 정책과 법이 바로 마지막 단계의 예가 된다.

112) 장인협 외, 사회복지학, 서울: 서울대학교출판부, 2001, pp.223~227.

네 가지로 나누면, 첫째, 소득의 상실―노인의 가구 소득을 보면 40만 원 미만이 31.6%, 40-80만 원 미만이 26.2%, 150-250만 원 미만이 13.8%, 250만 원 이상이 5.1%로 80만 원 미만의 저소득 가구가 57.8% ― 이다.113) 둘째, 질병과 건강상의 문제 조사에 의하면 86.7%가 만성질환을 한 가지 이상 앓고 있고 연령이 증가할수록 만성질병 유병률이 증가하고 있다. 셋째, 산업구조의 변화와 낮은 교육 수준으로 역할을 상실하게 된다. 취업률 감소, 농·어·축산업(60.4%)이나 단순 노무직 종사(21.5%), 넷째, 고독과 소외의 문제와 역할상실이 큰 원인이며 또한 전통적인 경로 사상이 퇴조되고 도시화로 이웃과의 사회적 연대가 약화됨에 따라 노인은 가정과 지역사회에서 고립되어 고독하게 지내는 것이다.

과거 전통사회에서의 노인은 대가족제도의 가장으로 생활의 전반적인 지식이나 기술, 문화 등의 전승자로 그 지위와 역할이 확고하고 경로효친사상의 사회규범화로 어른으로서 존경받으며 살았고 노인문제는 사회문제화되지 않았다. 특히 부모에 대한 효행은 인륜의 도리로서 꼭 지켜야 하는 덕목으로 강조되었다. 노부모의 부양은 자식으로서 의무였으며 부모의 권리였다. 그러나 산업사회에서는 도시로의 인구 집중, 핵가족화의 촉진, 주거공간의 제한 등 소득불균형을 낳게 함으로 대가족제도에서 핵가족제도로 전환되고 사회가치관의 변화로 노인의 지위와 역할은 축소, 상실되고 전통적 윤리관의 붕괴와 노인인구 증가에 따른 노인의 사회적 문제를 도출시켰다.

오늘날 노인들은 1950~1960년대 산업의 역군으로 열심히 살아온 사람들로 후대를 위해 모든 것을 희생했던 세대였다. 오늘날과 같이 자신을 위한 노후대책을 세우지도 않고 노인이 되어 버린 지금 다가올 문제는 노인의 부양, 건강, 경제적 빈곤, 고독과 소외감, 자살, 여가의 활용 등이다. 노인의 문제는 개인이나 가족의 책임이라는 수준을 넘어 하나의 커다란 사회적, 경제적, 정치적 문제로 다루어지지 않으면 안 될 시점에 도달하였으며 국가적으로 더욱 적극적으로 노인복지에 관심을 기울어야 할 때가 되었다(장인협 외, 2001).

---

113) 한국보건사회연구원, 1998년 전국 노인생활실태 및 복지요구조사, 1998.

노인복지제도나 노인복지정책은 나라마다 각기 사회적, 경제적, 정치적 제 조건에 따라 여러 가지 양상을 띠고 발전하고 있는데 한국에서도 1977년부터 의료보험의 실시로 의료보험제도의 본격적인 시행을 보게 되었고 1981년 6월 5일에는 노인복지법을 공포하여 앞으로 노인복지를 위한 본격적인 정책을 구현할 것을 선언하고 있다. 이와 아울러 1988년 1월부터 농어촌지역 의료보험과 국민연금법이 실시되었고 도시지역 자영자 등에 대한 의료보험이 1989년 7월부터 시행하게 됨으로써 외면에 나타나는 제도상으로는 어느 정도 골격을 갖추게 되어 노인복지 전환기를 맞게 되었다(장인협 외, 2001).

이러한 제도개선을 위해 많은 노력이 있음에도 불구하고 노인문제의 해결 노력이나 노인복지대책은 부분적인 범위에서 제한되고 있으며 그나마 실시되고 있는 복지대책마저도 그 효과가 미미하다. 따라서 현재 우리가 안고 있는 노인문제와 지금 실시되고 있는 노인복지정책들의 문제점을 검토하여 앞으로 정책적으로 가능한 해결책을 위해 사회 구성원들이나 정책 입안자들은 체계적으로 개선하여야 한다.

2) 노인생활의 활성화

65세 이상 노인이 수입원의 대부분을 자녀에 의존하는 등 대다수 노인이 경제적으로 어려운 생활을 유지하고 있다.[114] 과거 전통사회에서 노인은 가정 내에서 중요한 역할을 해 왔으나, 근래에는 노인이 가정 내에서도 보조적, 주변적 역할을 담당하게 되어 점차 소외당하는 위치에 놓이게 되었다. 또한 사회, 경제, 문화적 여건의 변화와 함께 노인부부 또는 혼자 사는 노인이 늘어나고 있는 실정이다.[115]

---

114) 65세 이상 노인의 대다수(약 87%)가 장기간 치료, 요양을 요하는 당뇨, 관절통, 고혈압 등 만성퇴행성 질환을 앓고 있고, 전체 노인의 약 3.5%가 일상생활을 위한 동작수행을 전혀 할 수 없으며, 치매, 중풍 노인이 증가하고 있으나, 이들을 효율적으로 치료, 요양할 시설과 프로그램이 매우 부족한 실정이며 이로 인해 노인 부양 가정에 경제적으로 큰 부담을 주고 있다.

115) 노인복지법(老人福祉法): 노인의 보건과 복지에 관한 사항을 규정한 법률이다. 노인의 질환을 사전예방 또는 조기발견하고 질환상태에 따른 적절한 치료·요양으로 심신의 건

한국 「노인복지법」의 수혜자는 대부분 미국기준과 같은 65세 이상으로 되어 있지만 대부분 사람들이 60세 이후 은퇴와 건강악화로 인한 생물학적, 사회적 노화에 직면한다. 한국의 이러한 현실을 고려하여 노인복지정책의 대상 연령을 60세로 낮추는 혁신적인 정책적 변화가 이루어져야 할 것이다.

아직도 대부분 사람들이 노인은 모든 지적, 신체적 능력이 쓸모없는 것으로 잘못 인식하고 있지만 이러한 인식은 근거 없는 추측과 연구방법의 편견에서 비롯되는 경우가 많다. 노인은 지적 능력과 창의력 및 경험활용능력이 뛰어난 사회적 자산이라는 범국민적인 의식전환이 이루어져야 하며 노인복지는 인도적인 배려뿐만 아니라 노인능력의 활용 면에서도 고찰되어야 할 것이다.

(1) 연금제도 활성화

연금보험제도는 연금 수급자들의 생활 안정과 복지 증진을 위한 각종 서비스 제공 및 조정, 위탁 등 서비스를 제공하는 사회보험제도이다. 연금이란 일반적으로 가장이 폐질, 노령, 퇴직 및 사망에 의하여 소득이 상실되는 경우를 대비하여 미리 갹출한 보험료를 기초로 하여 제공되는 현금급여를 말한다. 연금은 지급하는 주체 또는 연금제도를 운영하는 주체에 따라 공적 연금(public pension)과 사적 연금(private pension)으로 나누어진다.

첫째는 공적 연금제도(公的年金制度)이다. 노령, 폐질, 사망 등과 같은 이유로 소득중단이나 상당한 정도의 소득감소에 대한 대비책으로서 회복할 수 없는 장기적인 위험에 대한 소득보장제도를 말한다.

둘째는 사적 연금제도(私的年金制度)이다. 공적 연금은 국민의 최저생활수준을

강을 유지하고, 노후의 생활안정을 위하여 필요한 조치를 강구함으로써 노인의 보건복지증진에 기여함을 목적으로 한다. 노인은 후손의 양육과 국가 및 사회의 발전에 기여하여 온 자로서 존경받으며 건전하고 안정된 생활을 보장받으며, 능력에 따라 적당한 일에 종사하고 사회적 활동에 참여할 기회를 보장받으며, 노령에 따르는 심신의 변화를 자각하여 항상 심신의 건강을 유지하고 그 지식과 경험을 활용하여 사회의 발전에 기여하도록 노력하여야 함을 기본이념으로 한다.

노령세대에게 보장하기 위한 것이다. 그러나 그 이상의 경제적 보장을 확보시키기 위하여 국가나 기업 등의 부담은 물론 본인의 부담을 높이지 않고는 해결되지 않는 한계가 있다. 경제가 발달함에 따라 사회보장에 대한 국민의 기대는 계속 증대되어 최소한의 생계비만을 보장하는 공적 연금을 보완할 필요성이 제기되어 왔다.

미국, EC 및 일본 등 선진국에서는 공적 연금을 기초로 하여 기업에서 제공하는 기업연금과 개인이 준비하는 개인연금으로 구성된 3층 노후생활보장론에 입각하여 국가가 보장하는 공적 연금을 보완해 주는 기업연금제도가 뿌리를 내리고 있다.

한국에서도 1994년에 개인의 자조노력에 의해 노후를 대비할 수 있는 개인연금제도가 도입되었으며, 1998년에 기업연금제도 도입이 법제화되었다. 기업연금제도는 일단 설립되거나 가입되면 기업이 일방적으로 해약할 수 없고 중도해약 시 환급금이 수익자인 종업원에게 바로 지급될 수 있다는 점에서 종업원의 수급권이 확실하게 보장되는 제도이다.

따라서 국가에서 시행하는 사회보장인 공적 연금은 모든 국민에게 기본생활수준을 보장하는 기능을 하며 여기에 사적 연금인 기업연금이 추가됨으로써 표준적인 생활보장이 이루어지고, 개인연금, 재형저축 등 개인의 자조노력이 추가되면 여유있는 노후생활을 보장받게 된다.

전 국민에게 연금제도가 실시될 경우 65세 이상 노인들은 여전히 연금수혜대상에서 제외됨으로써 대부분 자녀들에게 생활을 의존하는 등 어려움을 겪게 됨으로 정부(1998. 7. 1.)는 경로연금제도를 도입하여 65세 이상 저소득 노인들에게 일정액의 연금을 지급하고 있다. 또한 65~79세인 기초생활보호대상 노인에게 월 4만 원씩, 80세 이상 기초생활보호 노인에게는 월 5만 원씩을 지급하고 있고, 일반 저소득 노인에 대하여는 월 2만 원씩을 지급하고 있다. 그러나 앞으로 더 많은 노인이 이러한 혜택을 받을 수 있도록 지급대상을 확대하고 지급액도 점차 늘려야 한다.

(2) 국민기초생활보장제도 활성화

국민기초생활보장제도 「국민기초생활보장법」은 빈곤계층에 대해 국가가 생계, 주거, 교육, 의료 등 기본적인 생활을 보장하는 것이다.

기초생활보장제도는 국가로부터 생계지원을 받더라도 일할 능력이 있으면 자활관련 사업에 참여한다는 조건 아래 매달 생계비를 지급받도록 하고 있다.[116] 최저생계비에 소득이 미달하는 대상자에게 미달 금액 전부를 국가가 지원해 준다.[117]

'현금급여기준(現金給與基準)'이란 최저생계비에서 현물로 지급되는 의료비·교육비와 타법지원액을 제외한 금액으로 소득이 전혀 없는 수급자에게 현금으로 지급되는 최고금액을 말한다. 그리고 근로능력이 없는 빈곤층은 조건 없이 돈을 받지만 근로능력자는 직업훈련 등 '자활(自活)'에 참여하는 조건으로 돈을 받는다. 또 소득이 있고 의료비·교육비 지원을 따로 받으면 최저생계비 지원은 그만큼 줄어든다.

수급자 선정기준은 소득인 정액(소득평가액＋재산의 소득환산액)과 부양의무자 2가지가 기준으로서 "부양의무자가 없거나 부양의무자가 있어도 부양능력이 없거나 또는 부양을 받을 수 없는 자로서, 소득인 정액이 최저생계비 이하인 자"로 규정하고 있다. 원래 수급자 선정기준은 소득평가액 기준, 재산 기준, 부양의무자 기준이었으나 소득인 정액 기준, 부양의무자 기준의 2개 기준으로 통합된 것이다.

부양의무자의 범위는 수급권자의 직계혈족 및 그 배우자, 수급권자와 생계를 같이하는 2촌 이내의 혈족(형제자매)이고 만약 부양 의무자가 정당한 이유 없이 부양을 기피하면 국가가 매년 정기적으로 고지서를 발부하고 강제 징수한다. 단 부양의무자가 병역법에 의해 징집·소집되거나 해외이주, 교도소·구치소·보호감호시설 등에 수용 또는 행방불명되어 부양을 할 수 없는 경우, 가족관계 단절 등을 이유로 부양을 거부하거나 기피하는 경우는 부양의무자 기준을 충족한 것으로 보고 지원금 수급자 선정대상이 된다. 생활보호제도와 국민기초생활보장제의 가장 큰 차이는 연령 구분과 근로 능력에 따른 차등지원 유무이다.[118] 그러나 국민기초생활보장제는

---

116) 제도는 '공돈'을 받고 놀고먹는 등 서구 복지국가에서 나타난 '복지병' 전철을 밟지 않도록 일할 수 있는 사람에게는 일자리를 제공하고 생활이 어려운 사람에겐 최저생활을 보장하는 '생산적 복지' 철학을 기초로 하고 있다.

117) 한국에서 최저생계비는 헌법에서 규정한 인간다운 생활을 할 권리를 향유하기 위해 소요되는 최소한의 비용으로, 2004년 4인 가구 기준 최저생계비는 105만 5090원, 현금 급여 기준은 92만 8901원이다.

연령을 구분하지 않고 가구의 소득이나 재산 등을 기준으로 지원여부를 결정한다.

국가의 보호를 필요로 하는 절대빈곤가구의 기초생활보장은 수급권자 범위의 확대 및 선정기준의 합리화와 종전의 거택·자활보호의 구분을 없애고 근로능력 여부·연령 등에 관계없이 국가의 보호를 필요로 하는 최저생계비 이하의 모든 가구에 대하여 생계비를 지급해야 한다.

저소득층에 대한 국가책임을 강화하여 국가의 보호를 필요로 하는 절대빈곤층의 기초생활을 보장함으로써 한국에서 가난을 없애는 중요한 제도이다. 이 제도는 수급자 선정기준에 해당하는 모든 가구에 대하여는 연령이나 근로능력 유무와 관계없이 생계보호, 주거보호, 교육보호, 의료보호 등 기본적인 생활을 보장하되, 근로능력이 있는 수급자에 대하여는 조건부급여 및 근로소득공제제도 등 근로유인 장치를 두어 자립을 적극 유도하고, 취업알선, 직업훈련, 자활공동체사업 및 생업자금 융자 등 종합적인 자활지원서비스를 제공하는 생산적 복지제도이다.

(3) 노인의 취업기회 확충

「고령자고용촉진법」 제15조(1991)에 의하여 고령자, 준고령자의 취업에 적합한 직종을 선정하고, 선정된 적합 직종을 홍보, 보급하고 있다. 우선고용직종이란 노동부장관은 준고령자(50세 이상~55세 미만) 및 고령자(55세 이상)의 고용을 촉진하기 위해 고령자 등에 적합한 직종(우선고용직종)을 선정하여 고시하고 있다(고령자고용촉진법 제15조). 공공기관 등은 우선고용직종에 근로자를 모집 채용할 때는 준고령자 및 고령자를 우선적으로 채용해야 한다.

우선고용직종에 신규채용, 인력보충 등 사유가 발생할 경우 준고령자를 우선 고용하여야 한다(고령자고용촉진법 제16조).

---

118) 생활보호제의 경우 소득과 재산기준과 함께 18세 미만, 18~65세, 65세 이상의 보호대상자 연령구분을 두고 있었다. 저소득층의 가구 구성원이 18세 미만의 아동이거나 65세 이상인 노인가구인 경우 '거택보호자'로 구분해 생계비, 의료비, 교육비 등을 모두 지원했다. 가구원 중 18~65세 이상의 근로능력자가 있으면 생계비가 지원되지 않는 '자활보호자'로 구분해 지원액에 차등을 뒀었다.

노동부(2004~2005)가 고용정보시스템(Work-net)에 신청한 구인·구직 통계를 분석한 자료에 따르면, 지난해 고령층의 일자리경쟁배수(신규구인인원 대비 신규구직자수)는 17.67배로 청년층(29세 이하)의 1.93배, 중년층(30~54세)의 1.88배에 비해, 9배나 높게 나타나 고령층의 일자리잡기가 매우 힘든 것으로 나타났다.[119] 노동부(2005)가 신규구인인원·신규구직자 100인 이상인 직종을 분석한 결과, 상표부착 등 생산관련 단순노무자의 일자리경쟁이 가장 치열하였고, 주방보조원, 건설 및 광업관련 단순노무자, 모니터, 기숙사사감 등 기타 서비스 관련직, 청소원 순으로 일자리경쟁이 심하며, 신규구인인원 가운데 비중이 가장 높은 경비 및 건물관리직의 경우도 일자리경쟁이 치열한 것으로 나타났다. 이는 고령층은 일할 의욕과 능력이 있어 일자리를 원하나, 사업주는 일반적으로 고임금 연공급임금체계에 따른 비용부담 증가 등을 이유로 고령자를 채용하는 것을 기피하기 때문으로 판단되었다(노동부 고시 제2003~7호).[120]

그러나 기 선정된 고령자 적합직종[121]은 단순노무직 중심으로 변화된 노동시장 상황을 반영하지 못함에 따라, 고령자고용촉진법 개정(2002)으로 '적합직종'은 '우선 고용직종'으로 명칭이 변경되었으며, 이후 중앙고용정보원과 합동으로 적합직종의 재검토 및 신규직종 개발을 추진하여(2003) 기존 77개 직종을 공공부문 70개, 민간 부문 90개 직종으로 개편하는 한편, 공공부문의 적용범위도 기존의 국가, 지자체, 정부투자·출연기관 이외에 정부출자·위탁기관까지 포함하였다.

노인취업상담 및 알선을 통하여 노인들에게 소득을 올릴 수 있는 기회를 부여하

---

119) 2005년 고령층의 일자리경쟁배수는 2004년(15.30)보다 1.15배 높아, 일자리잡기가 갈수록 어려웠으며, 60~64세 구직자의 일자리경쟁배수는 25.78배에 달해 고령층 가운데에서도 일자리경쟁이 가장 치열한 것으로 나타났다.

120) 노동부는 고령화 사회에 대비한 고령인력의 활용증진을 위해 2006년 1월부터 임금피크제 보전수당제도를 도입하였고, 준고령자 우선고용직종의 개편을 추진 중이며, 고령자취업지원 활성화 방안으로 고령자 취업알선 유관기관 간 구인·구직 DB 공유 등 고령자취업지원서비스가 고용안정센터에서 통합적으로 제공되고 고령자를 위한 고용정보의 장으로 자리매김할 수 있도록 고령자 워크넷(Senior-net)을 확대 개편 중이다(노동부, 2005).

121) 고령자적합직종의 선정을 '단순한 선정'이 아니고 노인의 기능과 자질을 활용하고자 하는 노인인력의 개발·창조로 인식하도록 하는 발상의 전환을 강조하고 있다(김정후, 1998).

고자 '사단법인 대한노인회'를 통하여 1996년까지 60개소의 노인능력은행을 운영하여 왔다. 그러나 그동안 소규모로 운영되고 전문성이 부족하여 활성화되지 못했던 점을 감안, 기존 노인능력은행을 1997년부터 노인취업알선센터로 개편하여 현재 70개소를 운영하고 있는 한편, 사업내용도 취업상담, 알선, 교육, 사후관리 등 사업을 담당토록 하여 노인 취업알선사업을 효율적으로 추진해 나가고 있다.

또한 노인들의 여가를 선용하고 소득기회를 제공하고자 1998년 현재 경로당, 노인복지회관 등에 약 480여 개소의 노인공동작업장이 설치 운영되고 있으며, 1999년에는 30개소를 추가로 설치하였다.

3) 노인복지서비스 활성화

일반적으로 노인복지서비스는 노인의 일상생활을 지원하고 노인이 안고 있는 문제를 완화하거나 해결하기 위해 제공하는 대인서비스라고 정의된다.

한국의 경우 노인복지법에 의거한 주요사업으로서 가정봉사원파견사업, 가정봉사원양성교육사업, 주간 및 단기보호사업 등을 들 수 있는바, 가정의 부양부담을 경감하여 주는 측면과 더불어 가정에서 부담능력이 부족하여 부양을 포기하는 경우에 이를 대신하여야 하는 국가의 부담을 경감하는 측면도 있다.

따라서 국가가 가정과 더불어 노인을 부양하기 위하여 재가복지시설 확충 등 사회복지서비스에 대한 연차별 수요를 조사하여 장기적 수급대책을 마련하는 한편 필요한 재원을 확보하여야 할 것이다. 다만 동 사업들이 대부분 국가와 지방자치단체의 보조금으로 운영되고 있는바, 필요한 예산을 확보함에 있어서 재정자립도와 역방향의 모습을 보이고 있는 노인인구비중 및 노인복지수요분포의 지역적 특성을 감안하여 국고보조율을 개선할 필요가 있다.

노인을 위한 서비스는 크게 두 가지로 구분되는데, 즉 재가서비스와 시설서비스이다. 시설 중심의 노인복지는 경제적으로나 사회적으로 한계가 있고, 노인들을 가족과 지역사회로부터 격리시키며 또한 많은 경비가 지출되어 국가재정이나 개인 및 가족에게 커다란 부담이 되기도 한다. 그러므로 가족의 노인부양기능을 강화하고 노인들이 친숙한 가정환경에서 살아갈 수 있도록 재가노인서비스를 적극적으로 개발할 필요가 있다.

재가노인을 위한 프로그램으로 가정봉사원 파견사업, 주간보호, 단기보호 등 서비스를 제공하고 있으나 치매, 중풍 기타 심신기능 장애로 고생하는 독거노인이나 거동 불편한 노인들을 부양하고 있는 가족들을 돕기 위한 재가노인서비스의 확충이 절실히 요구되고 있다. 노인복지의 사회적 서비스 분야의 문제점은 서비스 체계의 정비가 이루어지지 않고 있으며 보다 더 전문성이 요구된다(임옥남, 1998: 415~430).

〈표 4-1〉 노인복지서비스의 종류

구분(종류)	서비스 내용
사회교육 프로그램	복지관에서 대부분 제공되는 서비스로 어르신들께 에어로빅, 태극권, 요가, 레크리에이션, 컴퓨터, 서예 등 다양한 프로그램을 제공하여 신체적 정서적으로 건강을 유지 및 향상을 도모하는 서비스이다.
주간보호	중풍, 치매 등 보호가 필요하신 어르신들을 낮 시간 동안 시설에 모셔와 보호를 해 주는 서비스로 보호자의 수발에 대한 부담을 덜어 주기 위한 서비스이다. 서비스의 내용은 대부분의 복지관이 비슷한 특징을 보이는데 이는 주간보호 어르신들의 경우 거동이 불편하시거나 하는 등의 제한이 많기 때문에 프로그램 구성에 한계가 있다. 많이 이루어지는 프로그램이 종이접기, 꽃꽂이 등이다.
재가복지	집에서 머물면서 복지서비스를 제공받는 것을 의미하지만 실제로 집에서만 받는 서비스로 제한하기는 무리가 있다. 재가복지의 경우 기본적인 일상생활이 어려우신 분들을 대상으로 한다. 즉 기초생활수급권자가 재가복지의 주 대상이다. 제공되는 서비스에는 생필품 대신 구입해 주기, 병원 모셔다 드리기, 말벗, 밑반찬 배달 등이 있으며 이분들을 복지관이나 시설로 모셔와 레크리에이션 등 프로그램을 실시한다.
단기보호	보호자의 사정으로 인하여 어르신을 수발할 수 없는 경우가 발생하게 되면 단기보호시설에 입소할 수 있다. 주간보호와 다른 점은 주간보호가 낮 시간 동안만의 보호라면 단기보호는 일정 기간 동안 시설에서 숙식을 하며 보호를 제공하는 서비스이다.
장기요양보호	건강의 악화로 더 이상 집에서 부양할 수 없는 경우에는 장기요양보호를 이용할 수 있다. 노인병원, 요양원 같은 곳이 장기요양보호서비스를 실시하는 곳이다. 하지만 이런 장기요양보호의 경우 정책적으로 지원이 되지 않기에 부양자의 경제적인 부담이 커지는 문제가 있다. 시설마다 차이가 있지만 비용이 대략 월 100~150만 정도인데 입소비를 지불하는 것도 부양자에게는 상당히 큰 부담이 된다. 그래서 장기요양보험을 추진 중에 있다.

(1) 재가복지서비스 확충

저소득층 노인이나 정신적·신체적 장애가 있는 노인뿐만 아니라 노인성 질환 등으로 인하여 일상생활에서 거동이 불편한 노인들을 위해 재가복지서비스를 확대 강화하여야 할 것이다. 급속한 고령화로 인한 노인들의 장기적인 입원은 의료비의 급격한 팽창을 가져와 사회보장체계 자체를 위협할 수도 있다. 이를 방지하기 위해서도 현재 운영되고 있는 사회복지시설을 그 목적에 맞추어 재정비·확충하고 가정봉사원 파견사업의 확대, 주간보호 및 단기보호시설을 확충하는 등 재가복지서비스를 강화하여야 하며, 이를 위해 무엇보다도 사회복지전문요원 및 수발(care)전문요원을 확보, 양성하여야 할 것이다.

가족부양기능이 점차 쇠퇴하여 가고 있기 때문에 가족의 보호를 대체하는 사회적 보호시스템이 필요하다. 시설보호에 수용하여 보호하는 것보다는 이제까지 살던 정상적인 환경에서 생활하면서 서비스를 제공받는 지역사회보호가 보다 바람직한 것이다(조성철, 2004).[122]

선진국에서 발달해 온 사회적 보호의 서비스 체계는 주로 시설보호와 지역사회보호로 구성되어 있다. 시설보호(institutional care)는 보호대상 노인을 입소시켜 급식, 치료, 기타 편의를 제공하는 시설보호서비스를 말하여, 대표적인 시설이 노인요양원(nursing home)이다.

지역사회보호(community care)는 지역사회서비스(community service)와 재가보호서비스(in-home care service) 두 종류로 나누어진다. 전자는 대상 노인에게 낮 동안의 보호를 제공하고 주간보호(day care)와 일정기간의 보호를 제공하는 단기보호(respite care)를 말하며, 후자는 재가노인의 가정을 방문하여 제공하는 가정간호(home nursing)와 가정봉사원서비스(home helper service) 등을 포함하는 것이다. 지

---

122) 전통적 사회에서 노인은 가족을 비롯한 친척, 이웃 등 비공식적 보호체계로부터 보호를 받으며 생활하였다. 그러나 산업화, 도시화, 핵가족화로 가족의 노인보호기능이 쇠퇴하면서 노인에 대한 사회적 보호의 서비스 체계가 발달하고 있다. 여기서 사회적 보호(social care)란 가족과 같은 비공식적 체계와 대조되는 사회적으로 공식화된 조직과 전문인력에 의하여 제공되는 보호서비스를 의미한다.

역사회서비스는 가정 밖에서 이루어지는 것인 데 비하여 재가보호서비스는 가정 안에서 이루어진다. 이 두 종류의 지역사회보호는 노인이 가정에 있으면서 보호를 받는다는 뜻에서 넓은 의미로 보면 재가노인복지서비스에 포함된다.

일반적으로 시설보호에 대신하는 지역사회보호서비스가 발전하게 된 것은 첫째 시설보호가 불가피한 통제성 때문에 노인의 자율성과 독립성을 유지하기 어렵다는 점, 둘째 사람은 가능하면 일반사회와 분리된 시설보다는 정상적인 환경 속에서 일반인과 함께 어울려 생활하는 것이 바람직하다는 점, 셋째 시설보호보다 지역사회나 가정의 보호가 보다 경제적이고 효율적이라는 점, 넷째 사회적으로 볼 때, 시설수용에는 한계가 있고 시설에 상주하는 직원을 확보하기도 쉽지 않다는 점 등이 그 배경이 되었다. 이와 같은 시설보호의 문제점에 대한 반성과 함께 그 대안으로 등장한 것이 지역사회보호이다.[123]

여기서 가족보호와 의료기관보호는 보다 전통적인 형태로서 해당 노인이나 그 가족이 보호의 책임을 지는 것이며, 시설보호와 지역사회보호는 보다 현대적인 형태로서 국가와 사회가 보호에 개입하는 특징을 지니고 있다. 가족보호는 이웃, 친지에 의한 도움과 함께 자생적, 자발적으로 서비스를 제공한다는 점에서 비공식적 성격을 지니는 데 비하여, 시설보호와 지역사회보호는 공식적 기관에 의하여 전문가가 서비스를 제공한다는 점에서 공식적 성격을 지니는 것이다.

시설보호와 지역사회보호와 같은 현대적 형태의 서비스 전달체계가 발달하고 있다고 해서 전통적인 형태의 가족보호나 의료기관이용이 사라지고 있다는 뜻은 물론 아니다. 여기서 강조하고자 하는 것은 현대사회에 이르러 전통적인 가족보호보다는 공식적 성격의 서비스 전달체계로서 시설보호나 지역사회보호 형태가 발달하고 있다는 점이다(조성철, "한국의 노인복지정책과 재가노인복지사업의 발전과제", 사단법인 한국재가노인복지협회, 2004).

---

123) 지역사회보호는 가정과 지역사회의 테두리 내에 생활하면서 필요한 서비스를 제공하는 것이다. 이 지역사회보호는 전적으로 가족이 보호하는 것과는 달리 가족·친지 등 비공식적 보호를 대체 혹은 보완하는 기능으로서 공식적 기관이 전문적 인력을 동원하여 대상자에게 필요한 서비스를 제공하는 방식이다(조성철, 2004).

노인에 대한 사회적 보호체계로서의 시설보호에 대응하는 개념으로 지역사회보호라는 개념이 발달하여 왔지만 지역사회보호가 '가정에서 살고 있는 노인'을 중심으로 하고 있기 때문에 '재가노인보호(In-Home care)'라는 개념이 자연스럽게 많이 쓰이고 있다.

노인복지 관계법에서도 '재가노인복지'라는 용어를 사용하고 있다. 노인복지법에서도 1989년부터 '재가노인', '가정봉사사업' 등 용어를 규정하였으며, 1993년 개정 시에는 '재가노인복지'로 규정하였다. 사회복지사업법에서도 1993년 '재가복지사업'을 규정하였다. 1997년 노인복지법 개정 시에는 이러한 사업을 수행하는 사업체를 '재가노인복지시설'로 규정하였다. '재가노인복지사업'이라고 할 때 '사업'이라는 용어는 한국 노인복지 관계법과 정부의 사업지침에서 사용하고 있는 것으로서, 여기서는 '재가노인복지서비스'와 같은 뜻으로 '재가노인복지사업'이라는 용어를 쓰고자 한다. 여기서 재가노인복지사업이란 가정에 살고 있는 노인을 대상으로 이들이 필요로 하는 제반 보호 및 복지서비스를 제공하는 것을 말하여, 한국의 현행 법제도 상으로는 가정봉사원 파견, 주간보호, 단기보호, 가정간호 등의 서비스를 포함하는 것이다(조성철, 2004).

보건복지가족부의 재가노인복지사업지침에 의하면 이 사업은 "정신적, 신체적 이유로 혼자서 일상생활을 수행하기 불편한 노인과 그 가정에 대하여 필요한 각종 서비스를 제공하는 것"을 그 내용으로 하고 있다.

정부에 의한 사업의 대상은 65세 이상의 기초생활보호대상자와 저소득층 노인으로 되어 있으나 법체계상으로는 60세 이상의 일반노인도 유료서비스의 대상으로 하고 있다.[124] 국민기초생활보장수급자와 저소득층에 대해서는 무료 또는 실비로 서비

---

124) 기초생활보호대상자: 국가가 보호를 필요로 하는 최저생계비 이하의 저소득층에 대한 금전적·물질적 지원을 통하여 기초생활을 보장한다. 대상자(선정기준)는 부양의무자가 없거나 부양의무자가 있어도 부양능력이 없거나 또는 부양을 받을 수 없는 자로서, 보건복지부장관이 개별가구의 소득평가액과 재산을 기준으로 매년 정하는 선정기준에 해당하는 자. 1. 무료 의료 혜택으로 의료보험료 면제와 특진 등 보험이 적용되지 않는 의료비를 제외한 의료비 전액면제. 2. 자녀의 고등학교까지의 등록금 전액면제. 3. 국면연금 납입 유보. 4. 최저 생계비에서 구성원의 해당하는 소득을 공제한 차액을 정부로부터 지급받음. 5. 정부양곡을 매월 세대원당 10kg씩 시중가의 약 1/3의 가격으로 공급받음. 6. 정부 및 지역

스를 제공하도록 되어 있으며, 국가나 지방자치단체의 지원으로 「사회복지법」인이나 비영리법인이 이 사업을 수행하도록 하고 있다. 중산층 이상을 대상으로 하는 유료 사업은 사업 주체의 제한이 없다.

〈표 4-2〉 보건복지가족부의 사업지침에 의한 서비스의 내용

구 분		주요활동
가정봉사원 파견사업	가사지원서비스	취사, 시장보기, 청소, 주변정돈, 생필품 구매, 의료세탁, 관계기관 연락 등 가사에 관한 서비스
	개인 활동서비스	식사시중, 신체 청결, 목욕, 용변수발, 외출동행, 의복 갈아입히기 등 개인신상에 관한 서비스
	우애서비스	전화 및 방문 말벗, 편지 써주기, 생활상담 등에 관한 서비스
	상담 및 교육에 관한 사항	노인의 자립생활에 관한 상담, 장애노인 수발자를 위한 상담, 교육
	무의탁노인후원을 위한 결연 사업	기관, 단체, 기업체와 연결
주간보호사업	낮 시간 동안 보호	생활지도 및 일상동작훈련 등 심신의 기능회복을 위한 서비스
		급식 및 목욕서비스
		취미, 오락, 운동 등 여가생활서비스
		장애노인 가족에 대한 교육 등
단기보호사업	일정 기간 동안 서비스	급식, 물리치료 기타 일상생활에 필요한 편의 제공

공공기관 등에 취업의 우선알선조치(이 경우 추가소득 금액은 보조비에서 공제함).

<표 4-3> 재가노인복지사업의 현황

구 분		시설 수	인 력	이용노인 수
가정봉사원 파견사업	가정봉사원파견시설	165	8,944 (가정봉사원 유급: 569, 무급: 8,381)	14,947
	노인종합복지관			
	서울가정도우미	25	496(가정도우미)	3,041
	재가복지봉사센터	350	30,590 (자원봉사자 수)	29,366
주간보호사업	주간보호시설	155	713(종사자 수)	2,689
	노인종합복지관			
단기보호사업	단기보호시설	481	259(종사자 수)	769
	노인종합복지관			

자료: 한국경제사회발전연구원(2003), p.22.

　부득이한 사유(부양가족의 질병, 출장 등)로 가족의 보호를 받을 수 없는 노인을 낮 동안 또는 수일간(최장 45일간) 입소시켜 필요한 각종 서비스를 제공하는 주간 및 단기보호시설이 1999년 현재 56개소가 운영되고 있다.

(2) 노인복지시설의 확충

　생활이 어려운 무의무탁노인들을 대상으로 무료 및 실비수준으로 운영하여 왔던 노인복지시설을 더욱 확충하여 노인들이 자신의 부담능력에 맞는 복지시설을 선택하여 이용할 수 있도록 유료양로시설 및 유료노인요양시설, 유료노인복지주택, 노인전문병원 등과 새롭게 치매요양시설 등도 설치하는 것이 바람직할 것이다.

　현재 저소득노인이 입소할 수 있는 무료, 설비 노인복지시설은 양로시설 88개소, 요양시설 73개소가 있다. 이 중 요양시설을 계속 확충하여 만성질환이 많은 노인들의 장기요양보호수요에 대처할 계획이다. 또한, 시설 운영상태 및 입소자의 서비스 만족도 등을 평가하는 시설평가제도 도입을 통하여 제고할 계획이다.

　경제적인 부담 능력이 있는 중산층 이상의 노인을 위한 유료노인복지시설을 지속적으로 확충하고 세제 감면 등 시설을 확충할 수 있는 행정, 제도적 방안을 강구하여야 한다.

(3) 노인보건의료사업의 확대

노인의료보험료 및 진료비의 본인부담을 경감시키는 방안을 마련하여야 할 것이다. 또한 틀니, 안경 및 보청기 등 신체기능 저하에 따른 노인의 건강생활 유지에 필수적인 기구에 대하여 의료보험급여를 실시하여야 할 것이다. 아울러 65세 이상 기초생활보호대상자에게 실시하고 있는 무료건강검진 항목에 1996년부터 간암, 위암 등 각종 암검사를 추가하였는데, 항목을 단계적으로 확대토록 하여야 할 것이다.

일상생활수행에 제약이 있는 와상노인(臥床老人)은 1995년 약 14만 명으로 2010년까지는 26만 명이 될 것으로 추정되고 있다. 이들 중 가정에서 생활할 수 없는 노인을 위하여 의료기능이 강화된 노인전문요양시설을 전국적으로 확대 설치·운영하여야 할 것이다.

한편 65세 이상 노인 가운데 중증을 앓고 있거나 65세 미만 성인이라도 노인성 질환이 있는 16만 명에 대해 2008년 7월부터 전국적인 요양 혜택이 주어진다.

보건복지가족부는 이 같은 내용을 담은 노인장기요양보험법 시행령 및 시행규칙 제정안을 8일 입법예고한다고 7일 밝혔다. 이에 따르면 6개월 이상 홀로 생활하며 심신 상태나 장기 요양이 필요한 65세 이상 노인과 65세 미만이라도 노인성 질환인 치매나 중풍, 파킨슨병을 앓고 있는 성인은 시설에 머무를 경우 본인 부담이 20%로, 집에서 서비스를 받을 경우 15%로 대폭 줄어든다. 지금은 전액 본인이 부담하고 있다. 복지부는 노인장기요양보험이 처음 실시되는 내년에는 국고에서 3,000억 원을 지원하고, 본인 부담으로 850억 원, 신설되는 장기요양보험료에서 4,400억 원을 거둬 충당할 예정이다.

그러나 부작용이 생길 것이라는 시각도 있다. 보건의료단체연합은 우후죽순처럼 늘어날 민간요양시설이 상업화로 치달을 것이라고 예상한다. 복지부(2008)는 815개에 불과했던 관련 요양시설이, 1,543개로 두 배 가까이 늘어날 것이라고 전망했다.

보건의료단체연합에 따르면 이웃 일본에선 비슷한 성격의 '개호보험'이 정부보조 감소와 요양시설의 상업화 등 폐해를 드러냈다. 요양·목욕 등 서비스를 제공하는 장기요양원의 질적 수준 유지도 관건이다. 복지부는 기존 사회복지사와 생활지도원, 가정봉사원을 재교육시켜 '요양보호사'자격을 준다는 방침이지만 당장 4만 8,000여 명의 신규인력이 필요해 지속적인 재교육의 효과가 의문시된다.

또한 민간노인전문병원을 설치하고 설치비용을 지원하여야 할 것이다. 치료가 가능하나 장기간 입원치료가 필요한 노인이나 수술 후 회복기에 있는 노인을 위한 노인전문병원을 일반병원보다 저렴한 의료비로 운영할 수 있도록 저리의 융자를 실시하여야 할 것이다.

보건소에 물리치료를 위한 인력과 장비를 보강하여 노인성 질환 1차 진료기관으로 육성하며, 각 보건소에 치매상담 및 신고센터를 설립·운영하여야 할 것이다.

(4) 소득지원 및 프로그램 활성화

국가가 정한 일정한 수준 이하에서 경제적으로 빈곤한 생활을 하고 있으며, 자신의 능력으로 독립적인 생활이 불가능하거나 부양의무자의 도움을 받을 수 없어 보호를 필요로 하는 상태에 있는 자를, 신청에 근거하여 또는 직권으로 자산조사와 상태조사를 실시한 후, 수급권자로 판명되면 이들에 대해 건강하고 문화적인 최저한도의 기초생활을 유지할 수 있도록 현금급여, 현물급여 또는 증서를 제공해 주고, 자활능력이 있는 자에 대해서는 이들의 자립자활을 촉진하기 위한 필요한 조치를 취하거나 근로를 조건으로 원조를 제공하는 근로연계를 실시하며, 수혜자의 비용부담 없이 국가나 지방자치단체가 일반조세수입을 기초로 한 공적인 재원을 활용하여 필요한 비용을 충당하는 무기여-보충적 원조이며, 자본주의사회의 공적인 최후의 안전망이다.[125]

---

125) 1991년부터 70세 이상 거택보호가구주 등 7만 6천 명에게 월 1만 원씩 지급해 온 노령수당제도는 지급대상이 한정되고 만족할 만한 수준이 아니었다. 이 제도는 1991년 실시 이후 점차적으로 지급액을 인상하고 지급대상도 확대하여, 1997년 현재 65~79세인 국민기초생활보호대상자 노인(228,477명)에게 월 3만 5천 원씩, 80세 이상 국민기초생활보

기초생활보호대상자를 비롯한 저소득층뿐 아니라 중산층 이상 노인의 건강관리, 교양·문화활동 및 여가선용 등 노인의 전반적인 욕구를 종합적으로 충족시키고 자립심을 고취시킬 수 있도록 적절한 여가프로그램을 개발하여야 한다. 시범적(1996)으로 시행된 노인종합복지센터는 이러한 프로그램의 실행을 위한 중심적 역할을 수행할 수 있도록 역할을 조절해 나가야 할 것이다.

특히나 지역사회 노인을 대상으로 건강상담실, 체육시설, 목욕탕, 공동작업장, 에어로빅이나 포크댄스실, 시청각실 등 건강 및 여가시설을 제공하고 사회복지관, 노인·장애인 복지관, 보건복지사무소 등과의 연계를 통하여 레크리에이션, 지역사회봉사활동, 건강상담 등 각종 프로그램을 개발·운영하는 것이 바람직할 것이다.

지역사회에 거주하는 노인들이 모여서 휴식을 취하고 친목을 서로 나눌 수 있게 노인정을 '사랑방'화하도록 하고, 이를 위해 시설의 증개축 지원뿐 아니라 운영비와 난방비의 지원을 확대하여야 할 것이다. 지역사회복지관, 노인종합복지관, 보건복지사무소 등과의 연계를 통하여 각종 프로그램을 개발함으로써 단순하게 소일하는 만남의 장 차원을 넘어 삶의 의욕을 높일 수 있는 장이 되도록 하여야 할 것이다.

4) 경로우대 및 경로효친사상 앙양

(1) 경로효친사상 함양

노인을 공경하고 위로하기 위하여 베푸는 잔치를 말한다. 매년 10월 2일은 경로효친사상의 미풍양속을 확산시키고, 전통문화를 계승 발전시켜 온 노인들의 노고를 치하하기 위해 '각종 기념일 등에 관한 규정'에 의거, 1997년 제정한 법정기념일이다.

노인의 날에는 경로효친사상을 앙양하고, 모범노인·모범노인단체·노인복지기여자에 대한 경로포상 및 노인체육대회, 학술세미나 등 다양한 행사를 전개함으로써 노인에 대한 사회적인 관심 제고와 경로효친사상을 앙양해 나가고 있다.[126]

호대상자 노인(36,642명)에게 월 5만 원씩 지급하고 있으나 아직도 노인들의 경제적인 자립을 확보하기에는 미흡한 상태라고 하겠다.

한편, 노인의 날과는 별도로 정부는 매년 5월 8일, 어버이날을 맞이하여 우리 고유의 미풍양속인 경로효친사상을 계속 유지, 발전시키기 위하여 부모를 극진히 봉양하고 웃어른을 공경하여 다른 사람의 모범이 되는 전국의 효행자를 대대적으로 발굴, 포상하고 있다.

경로우대제도(1980)는 어버이날(5월 8일)을 보건복지부가 사회복지시책의 일환으로 기해 70세 이상 노인을 대상으로 철도, 목욕 등 8개 업종에 처음 우대제도가 실시된 이래, 경로승차요금, 매월 12,000원(1개월) 기준으로 3개월간의 교통비인 36,000원이 지급된다. 지급 시기는 1월, 4월, 7월, 10월 등 주기기로 통장에 입금하고 있다.

(2) 경로우대 확대

교통요금 할인 제도의 일환으로 종래에는 70세 이상의 노인을 대상으로 하였으나, 1982년부터 65세로 낮추어 실시하고 있다. 「노인복지법」에 의하면 국가나 자치단체는 법률이 정하는 바에 따라 65세 이상의 노인에게 국가나 자치단체의 운송시설·기타 공공시설을 무료 또는 할인된 요금으로 이용하게 할 수 있으며, 노인의 일상생활에 관련되는 사업을 경영하는 자에게는 65세 이상의 노인에 대한 할인우대를 하도록 권유할 수 있고, 그와 같은 할인우대를 행하는 사업자에게는 적절한 지원을 할 수 있도록 되어 있다. ① 공영 경로우대제도의 철도는 통일호, 비둘기호 운임의 50% 할인, 무궁화호 운임의 30% 할인, 새마을열차 및 KTX 30% 할인(단 공휴일 제외), 수도권전철, 도시철도, 고궁, 능원, 국·공립박물관, 국·공립공원 및 국·공립미술관은 운임 또는 입장료 100% 할인, 국·공립 국악원은 입장료 50% 이상 할인하고, ② 민영 경로우대제도는 국내 항공기 운임의 10% 할인, 국내 여객선 운임의 20% 할인, 타 경로우대업종(목욕, 이발 등)은 업소에서 자율적으로 실시하고 있다.

---

126) 1999년까지는 보건복지가족부에서 주관하였으나, 정부 행사의 민간 이양 방침에 따라 2000년부터는 노인관련 단체의 자율행사로 개최된다.

(3) 경로연금제도의 실시

현재 65세 이상 노인의 과반수가 열악한 생활을 하고 있고 노후준비가 되어 있지 않은 노인의 비율은 47%에 이르고 있어 대부분의 노인이 스스로의 노후대책이 없이 자녀에게 생활을 의존하고 있다. 저소득노인의 소득보장의 일환으로 70세 이상 생활보호대상 노인 24만 8천 명에게 노령수당(1991)을 지급하였다. 그 후부터는 생활보호대상 노인(1998) 및 저소득노인 65만 명에게 매월 경로연금을 지급하고 있다. 또한 정부는 경로연금의 지급액을 연차적으로 인상하고, 국민연금제도 정착 이후에도 연금 수급을 할 수 없는 노인계층도 대상자에 포함시켜야 한다.

「노인복지법」의 전면개정(1997)으로 경로연금제도가 도입되었다. 한국 노인소득보장의 근간(1988)에 도입된 국민연금제도라고 할 수 있지만, 국민연금제도는 도입 당시에 근로세대의 노후소득보장을 위한 제도로 설계되어 이미 노인이 된 계층은 적용대상에서 제외되는 문제점을 안고 있었다.

이러한 기존 노령계층은 근로시기에 부모부양 및 자녀교육비 지출로 노후를 대비하지 못한 세대이며, 가족에 의한 사적 부양에서 국가에 의한 공적 부양으로의 과도기에 놓여 있는 세대라고 할 수 있다.

이러한 측면에서 경로연금제도의 도입은 국민연금의 적용을 받지 못하는 기존 노령계층에 대한 공적소득보장제도라는 점에서 획기적인 것으로 평가받을 만하다. 다만 현재 「노인복지법」에 규정된 경로연금제도는 아직 완성된 모양을 갖추지 못하고 있다고 판단된다. 차후 많은 보완이 이루어지고 실용성 있는 제도로 정착이 이루어져야 할 것이다.

〈표 4-4〉 각종 세제혜택 및 경로우대 내용

구분(관련법규)		내 용
상속세 공제	상속세 인적공제 (상속세및증여세법 제20조)	60세 이상의 자에 대하여 1인당 3천만 원씩 공제
소득세 공제	부양가족공제 (소득세법 제50조)	대상은 60세(여 55세) 이상 생계를 같이하는 직계존속 부양자로서 연간 1인 100만 원
	경로우대공제 (소득세법 제51조)	대상은 부양가족 중 65세 이상인 노인과 생계를 같이하는 자로서 연간 1인 100만 원(70세 이상은 150만 원)
	경로우대자 의료비 전액 추가공제 (소득세법 제52조)	대상은 부양가족 중 65세 이상인 노인
	양도소득세 면제 (소득세법시행령 제155조제4항)	- 부모와 자녀가 각각 주택을 소유하고 따로 살다가 세대를 합친 경우 양도소득세 면제. 대상은 아들, 딸이 부모를, 며느리가 시부모를, 사위가 장인, 장모를 모시고자 세대를 합친 경우에 면제조건은 아버지가 60세 이상이거나 어머니가 55세 이상으로 부양가족 공제대상으로서, 먼저 매매하는 집을 3년 이상 보유하였고, 세대를 합친 후 2년 이내에 집을 매매하는 경우 생계형저축 비과세(조세특례제한법 제88조의2) - 60세 이상 노인 1인당 3천만 원 이하의 생계형저축에 대한 이자소득 또는 배당소득 비과세 - 65세 이상 노인의 6천만 원 이하 세금우대종합저축 10% 분리과세 및 주민세 면제(조세제한특례법 89조)
부모 봉양자에 대한 주택 분양 우선권 및 임대주택 우선 공급	공공기관건설주택의 우선공급 제도 (주택공급에관한규칙 제19조의2)	- 국가, 지방자치단체, 대한주택공사 및 지방공사인 사업 주체가 85㎡ 이하로 건설하여 공급하는 주택은 주택공급량의 10% 범위 내에서 우선 공급 - 주택신청 자격을 가진 무주택세대주로서 최초 입주자 모집공고일 현재 65세 이상 직계존속(배우자의 직계존속 포함)을 3년 이상 부양
	임대 주택 우선공급 (주택공급에관한규칙 제32조제4항)	- 국가재정과 국민주택기금을 지원받아 국가·지방자치단체·대한주택공사 또는 지방공사가 건설하는 주택공급량의 10% 범위 내에서 우선 공급 - 현재 65세 이상 직계존속(배우자의 직계존속 포함)을 1년 이상 부양하고 있는 무주택 세대주로서 전용면적 50㎡ 미만 주택은 당해 세대의 월평균 소득이 전년도 도시근로자 가구당 월평균 소득의 50%('04년 기준 1인당 417,497원) 이하인 자 전용면적 50㎡ 이상은 당해 세대의 월평균 소득이 전년도 도시근로자 가구당 월평균 소득의 70%('04년 기준 1인당 584,496원) 이하인 자

주): 노인복지법(1981) 제26조(경로우대), 동법시행령 제19조(경로시설의 종류)

(4) 경로당운영 활성화

지역사회 재가노인의 대표적 여가시설인 경로당(98년 36,340개소)이 있는데 이 중 28,580개소(1998)에 대하여 월 4만 4천 원의 운영비와 연 25만 원의 난방비를 국고에서 지원하고 있다. 아울러 경로당 운영을 활성화하기 위하여 현행 화투, 장기 등 오락 위주의 이용 형태에서 취업, 건강정보, 취미생활 등 건전하고 다양한 여가 프로그램을 개발, 보급하는 한편 부녀회, 청년회 등과 유기적 협조체계를 유지하여 청소, 급식 등 서비스를 제공받을 수 있도록 추진해야 한다.[127]

2. 향후 정부의 노인복지정책 추진방향

1) 고령화 추세에 대한 방향

위에서 언급한 바와 같이 한국도 2022년에 65세 이상의 노인인구가 전체 인구의 14%로 머지않아 고령사회에 이를 것으로 전망된다. 이에 따라 경제발전을 위한 제반 재정, 투자사업과 더불어 노인복지사업에 대한 투자를 동시에 수행하여야 하는 정부로서는 그 재정적 부담이 급속도로 커질 수밖에 없는 만큼 이에 대한 종합적인 대책을 지속적으로 강구해야 한다.

노인의 문제는 가정과 지역사회 그리고 국가가 일정한 역할을 분담하며 해결해야 할 것이다. 정부는 가정의 역할을 유지, 강화시키기 위한 제반 수단을 강구하지만 가정에서의 노인부양에 대한 여건의 변화는 불가피한 현상이므로 이러한 부분에 대

---

127) 고령화 사회에서의 자원봉사활동은 사회활동을 통해 생산적이고 보람 있는 노후생활을 영위할 수 있도록 하기 위하여 노인들이 갖고 있는 각종 경험을 적극 활용할 수 있는 기회를 마련함으로써 각종 자원봉사활동에 노인들이 적극 참여하도록 해야 한다. 단, 지역봉사지원제(1998)를 도입하여, 사회봉사활동을 원하는 노인을 지역봉사지도원으로 위촉, 이들이 긍지와 보람을 가지고 지역사회에 봉사할 수 있도록 하였다.

한 지역사회의 역할이 지속적으로 보완, 발전되도록 지원하고 가정과 지역사회의 역할만으로 감당할 수 없는 부분에 대한 국가적 역할도 확대해야 한다.

2) 재가노인복지서비스 확충

부양가족이 없는 노인이 증가하고 있고, 특히 전체 노인의 35%가 제3자의 도움이 없이는 일상생활이 곤란하지만 재가노인복지사업기관 및 전문종사자는 크게 부족하다. 또한 종사자확보도 어렵고, 자원봉사자도 중증노인은 기피하고 있는 실정이다. 노인에게 식사시중, 목욕·용변 수발, 병원안내 등 생활편의를 제공하는 가정봉사원파견시설은 52개소(1998)가 운영되고 있다. 부양가족의 질병·출장 등 부득이한 사유로 가족의 보호를 받을 수 없는 노인을 낮 동안 또는 2~15일간 입소시켜 급식·목욕·여가생활서비스를 제공하는 주간 및 단기보호시설(Day－Care, Short－Stay)은 1998년에는 각각 31개소, 15개소가 운영되고 있다.

시설에서의 보호가 필수적인 노인을 위한 적정수준의 노인복지시설이 운영되어야 하고, 또한 노인들의 경제적 능력, 건강 정도, 기타 욕구에 따라 자유로운 선택이 가능하도록 다양하게 시설을 설치 운영토록 할 것이며 수용보호시설과 함께 여유 있는 노인들을 위한 이용시설 그리고 실버산업도 함께 육성해야 한다.

산업화에 따른 취업구조의 변화, 여성의 사회활동 증가 등으로 인하여 가정에서의 노인보호가 어려운 경우가 많은 것이 현실이다. 이러한 노인을 주간이나 단기로 보호할 수 있는 재가봉사기관과 프로그램을 확충하여 가정의 부담을 경감하고 노인이 계속 생활해 오던 가정과 지역사회에서 필요한 보호를 받으면서 노후를 보낼 수 있도록 지원을 확대해야 한다.

3) 노인복지프로그램의 확대

그동안 하드웨어(Hardware)로서 시설증설에 주로 관심을 기울여 왔으나 앞으로는 각종 복지시설과 이용시설에서 활용할 수 있는 프로그램의 개발, 보급에 주력해야 한다.

(1) 소득보장 프로그램

공공부조란 사회보장제도의 하나로서 모든 국민이 인간다운 생활을 영위하도록 하기 위해 국가 및 지방자치단체의 책임하에 생활유지능력이 없거나 생활이 어려운 국민의 최저생활을 보장하고 자립을 지원하는 제도를 말한다.[128]

공공부조는 도움을 필요로 하는 사람들에 대한 가족이나 민간에 의한 원조인 사적 부조가 아니라 국가나 지방자치단체와 같은 공공기관에 의한 원조이다. 따라서 원조를 제공하는 주체가 다르다.

「사회보장기본법」에 따르면 공공부조란 사회보장제도의 하나로서 모든 국민이 인간다운 생활을 영위하도록 하기 위해 국가 및 지방자치단체의 책임하에 생활유지능력이 없거나 생활이 어려운 국민의 최저생활을 보장하고 자립을 지원하는 제도를 말한다.

소득지원 측면에서 첫째 국민연금은 노령, 폐질, 사망에 대한 연금급여를 목적으로 실시되었으며, 가장 일반적인 형태는 20년 이상 보험료를 내고 60세부터 사망 시까지 일정 기간마다 일정액을 지급받는 노령연금이다.

둘째 국민기초생활보장은 취약계층이 최저생활보장을 위하여 국가의 재정으로 운영·근로능력이나 연령에 관계없이 국가의 보호를 필요로 하는 최저생계비 이하의 모든 가구에 대해 부조하여야 한다.

셋째 경로연금은 1991년에 노령수당제도로 시작, 1998년 명칭이 경로연금으로 바

---

128) 공공부조제도는 생활유지능력이 없는 빈곤한 생활 상태에 있는 자들을 대상으로 하기 때문에 사람들이 빈곤상태에 있는지 여부를 객관적으로 판단하는 자산조사를 실시하고 있다. 또한 이들이 자신의 근로능력으로 독립적인 생활을 할 수 있는지 또는 부양할 친족이 있는지 여부를 판단하는 상태조사를 실시하고 있다. 따라서 자산조사와 상태조사를 실시한 후에 그 결과에 따라 서로 다른 처지에 있는 사람들을 서로 다르게 처분하고 있다.

꿰면서 공적 부조대상 노인뿐만 아니라 차상위 저소득노인에게까지 확대하여야 한다.

(2) 건강보장 프로그램

노인들은 대부분 노인성 질환을 가지고 있고 노인병의 특성상 장기간 진료를 필요로 하고 있다. 정부(1983)는 생활보호대상 노인을 대상으로 무료노인건강진단을 실시하고 있다. 노인건강진단실적(1997)을 보면 1차건강진단의 진단인원은 2만 4천 382명이고, 2차건강진단의 진단인원은 5천907명이었다. 앞으로 검진수가를 연차적으로 인상하고 검진대상항목도 더욱 확대해야 할 것이다.

치매노인은 1998년에는 65세 이상 노인인구의 8.3%인 25만 명(추정) 정도인데, 이 비율은 계속 증가할 것으로 예상된다. 치매의 특성상 가족의 정신적·육체적·경제적 부담은 매우 심각하다. 그러나 아직 치매에 대한 종합적 관리체계가 미비하고 전문요양시설을 전문진료기관이 부족하며 전문인력 양성체계도 미흡하다.

노인문제에 대한 해결책 및 대안은 공적 연금재정을 장기적으로 안정화하고 노인 의료보장체계를 효율적으로 운영하는 등 전체적인 사회복지시스템을 내실화해야 한다. 노인복지사업[129]에 소요되는 예산을 확대할 필요가 있다.

① 노인의 건강보호

건강보험은 기존 의료보험제도의 운영을 효율화하고 보험료부담의 형평성을 제고하기 위해 출범한 제도이다. 비급여항목도 많고, 진료비 본인부담 비중도 커 경제적으로 어려운 노인의 경우 적절한 치료나 건강보호를 받기 어려운 상황임으로 확대하여야 한다.

② 노인질환치료 및 예방

노인의료비 및 노인질환 대책은 틀니, 보청기 등 보장구를 단계적으로 의료보험

---

129) 노인복지사업 대상은 ① 연금제도 확충, ② 고용기회 및 창업지원 확대, ③ 건강증진 프로그램 개발, ④ 공적 노인요양보호체계 구축, ⑤ 재가복지 인프라 확충, ⑥ 노인교육기관의 관리운영체계 구축, ⑦ 자원봉사기회 확대 등이다.

급여에 포함시키고 의료기관 이용 시 부담하는 본인 부담금 경감대상을 70세 이상 노인에서 단계적으로 65세 이상 노인까지 확대하고, 간병비 부담을 경감하기 위하여 현행 의료보험제도 활용 또는 간병수당제도, 간병보험제도를 도입하여야 한다. 노인성 질환의 관리대책이 갈수록 부각됨에 따라 노인성 질환을 전문으로 치료하는 병원을 7개소(1,200병상)에서 22개소(3,800병상)로 확충해야 한다.

첫째 장기요양시설 및 재가보호는 요양서비스관련 시설의 대부분이 극빈층을 대상으로 하는 무료시설로 운영되어 서민이나 중산층을 대상으로 한 실비요양시설이 부족하기 때문에 서민이나 중산층 가족의 부담이 과중한 상황, 지역사회에 거주하면서 서비스를 받을 수 있는 재가보호가 필요하다.

둘째 의료급여이다. 생활유지능력이 없거나 일정 수준 이하인 저소득층을 대상으로 국가재정에 의하여 기본적인 의료혜택을 제공하는 공적 부조방식의 사회보장제도가 필요하다.

셋째 건강검진이다. 1983년부터 65세 이상 국민기초생활보장 수급노인에 대하여 정부예산으로 실시하고 있으나 매년 3만 명으로 제한되어 무료검진인원은 전체 국민기초생활보장제도 수급대상 노인의 9.1% 정도에 그치고 있는 실정이다.

넷째 1997년부터 지역단위로 보건소에 치매상담신고센터를 설치, 운영하여야 한다.

(3) 노인의 취미활동 및 사회참여 확대

노인의 사회참여를 위해 그 전직경험을 살려 지역봉사지원 등을 위촉하는 제도를 1997년에 도입하였는데, 한국은 자원봉사 참여율이 저조한 실정이다. 지역사회의 대표적 노인여가시설은 경로당으로 1997년에는 3만 3천485개소가 운영되고 있고, 정부에서는 경로당 1개소당 월 4만 4천 원의 운영비와 연 25만 원의 난방비를 지원하고 있다. 그러나 한국의 노인들은 선진국에 비해 주로 집 안 내에서 소극적인 여가활동을 하고 있다.

노인평생교육기반 마련은 교육인적자원부에서는 노인교육을 활성화시키기 위한 노력의 일환으로 2000년부터 시도별로 1개 기관을 선정하여 '노인 교육담당자 및 전문가 양성과정' 운영을 지원하지만, 노인교육에 대한 전문성이 미약하여 전문인력 양성에 한계가 있다. 그러나 사회참여기회 확대는 유일한 경로당의 여가프로그램인 데 시설이 대부분 도시에 편중되어 있기 때문에 지역사회의 실질적 여가복지시설로 기능을 다하지 못함으로 활성화 사업을 위해 균형 있는 지원이 필요하다.

노인학대 대책은 장기적으로는 아동학대와 마찬가지로 노인학대행위를 금지조항 으로 하고 이에 대한 사회복지적 개입을 명시한 노인복지법의 개정이 필요하다. 노 인학대상담센터에는 학대위기에 처한 노인에게 응급대응할 수 있도록 전문상담원 24시간 대기, 전화접수 후 사회복지사가 노인의 가정을 직접 방문하여 상담하고 재 가에서 해결할 수 없는 상황으로 판단되면 일시 쉼터 연결이나 의료·법률에 대한 전문상담원 연결 등 서비스 제공이 필요하다.

노인문제를 향상하기 위해서는 노인에 대한 소득보장 프로그램과 건강보조 프로 그램, 학습, 여가, 자원봉사활동 지원들을 해 주어야 한다. 지금 시대가 고령화 사회 로 바뀌고 있는 이 시점에서 가장 빨리 해결해서 노인들의 인권을 보장해 줄 수 있 고 보호할 수 있는 방법을 찾아야 할 것이다.

(4) 노인취업 활성화

고용기회 확대를 위해서 첫째, 정부에서는 고령자의 고용을 촉진하기 위해 다수 고용은 신규고용 및 재고용 시 장려금을 지원한다. 하지만 고령자 고용촉진장려금 제도는 기업에 대한 지원이 미흡하고 또 기업도 고령자의 고용을 기피함에 따라 실 효성은 낮은 형편이다.

둘째, 노인취업알선센터 및 노인공동작업장 운영은 주관부서가 각기 다르고, 중복 적으로 운영, 관련기관 간 연계부족, 규모 영세, 전문성 부족, 취업알선 기능이 미약 한 실정이다.

셋째, 고령자 적합직종 개발은 사회의 직종 세분화, 전문화 경향을 따라가지 못하 고 있는 실정이다.

넷째, 지역사회시니어클럽(노인자활후견기관)운영은 지역 단위로 노인적합직종 및 봉사영역을 개발하고 노인의 개별 특성에 맞는 수요처와 연결시키는 자활후견기관, 자치단체의 지원이 필수적이다.

이러한 점을 감안할 때 정부는 노인의 취업확대를 위하여 산업구조 및 기술변화에 적응할 수 있도록 노인취업 우선고용직종에 대한 취업훈련기회를 확충하고, 기업체에서도 퇴직준비프로그램을 비롯하여 재취업을 위한 여러 가지 실기훈련을 실시하도록 적극 권장하여야 한다.[130]

노인들에게 취업상담 및 알선을 통하여 여가선용 및 소득을 올릴 수 있는 기회를 부여하여야 한다. 대한노인회(1981)가 운영해 온 노인능력은행의 자료를 보면 1996년까지 총 106만 9천 명이 취업하였다. 정부는 1997년에 70개소에 대하여 개소당 월 50만 원의 운영비를 지급하여 후원하고 있다.

노인에 대한 취업알선은 노인의 무위고를 해결하는 좋은 방법이며 동시에 경제적으로도 도움을 줄 수 있는 현실적인 방법인 동시에 사회에 참여하고 있다는 존재감을 줄 수 있어 상당히 바람직한 방법으로 계속적으로 사업을 확대해 나가야 할 것이다.

고령자 우선고용직종 개발과 고용의무화를 활성화하기 위해, 노인의 고용기회확대를 위하여 1991년 「고령자고용촉진법」에 규정된 노인 우선고용직종에는 노인을 우선적으로 채용하도록 양성화하였다. 현재 300인 이상 기업체의 3% 고령자 취업 권장사항을 100인 이상 기업체로 확대하고 기준고용률도 3%에서 6%로 상향 조정하여 공공기관부터 이를 의무화하고 점진적으로 일반기업체까지 확대 적용하는 방안을 강구하여 고령자 고용이 의무화되도록 하여야 한다.[131]

---

130) 현재 고용보장법상에 50세 이상의 고령자가 실직에 대비하여 자비로 재취업에 필요한 교육훈련을 받는 경우 소요비용의 일부를 지원하기로 되어 있는 제도를 효율적으로 운영하도록 하여야 한다.

131) 1991년에 제정된 「고령자고용촉진법」 제15조에 의하여 고령자, 준고령자의 취업에 적합한 직종을 선정하고, 선정된 적합 직종을 홍보, 보급하고 있다. 우선고용직종이란 노동부장관은 준고령자(50세 이상~55세 미만) 및 고령자(55세 이상)의 고용을 촉진하기 위해 고령자 등에 적합한 직종(우선고용직종)을 선정하여 고시하고 있다(고령자고용촉진법 제15조). 공공기관 등은 우선고용직종에 근로자를 모집 채용할 때는 준고령자 및 고령자를 우선적으로 채용해야 한다(김대회, 고령자 취업활성화 방안에 관한 연구, 한국학술정보(주), 2008, p.81.).

또한 고령자 고용촉진 관련제도의 정착화를 위해 정부는 55세 이상인 고령자를 상시 근로자의 일정비율 이상 초과하여 고용하는 사업주에 대해서 초과 근로자 1인당 일정액의 장려금을 지원하는 고령자 고용촉진제도가 정착되도록 정부의 지원을 강화한다.

　　그리고 노인의 취업·재취업의 확대를 위한 교육·훈련기회를 확충해야 한다. 정부는 노인의 취업확대를 위하여 산업구조 및 기술변화에 적응할 수 있도록 노인취업 우성고용직종에 대한 취업훈련기회를 확충하고, 기업체에서도 퇴직준비프로그램을 비롯하여 재취업을 위한 여러 가지 실기훈련을 실시하도록 적극 권장하여야 한다. 현재 고용보장법상에 50세 이상의 고령자가 실직에 대비하여 자비로 재취업에 필요한 교육훈련을 받는 경우 소요비용의 일부를 지원하기로 되어 있는 제도를 효율적으로 운영하도록 한다.

　　더욱이 빈곤한 노인이 생계를 위하여 불가피하게 취업하는 경우와 경제적인 이유는 부차적인 반면 보람 있는 사회참여를 목표로 하는 중산층 이상 노인의 취업에 대한 구별된 접근이 요청된다. 현 고령층의 낮은 교육수준에 반하여 앞으로 건강한 고학력 고령자의 증대에 대비하여 노인고용에 대한 장기와 단기의 구별된 정책적 접근이 필요하다.

　　정부의 시책은 경로당을 포함한 노인복지시설에 작업장을 설치하도록 하고 있다. 이러한 공동작업장의 설치는 노인의 적성과 능력에 따라 작업을 함으로써 여가선용은 물론, 소득을 올릴 수 있는 기회가 마련될 수 있을 것이다. 정부는 노인복지시설 등에서 작업장을 설치하고자 할 경우 기본설치비와 운영비를 지원하는 것이 바람직할 것이다.

<표 4-5> 고령자 취업 활성화 대책

문 항	사례수	평균*	표준편차
고령자 우선고용직종에 고령자 고용의무 강화	559	3.68	1.19
고령자 고영기업에 대한 보상제도 강화	559	3.54	1.18
고령자 우선고용직종의 지속적인 개발	558	3.56	1.20
고령자취업알선센터의 활성화	558	3.74	1.04
고령자들의 의식개혁	559	3.55	1.04
취업훈련기간 중 훈련수당 지급	557	3.28	1.15
고령자고용기피에 대한 고용주의 의식변화	558	3.40	1.38
재취업의 확대를 위한 교육훈련확충	558	3.34	1.11
고령자 고용촉진 관련제도의 정착화	558	3.47	1.17
정년의 연장 및 계속고용제도의 정착화	557	3.36	1.29
고령자에 대한 사회적 편견 해소	557	3.34	1.23
관행적인 행정제도를 현실에 맞게 개선	557	3.50	1.18

자료: 김대희(2008), 고령자 취업활성화 방안에 관한 연구, 한국학술정보(주), p.112.

3. 노인복지 전달체계의 활성화방안

1) 사회복지 전달체계

사회복지 전달체계는 국민들이 필요로 하는 각종 복지서비스가 중복·누락 없이 필요한 사람에게 전달될 수 있도록 하여 국민들의 기본생활을 보장할 수 있도록 해 주는 핵심 기제이다. 우리가 사회복지 전달체계에 관심을 가져야 하는 이유는 사회경제적 환경변화에 따른 국민들의 복지수요 증대에 체계적으로 대응하는 것이 필요하기 때문이다.[132]

---

132) 사회복지서비스 전달체계(delivery system)란 사회복지서비스의 공급자와 소비자를 연결시키기 위한 조직적 장치(organizational arrangements)로 정의할 수 있다. 다시 말해서

서비스 전달체계는 구조기능상 행정체계와 집행체계로 구분될 수 있다. 서비스를 기획, 지시, 지원, 관리하는 것을 행정체계라 하고, 서비스 수혜자들과 직접적인 대면관계를 통해 서비스를 전달하는 과정을 집행체계라 한다. 전달체계의 운영 주체에 따라서 사적(민간) 전달체계와 공적 전달체계로 구분될 수 있다. 공적 전달체계는 정부(중앙 및 지방)나 공공기관이 직접 관리·운영하는 것을 말하고 사적 전달체계는 민간(민간단체)이 직접 관리·운영하는 것을 말한다.

사회복지 전달체계의 문제점은 평균수명 연장, 가족주기 변화, 고령자 독립생활기간 증대, 생계독립 경향 증대에 따라 사회적 부양비용이 커지고 있는 것이다. 또한 노인, 보육, 장애인, 여성 등 사회복지서비스에 대한 국민의 욕구와 개인의 생애주기에 걸친 다양한 복지욕구가 분출되어 국민들의 복지수요를 충족시키기가 어렵다.

사회구조 임시일용직 증대와 임금격차의 확대로 인한 사회양극화도 빈곤계층을 확대시킴으로써 복지수요를 증대시키고 있는데도 불구하고 정부나 사회에서는 이에 대한 정책수립이 부진함으로 사회의 문제가 되고 있는 것이다.

2) 노인복지 전달체계

첫째, 보건복지가족부의 업무분장을 보면, 노인복지행정에 관한 종합계획의 수립 및 조정, 재가노인의 복지에 관한 사항, 노인문제에 대한 상담 및 지도, 노인보건에 관한 사항, 노인복지관련 단체의 지도·육성 및 감독, 노인의 적성에 알맞은 직종의 개발·보급 및 노인의 사회참여 촉진에 관한 사항, 노인복지시설의 지원·육성 등이다.

둘째, 지방자치단체의 노인복지 전달체계는 중앙의 보건복지가족부의 해당 부처의 지도, 감독을 받아서 시행되고 있는데, 사회보험, 공적 부조, 노인복지서비스 등 노인복지 관련 업무가 자치단체별로 전달체계가 다르고 업무마다 담당부서가 다르다.

셋째, 공적 부조(생활보호)의 경우 생계보호는 보건복지가족부 중에서 사회복지심

지역사회 내에 존재하는 사회복지서비스의 공급자 간을 연결시키기 위하여 또는 사회복지서비스의 공급자와 소비자 사이를 연결시키기 위하여 만들어진 조직적 체계이다.

의관 생활보호과, 지방자치단체(시, 도)의 사회복지과 생활보호계, 기초지방단치단체의(시, 군, 구)사회과 사회계·복지여성과 사회복지계·사회복지과 사회계, 읍, 면, 동의 사회복지담당이 업무를 수행하고 있다. 그리고 의료보호 업무는 보건복지가족부의 연금보험국 보험정책과, 시, 도의 사회복지과 의료보장계, 시, 군, 구의 사회과 의료보장계·복지여성과 사회복지계사회복지과 사회계, 읍, 면, 동의 사회복지담당이 업무를 수행하고 있다.

넷째, 노인복지서비스 업무는 보건복지가족부의 가정복지심의관 노인복지과, 시, 도의 가정복지과 노인복지계, 시, 군, 구의 가정복지과 노인복지계·복지여성과 가정복지계·사회복지과 가정복지계, 읍, 면, 동의 사회복지담당이 업무를 수행하고 있다.

정부는 복지예산을 큰 폭으로 증가시켜 행정 인프라를 갖춰 국민의 복지체감도를 높여야 한다. 그러나 복지지출 증가율에 비해 복지인프라 및 전달체계의 구축은 상대적으로 미비함으로 복지서비스를 받는 국민들의 혜택을 높여야 한다.

통계청(2004) 조사에 따르면 국민기초생활보장제도를 포함한 공공서비스에 대한 국민의 만족도는 평균 15.3%에 불과한 것으로 나타나고 있다. 특히나 노인복지 업무체계의 일관성이 없어서 중앙부처와 지방자치단체, 지방자치단체의 상하 기관 간의 전달체계가 상이하여 일관성 있도록 노인복지행정이 이루어져야 한다. 사회복지담당자가 사회복지 전반적인 업무를 관장할 수 있도록 함으로 노인복지 관련 업무인 공적부조와 의료보호의 전달체계 업무의 전문성과 특수성을 살릴 수 있다.

노인복지행정을 주로 관장하는 보건복지가족부 내에서 노인복지 관련 업무를 담당하는 부서가 각각 분리되어 있는 노인복지행정을 독립시켜야 한다. 또한 중앙부처 간에도 노인복지와 관련된 여러 분야 사업이 난립해 있는데 이를 조정, 협력하여 효율성을 높여야 한다. 예를 들어 주택지원, 세제지원, 경로우대 등은 건설교통부, 국세청 등이 관련되는데 이들 담당부서들의 협의체가 없다. 또한 노인들은 빈곤문제 등 복지적 욕구뿐만이 아니라 동시에 신체적, 정신적 장애로 인한 질병이환율이 높은 집단으로서 보건·의료적 욕구를 같이 갖고 있는 집단임에도 불구하고 복지서비스와 보건·의료서비스가 통합되지 못하고 별개의 행정체계에 의해 시행되고 있기 때문에 일관성 있는 서비스가 이루어지지 못하고 있는 현행제도를 통합하여야 한다. 복지행정의 계층구조가 보건복지가족부, 시, 도 및 시, 군, 구 그리고 읍, 면, 동으로 연결되는 시스템으로 개선하여 노인복지 업무에만 전담할 수 있도록 개선하여 노인복지의 전문성과 특수성을 살릴 수 있도록 제도가 마련되어야 한다.

21세기 고령화 사회를 맞이하여 지역노인과 노인가족의 부양기능을 강화하고 보호가 필요한 노인들에게 재가노인복지서비스를 강화하기 위해서는 정책 개발이 절실하다.

공적부조 및 노인복지서비스의 보호 내용이 주로 물질적 급여에 한정되어 있고 그 수준 또한 낮아서 실질적인 도움이 되지 못하고 있는데 이를 활성화하기 위해서는 노인의 다양한 욕구를 충족시키는 종합적인 대인사회복지서비스(Personal Social Services)를 개선하여야 한다.

한국의 노인복지를 살펴볼 때 서비스 전달체계는 아직도 중앙정부 주도형이며 사업내용으로는 지극히 선별적이고 제한적인 프로그램이 운영되고 있다. 지금까지는 주로 국민기초생활보장 수급자 및 저소득층 노인을 위한 가정봉사원 파견사업, 주간보호, 단기보호, 방문간호 등을 제공하여 왔으나 이제는 일반 노인들의 재가복지 욕구에 부응하는 서비스프로그램 개발이 있어야 하겠다. 먼저 노인들을 위하여 제공되고 있는 현재의 노인복지서비스 현황과 개선점을 살펴보면 다음과 같다.

(1) 기초생활보장수급자 위주의 제한적인 재가노인복지 사업, (2) 노인의 소득보장 및 경제활동 지원사업의 활성화, (3) 시설보호사업과 재가노인사업의 활성화, (4) 보건의료서비스의 활성화, (5) 노인 주거서비스의 확충, (6) 여가활동 기회의 확대, (7) 노인보건복지서비스의 연계성, 통합성, 전문성 확대, (8) 지방자치단체의 노인복지 재원 확장 등이다.133)

---

133) 지역사회 내에서 당면하고 있는 재가노인복지서비스의 확충은 실질적으로 시급한 문제이고 현실화되어야 하는 바이다. 처음에서도 언급하였지만 재가노인복지서비스의 대상의 확대, 즉 일반노인의 욕구에도 부응하는 서비스프로그램의 개선방안을 살펴보면, 서비스 대상의 개선이다. 즉 대상자 선정기준의 개선이 필요하고, 대상 노인의 확대, 정확한 실태조사가 필요하다.

3) 노인복지 전달체계의 문제점

정부는 복지예산을 큰 폭으로 증가시켜 행정 인프라를 갖춰 국민의 복지체감도를 높여야 한다. 그러나 복지지출 증가율에 비해 복지인프라 및 전달체계의 구축은 상대적으로 미비하여 복지서비스를 받는 국민들의 체감도가 그다지 높지 못해 문제점이 있다. 국민기초생활보장제도를 포함한 공공서비스에 대한 국민의 만족도는 평균 15.3%에 불과한 것으로 나타나고 있다(통계청, 2004).

문제가 되고 있는 원인은 첫째는 다양한 발견체계 중에서 '저소득보육료지원사업'에 포착되었으나, 동(洞)직원의 가정방문이 어려웠고, 보육기관과의 긴밀한 업무연계가 부족하여 총체적인 가정문제로 접근되지 못하고 있다. 둘째는 위기가정의 긴급발견·지원과 국민기초생활보장제를 근간으로 하는 공공부조제도 그리고 노인·아동·여성 등 대상별 복지서비스, 기타 주거복지·보육 등을 중심으로 한 협의의 사회복지 전달체계를 중심으로 분석이 이루어져야 하는데 미흡한 실정이다.

특히나 노인복지 업무체계의 일관성이 없어서 중앙부처와 지방자치단체, 지방자치단체의 상하 기관 간의 전달체계가 상이하여 일관성 있는 노인복지행정이 이루어지지 않고 있다. 특히 최일선 기관으로 내려오게 되면 사회복지담당자가 사회복지 전반적인 업무를 관장하게 되어 있어서 노인복지의 전문성과 특수성을 살릴 수 없는 상황임을 잘 알 수 있다. 노인복지 관련 업무인 공적 부조와 의료보호의 전달체계도 상황은 역시 마찬가지이다.

(1) 노인복지행정의 문제점

노인복지행정을 주로 관장하는 보건복지가족부 내에서 노인복지 관련 업무를 담당하는 부서가 각각 분리되어 있어서 노인복지행정의 독자성이 결여되고 있다. 또한 중앙부처 간에도 노인복지와 관련된 여러 분야 사업이 난립해 있는데 이를 조정, 협력하는 조직체가 없어서 효율성이 문제가 된다.

예를 들어 주택지원, 세제지원, 경로우대 등은 건설교통부, 국세청 등이 관련되는

데 이들 담당부서들의 협의체가 없다.

노인들은 빈곤문제 등 복지적 욕구뿐만이 아니라 동시에 신체적, 정신적 장애로 인한 질병이환율이 높은 집단으로서 보건·의료적 욕구를 같이 갖고 있는 집단임에도 불구하고 복지서비스와 보건·의료서비스가 통합되지 못하고 별개의 행정체계에 의해 시행되고 있기 때문에 일관성 있는 서비스가 이루어지지 못하고 있다.

(2) 담당자의 업무과중

복지행정의 계층구조가 보건복지가족부, 시, 도 및 시, 군, 구 그리고 읍, 면, 동으로 연결되는 4층 구조 속에서 종합행정기관인 최말단 기관의 공무원은 업무가 과다하게 집중되어 노인복지 업무에만 전담할 수 없는 실정이다. 따라서 노인복지의 전문성과 특수성을 살릴 수 있는 제도가 마련되지 않아 문제점이 있다.

(3) 노인복지서비스의 문제점

정부는 지역노인과 노인가족의 부양기능을 강화하고 보호가 필요한 노인들에게 재가노인복지서비스를 강화하기 위해서는 정책 개발이 절실하다.

공적 부조 및 노인복지서비스의 보호 내용이 주로 물질적 급여에 한정되어 있고 그 수준 또한 낮아서 실질적인 도움이 되지 못하고 있으며, 노인의 다양한 욕구를 충족시키는 개별적이면서도 종합적인 대인사회복지서비스(Personal Social Services)가 부족한 실정이다.

한국의 노인복지를 살펴볼 때 서비스 전달체계는 아직도 중앙정부 주도형이며 사업내용으로는 지극히 선별적이고 제한적인 프로그램이 운영되고 있다. 지금까지는 주로 국민기초생활보장 수급자 및 저소득층 노인을 위한 가정봉사원 파견사업, 주간보호, 단기보호, 방문간호 등을 제공하여 왔으나 이제는 일반 노인들의 재가복지 욕구에 부응하는 서비스프로그램 개발이 있어야 하겠다. 먼저 노인들을 위하여 제공되고 있는 현재의 노인복지서비스 현황과 문제점을 살펴보면 다음과 같다.

① 기초생활보장수급자 위주의 제한적인 재가노인복지사업, ② 노인의 소득보장 및 경제활동 지원사업의 미흡, ③ 시설보호사업과 재가노인사업의 미흡, ④ 보건의료서비스의 미흡, ⑤ 노인 주거서비스의 부족, ⑥ 여가활동 기회의 제한, ⑦ 노인보건복지서비스의 연계성, 통합성, 전문성 부족, ⑧ 지방자치단체의 노인복지 재원 부족 등이다.

4) 노인복지 전달체계의 개선방안

최근 서민경제의 어려움과 사회양극화 현상의 심화로 인해 위기가정의 급속한 증가에 대응하여 이를 조기에 발견할 수 있도록 전반적인 시스템을 보강함으로써 복지 안전망에 대한 국민들의 신뢰를 확보하는 것이 필요하다. 더 나아가 위기가정 발견체계 등을 효율적으로 개편하여 국민들의 이용 편의를 크게 높이고 생계관련 사고의 재발을 방지함으로써 국민들의 심리적 안정감을 회복시킬 필요가 있다.

(1) 노인복지 전달체계의 단일화

현재의 다양한 발견기제가 체계화되어 있지 않아, 위기가정을 적극적으로 발견하기 어려움이 있음을 감안하여 통합적인 홍보와 발견체계, 발견에 따른 적극적인 상담과 조사, 선보호 조치체계 구축이 필요하다.

보건복지사무소에 노인복지 업무를 수행하는 전담부서가 설치되어야 하며 거기에는 노인복지 전문사회복지사를 배치하여 노인복지 업무를 담당하도록 해야 한다. 현재 시, 군, 구청의 사회복지과와 읍, 면, 동사무소로 이원화되어 있는 사회복지업무를 통합하여 서비스의 질을 제고하여야 한다.[134]

---

134) 사회복지를 담당하는 공무원은 2004년 현재 12,300명 수준으로서 시군구의 사회복지과 및 읍면동에서 근무하고 있다. 복지담당공무원수의 경우, 선진국은 각종 복지개혁에 따라 그 수가 크게 늘지는 않고 있으나 한국에 비해서는 1인당 담당인구수가 매우 적은 편이다.

(2) 노인복지서비스업무의 통합관리

노인들의 건강하고 활력 있는 노후생활이 효율성 있게 유지되기 위해서는 부처 간에 이원화되어 있는 복지서비스와 보건의료서비스를 통합하는 행정체계의 확립은 절대적으로 필요하다. 통합행정체계는 현재 시범적으로 실시하고 있는 보건복지사무소 체제 문제점을 보완하여 정착시키면 될 것이다.

기초생활·노인·장애인 등 대상별로 그리고 상담·조사·서비스연계 등 기능별로 업무를 분담한 팀을 두어 보다 신속하고 전문적인 서비스를 제공하여야 한다.

그동안 복지서비스는 대부분이 중앙정부 차원에서 결정되고 지방자치단체를 통해 주민들에게 전달되면서 지자체가 일선행정기관으로서의 역할을 수행해 왔으나 최근 분권화 경향이 확산되면서 지금까지의 수직적 지시명령에 의한 중앙-지자체 간 관계에서 수평적 관계의 구축이 필요하다. 지자체가 보다 많은 집행재량권을 가지고 지역주민들을 위한 전략적인 지역복지계획의 수립과 서비스전달의 효율성을 제고하는 데 노력이 요구된다.[135)]

노인복지 전달체계의 개선방안은 앞에서 언급한 사회복지 전달체계의 개선방안의 적용을 기본전제로 하여 시행하여야 한다.

(3) 노인복지서비스대상의 확대

노인을 위한 보건복지서비스는 복지서비스와 보건의료서비스 그리고 재가복지서비스와 시설복지서비스가 분리되지 않은 연속선상에서 노인의 요구에 적절한 서비

---

135) 선진국 사회복지 전달체계 개선의 경향을 요약하면, 1. 미국은 연방정부 프로그램으로 각 주에서 실시되었던 공공부조(AFDC)가 '97부터는 새로운 TANF하에서 예산운영권과 함께 주정부로 이양하였다. 2. 영국은 신노동당에 의해 발전된 새로운 복지 전달체계의 방향은 지방정부·민간조직으로의 더 많은 권한이양과 탈집중화하고 있다. 사회보장사무소와 구직센터를 통합한 확대구직센터(JobCenter Plus)를 설치, 운영하고 있다. 3. 독일은 재정은 주정부와 지자체가 담당하지만, 복지서비스의 제공은 민간기관이 위탁을 받아 상호경쟁을 통해 제공한다. 4. 일본은 복지와 보건조직을 통합 운영하는 추세(복지·노동 일선기관은 분리운영)이다. 5. 캐나다는 1996년부터 지방정부에 예산의 자율성을 주는 포괄기금(block fund)으로 전환하였다.

스로 대응할 수 있어야 한다.[136]

공적 부조 및 노인복지서비스의 보호내용이 물질적 급여에만 한정되지 않고 노인의 다양한 욕구를 충족시키는 종합적인 대인사회복지서비스가 이루어져야 한다.

노인복지서비스의 대상을 생활보호대상인 저소득노인들만을 대상으로 하지 않고 전체 노인으로 확대하여 모든 노인들이 건강하고 풍요로운 생활을 할 수 있도록 도모해야 한다. 일본의 복지사무소와 한국의 보건복지사무소가 공적 부조와 사회복지서비스가 결합된 형태의 구조인 반면, 영국의 사회서비스국은 공적 부조형태의 현금부조를 하지 않고 있다. 이것은 영국의 경우 자산조사를 실시하는 보충급여제도는 중앙정부에 의해 운영되는데, 만약 대인사회복지서비스와 보충급여제도의 집행 주체가 모두 지방자치단체일 경우 대인사회복지서비스가 저소득층에게만 국한되고 중산층 이상의 접근을 저해하는 요소로 작용할 수 있다는 우려 때문일 것이다.

따라서 노인복지서비스는 모든 노인들이 접근하기가 용이하고 효율적인 노인복지 전달체계에 의해 실시되어야 할 것이다.

---

136) 이는 보호연속체(continuum of care) 개념에 의한 연계 시스템을 통해 연속적인 서비스를 제공하는 서비스 체계로서, 일본의 노인보건복지서비스 체계를 말한다. 즉 ① 건강한 노인의 경우에는 건강교육, 건강진단 등의 건강관리, ② 다소간의 기능장애를 가진 노인의 경우에는 가정봉사원사업, 주간보호사업, 방문 보건의료서비스를 통한 재가보호, ③ 기능장애가 큰 노인의 경우에는 중간시설 및 요양시설 등 시설보호와 집중적 재가보호, ④ 거의 누워 지낼 수밖에 없는 정도의 와상노인의 경우에는 요양시설 및 노인병원에서의 시설보호를 제공하는 서비스 체계이다.

제2절 노인복지시설의 활성화방안

노인인구의 증가로 고령화 사회로 접어들게 된 한국은 노인복지에 대한 관심의 증가와 중요성이 증대되고 있다. 이에 노인인구 증가의 추세와 복지정책의 실행 중에서도 노인복지시설 측면에서 알아보고자 한다.

노인은 다양한 욕구를 가지며, 이러한 욕구는 역동적으로 변화해 나가며, 현대사회에서는 노인복지정책이 노인의 욕구충족에 있어서 가장 주도적인 책임을 맡게 된다. 노인의 기초적 욕구는 일반적으로 경제적 욕구, 건강상의 욕구, 심리·사회적 욕구 등으로 분류될 수 있다. 그리고 이러한 노인의 기초적 욕구를 충족시키기 위한 수단인 노인복지정책은, 소득보장정책, 의료보장정책, 노인복지서비스로 체계화되고 있다. 첫째 노인을 위한 소득보장정책의 주요 프로그램은 대체로 사회보험제도의 일환인 연금보험과 극빈층을 위한 사회부조제도로 구분될 수 있으며, 이러한 정책은 대부분의 나라에서 중앙정부의 주도로 실시되고 있다. 그리고 둘째 의료보장정책은 크게 영국의 국민보건서비스(National Health Service) 방식과 의료보험 및 의료보호의 방식으로 구분될 수 있으며, 일반적으로 모두 중앙정부의 주도하에 실시되고 있다. 그러나 세 번째의 노인복지서비스는 거의 대부분의 서구 선진국에서 지방자치단체의 주도하에 개발·실시되고 있다. 한국의 경우 소득보장정책과 의료보장정책은 정부의 차원에서 어느 정도 수행되고 있으나 물질적 보장이 아니라 비물질적인 것을 보장하는 노인복지서비스의 활성화는 미흡한 실정이다. 서구에서는 노인인구의 급속한 증가와 더불어 노인보호가 가족의 부양능력을 넘어서는 경우가 많아지고, 평균수명의 연장으로 타인의 도움 없이는 지역사회 내에서 독립적으로 생활하기 어려운 고령노인들이 증가함에 따라 시설보호의 수요가 증가되었다. 시설보호의 방식은 획일적·관료적이고, 집단적·통제적이어서, 노인들에게 개별적 서비스를 제공할 수 없을 뿐만 아니라, 노인 개개인의 독립성을 보호해 줄 수 없다는 점 등에서 비판적 의견이 제기되면서 재가복지서비스의 개념과 필요성이 대두되게 된 것이다. 또한 최근에는 노인들의 문화활동에 대한 욕구도 점차 높아지면서 여가복지서비스의 필요성도 제기되고 있다.

정부는 선진국에서 행해지고 있는 노인복지서비스프로그램의 구체적인 유형을 알아보고 한국의 현황과 문제점을 파악하여 향후 한국의 노인복지서비스 발전방향을 모색해 보아야 할 것이다.

노인복지시설에 대한 관련 연구 자료에 의하면 복지시설의 외형적인 면에서는 상당한 변화와 발전을 거듭하였으나 내적 운영 실태는 미흡하였고 클라이언트의 사용 증진 및 욕구충족에도 역시 미흡한 것으로 조사되어 있다.

또한 노인복지시설, 그중에서도 노인요양시설의 문제점 및 개선방안에 대하여 집중적으로 살펴보았다. 그러나 우리는 많은 문제점의 개선방향을 알고 있으며 충분히 실행시킬 수 있다고 생각한다. 그렇기 때문에 미래에는 사회복지의 실천가로서 앞으로 더더욱 심각한 문제로 제기될 노인문제에 대한 해결방안을 연구하여야 할 것이며 특히 가장 큰 욕구로 대두되고 있는 노인복지시설을 개선하고 확대시켜서 노인문제의 해결에 한층 심화된 해결책을 마련하여야 할 것이다.

1. 사회복지시설의 현황

한국의 사회복지시설은 아동·노인·장애인 등 스스로 정상적인 사회생활을 하기 어려운 사람들에 대하여 보호·치료·자립지원 등 서비스를 제공할 것을 목적으로, 이들에게 통원·수용 기타의 방법으로 편의를 제공하기 위해 마련된 장소·설비·건조물 등을 말하는데, 그 설립 및 운영 주체에 따라 공립공영시설, 공립민영시설, 사립공영시설, 사립민영시설로 분류되며, 부랑인시설은 대부분 공립민영시설이고, 그 밖의 대부분 시설은 사립민영시설에 속한다. 또한 사회복지시설은 시설이용방법에 따라 수용해서 24시간 보호하는 시설인 수용시설과 통원하게 하여 서비스를 제공하는 이용시설로 나누기도 하며, 요금의 징수 여부에 따라서 이용자 또는 그 부양의무자로부터 전적으로 요금을 징수하여 운영하는 시설인 유료시설과 이용자로부터 요금을 전혀 징수하지 않거나 실비만 징수하는 무료시설로 나누기도 한다. 1999년 현재 한국의 사회복지서비스관련법이 규정하는 사회복지시설의 종류는 42종인데, 생활보호법에 의한 부랑인수용시설(1종), 아동복지법에 의한 아동복지시설(11종), 노인복지법에 의한 노인복지시설(10종), 장애인복지법에 의한 장애인복지시설(7종), 모자복지법에 의한 모자복지시설(6종), 윤락행위등방지법에 의한 보호시설(3종), 영유아보육법에 의한 영유아보육시설(4종)이 있다.

기초생활보호대상자별 보호내용을 보면 거택보호대상자는 생계보호, 의료보호, 자활보호, 교육보호, 해산보호 및 장제보호를 받고, 자활보호대상자는 의료보호, 자활보호, 교육보호, 해산보호 및 장제보호를 받으며, 시설보호대상자는 거택보호대상자와 동일한 보호를 받는다.[137)

1997에는 노인복지시설(173개소)을 운영하고 있으며, 무료·실비시설에 수용 보호되거나 유료시설을 이용(입소)하고 있는 노인은 9,539명이다. 즉 노인인구 305만 명 중 0.3%만이 노인복지시설의 보호를 받고 있는데, 선진국의 경우 평균 4~5%의 노인이 시설보호를 받고 있음에 비추어 한국의 노인복지시설은 절대수가 부족한 상황이다.

---

137) 정부는 노령·불구·폐질 등으로 근로능력이 없는 거택보호대상자와 시설보호대상자는 생활보호를 하고 있는데, 1998년에는 거택보호대상자 1인당 월 16만 2천 원, 시설보호대상자는 12만 5천 원을 지원하고 있다.

2. 노인복지시설의 현황

1) 노인복지시설의 개념

노인복지시설은 노령으로 인하여 독자적으로 생활하기 곤란하거나 가정 사정이 특별한 경우에 필요한 것이다. 즉 노인시설복지란 노인이 의학적, 가정적, 사회적 또는 경제적 상황에 의해 재가생활이 어렵다고 판단되는 경우 장·단기적으로 일정한 수용시설에서 보호하는 제도를 말한다.

노인복지시설의 종류는 노인주거복지시설, 노인의료복지시설, 노인여가복지시설, 재가노인복지시설로 하며 다시 세분한다. 노인복지시설은 국가 또는 지방자치단체가 설치할 수 있으며, 국가 또는 지방자치단체 이외의 자는 그 설치를 시장·군수·구청장에게 신고하여야 한다. 다만 노인전문병원에 관하여는 의료법의 규정을 준용한다. 가정봉사원교육기관을 설치하고자 하는 자는 시·도지사에게 신고하여야 한다(노인복지법, 7장 61조 부칙).[138]

2) 노인복지시설의 종류

현재 설치 운영되고 있는 복지시설은 해당 법령에 근거하고 노인복지시설의 경우에는 노인복지법에 근거를 두고 있다.

사회복지시설 설치는 해당 설치 기준에 맞게 시설과 인력을 갖추고 해당 시군구에 신고하면 된다. 그러나 가장 존귀한 인간을 케어하는 일이기 때문에 시설을 설치하고 운영하기 위해서는 전문적인 지식과 준비가 필요하다. 현행 노인복지법에서 규정하고 있는 노인복지시설은 아래와 같다(노인복지법상 노인복지시설 제31조).

---

138) 이러한 노인복지시설의 종류로는 양로시설, 노인요양시설, 실비양로시설, 실비노인요양시설, 노인복지회관, 실비노인복지주택 등이 있다(김태수 외, 1998: p.394).

〈표 4-6〉 노인주거복지시설

시 설	설 치 목 적	입소대상자	설 치
양로시설	노인을 입소시켜 무료 또는 저렴한 요금으로 급식 기타 일상생활에 필요한 편의를 제공	생활보장대상 노인·생활보장대상 노인이 아닌 65세 이상의 자 중 그 부양의무자로부터 적절한 부양을 받지 못하는 자로서 일상생활에 지장이 없는 자	시, 군구 청
실비양로시설	노인을 입소시켜 저렴한 요금으로 급식 기타 일상생활에 필요한 편의를 제공	본인 및 배우자와 부양의무자의 월소득을 합산한 금액을 가구원수로 나누어 얻은 1인당 월평균 소득액이 통계청장이 고시하는 전년도의 도시근로자가구 월평균 소득을 전년도의 평균 가구원수로 나누어 얻은 1인당 월평균 소득액 이하인 자(이하 '실비보호대상자'라 한다)로서 일상생활에 지장이 없는 65세 이상의 자	〃
유료양로시설	노인을 입소시켜 급식 기타 일상생활에 필요한 편의를 제공하고 이에 소요되는 일체의 비용을 입소한 자로부터 수납하여 운영	일상생활에 지장이 없는 60세 이상의 자	〃
실비노인복지주택	보건복지부장관이 정하는 일정소득 이하의 노인에게 저렴한 비용으로 분양 또는 임대 등을 통하여 주거의 편의·생활지도·상담 및 안전관리 등 일상생활에 필요한 편의를 제공	실비보호대상자로서 단독취사 등 독립된 주거생활을 하는 데 지장이 없는 65세 이상의 자	〃
유료노인복지주택	노인에게 유료로 분양 또는 임대 등을 통하여 주거의 편의·생활지도·상담 및 안전관리 등 일상생활에 필요한 편의를 제공	단독취사 등 독립된 주거생활을 하는 데 지장이 없는 60세 이상의 자	〃

<표 4-7> 노인의료복지시설

시 설	설 치 목 적	입소대상자	설 치
노인요양 시설	노인을 입소시켜 무료 또는 저렴한 요금으로 급식·요양 기타 일상생활에 필요한 편의를 제공	생활보장대상 노인 또는 저소득 노인으로서 노인성질환 등으로 요양을 필요로 하는 자	시, 군구 청
실비노인 요양시설	노인을 입소시켜 저렴한 요금으로 급식·요양 기타 일상생활에 필요한 편의를 제공	실비보호대상자로서 노인성질환 등으로 요양을 필요로 하는 65세 이상의 자	〃
유료노인 요양시설	노인을 입소시켜 급식·요양 기타 일상생활에 필요한 편의를 제공하고 이에 소요되는 일체의 비용을 입소한 자로부터 수납하여 운영	노인성질환 등으로 요양을 필요로 하는 60세 이상의 자	〃
노인전문 요양시설	치매·중풍 등 중증의 질환 노인을 입소시켜 무료 또는 저렴한 요금으로 급식·요양 기타 일상생활에 필요한 편의를 제공	생활보장대상 노인 또는 저소득 노인으로서 치매·중풍 등 중증 노인성질환으로 요양을 필요로 하는 자	〃
유료노인 전문요양 시설	치매·중풍 등 중증의 질환 노인을 입소시켜 급식·요양 기타 일상생활에 필요한 편의를 제공하고 이에 소요되는 일체의 비용을 입소한 자로부터 수납하여 운영	치매·중풍 등 중증 노인성질환으로 요양을 필요로 하는 60세 이상의 자	〃
노인전문 병원	주로 노인을 대상으로 의료를 행하는 시설. 의료법에 의한 의료기관을 개설할 수 있는 자(치과의사 및 조산사 제외)에 한하여 시·도지사의 허가를 받아 설치	가. 노인성질환으로 치료 및 요양을 필요로 하는 자 나. 임종을 앞둔 환자	〃

<표 4-8> 노인여가 복지시설

시 설	설 치 목 적		설 치
노인복지 회관	무료 또는 저렴한 요금으로 노인에 대하여 각종 상담에 응하고, 건강의 증진·교양·오락 기타 노인의 복지증진에 필요한 편의를 제공함을 목적으로 하는 시설	60세 이상	시, 군구 청
경로당	지역노인들이 자율적으로 친목도모·취미활동·공동작업장 운영 및 각종 정보교환과 기타 여가활동을 할 수 있도록 하는 장소를 제공함을 목적으로 하는 시설	65세 이상	〃
노인교실	노인들에 대하여 사회활동 참여욕구를 충족시키기 위하여 건전한 취미생활·노인건강유지·소득보장 기타 일상생활과 관련한 학습프로그램을 제공함을 목적으로 하는 시설	60세 이상	〃
노인 휴양소	노인들에 대하여 심신의 휴양과 관련한 위생시설·여가시설 기타 편의시설을 단기간 제공함을 목적으로 하는 시설	60세 이상	〃

<표 4-9> 재가노인복지시설(사업)의 종류

시 설	설 치 목 적	설 치
가정봉사원 파견시설	신체적·정신적 장애로 일상생활을 영위하기 곤란한 노인이 있는 가정에 가정봉사원을 파견하여 노인의 일상생활에 필요한 각종 편의를 제공하여 지역사회 안에서 건전하고 안정된 노후생활을 영위하도록 하는 시설	시, 군구 청
주간보호 시설	부득이한 사유로 가족의 보호를 받을 수 없는 심신이 허약한 노인과 장애노인을 낮 동안 시설에 입소시켜 필요한 각종 편의를 제공하여 이들의 생활안정과 심신기능의 유지·향상을 도모하고, 그 가족의 신체적·정신적 부담을 덜어 주기 위한 시설	
단기보호 시설	부득이한 사유로 가족의 보호를 받을 수 없어 일시적으로 보호가 필요한 심신이 허약한 노인과 장애노인을 시설에 단기간 입소시켜 보호함으로써 노인 및 노인가정의 복지증진을 도모하기 위한 시설	

<표 4-10> 노인보호전문기관

시 설	설 치 목 적	설 치
노인보호 기관	학대받는 노인들을 위한 발견, 상담, 보호를 위한 전문기관	시, 군구 청

이상이 현행 노인복지법에 근거하고 있는 시설들이다. 그리고 시설의 설치, 운영에 관한 기준들을 노인복지법시행령에 근거하고 있다. 누구나 시설을 설치하고 운영할 수는 있다. 그러나 해당하는 기준과 인력을 만족시키지 못한다면 미신고시설이 되며, 미신고시설일 경우에는 시군구 자치단체의 지원을 받을 수 없다.

3) 노인복지시설의 기준

시설규모는 10명 이상이 입소 또는 이용할 수 있는 시설을 갖추어야 한다. 구조 및 설비는 일조, 채광, 환기 등 이용자의 보건위생과 재해방지 등을 충분히 고려하여야 하고, 복도, 화장실, 거실 등 입소자가 통상 이용하는 설비에 대해서는 휠체어 등이 이용가능한 공간을 확보하여야 하며, 문턱제거, 손잡이 시설 부착, 바닥 미끄럼방지 등 노인 활동에 편리한 구조를 갖추어야 하고, 화재 등 비상재해에 대비하기 위하여 소화용 기구를 비치하고 비상구를 설치하여야 한다.

입소자가 건강한 생활을 영위하는 데 도움이 되는 도서관, 스포츠, 레크리에이션시설 등 적정한 문화 체육시설을 부대로 설치하도록 하되, 지역사회와 시설 간의 상호교류 촉진을 통한 사회와의 유대감 증진을 위하여 입소자가 이용하는 데 지장을 주지 않는 범위 안에서 외부에 개방하여 운영할 수 있다. 또한 시설장은 부설 재가노인복지시설을 설치 운영하여 시설의 개방성을 높여 지역사회와의 교류를 증진하고 입소자가 외부사회와의 단절감을 느끼지 아니하도록 하기 위하여 재가노인복지시설을 병설 운영하도록 노력하여야 한다.[139]

---

139) 설비기준은 노인복지법시행규칙 제17조제1항 관련 [별표2] 노인주거복지시설의 시설기준 및 직원배치기준 중 양로시설과 동 시행규칙 제22조제1항 관련[별표4] 노인의료복

시설별 설비시설의 차이는 노인요양시설이 양로시설에 비하여 간호사실, 생활보조원실, 물리치료실을 갖추도록 되어 있고, 양로시설은 체력단련실을 갖추도록 되어 있다.

3. 노인복지시설의 문제점 및 개선점

1) 인력관리의 문제

노인복지시설의 서비스질 향상은 무엇보다도 인력이 중요하다. 현재 한국 노인복지시설의 인력문제는 질적인 면을 논하기 전에 양적인 면에서조차 충족되고 있지 못하기 때문에 심각하며, 이는 곧 직원의 과중한 업무로 인한 서비스질의 하락과 더나아가 시설 운영 자체에도 심각한 영향을 미치는 단계에 와 있다고 해도 과언이 아니다. 직원부족 문제는 모든 노인복지시설의 공통적인 문제이지만 특히 노인전문요양시설은 24시간 근무가 불가피한 생활보조와 치매중풍 등의 재활치료 및 훈련 등을 위해서는 법정기준의 지원이 필요하며, 법정기준에는 있으나 예산지원이 전혀 되고있지 않는 사무원, 영양사, 관리인 등의 지원이 이루어져야 한다(이익균, 2002).

노인복지법 시행규칙에 따라 직원을 배치하도록 규정하고 있으나 법정기준 자체도 미국의 1/3, 일본의 1/2 수준에 불과한 실정이며, 또한 시설운영에 절대 필요한 운전기사, 위험물 및 방화관리자, 작업치료사 등이 법령규정에 누락되어 있는 문제점이 있다.[140]

지시설의 시설기준 및 직원배치기준으로 한다.
140) 이를 개선하기 위해서는 시설입소노인의 안정된 생활과 질적으로 향상된 보호를 위해서는 전문인력을 포함한 직원을 충분히 확보하여야 하며 효과적인 운영을 위하여 노인전문요양시설의 직원배치기준을 제안한다. 시설당 인원 1인 배치를 기준으로 법적으로 정하고 있으며, 50명 추가 시 1인 추가를 기준으로 정하고 있다. 이를 잘 지켜 행하도록 정부의 지원이 필요하다. 생활보조원 경우 1인 2교대로 근무시간의 과중으로 이직률이 높아 적정한 인원 배치가 필요하다.

직원채용의 어려움과 높은 이직률의 예방과 업무의 충실을 위해서는 경제적인 측면이 보장되어야 한다. 현재 노인복지시설의 직원 처우 및 보수는 상당히 미흡한 실정이므로 현실성 있는 상향 조정이 필요하다.

특히 노인전문요양원 입소노인의 경우 식사보조, 대소변처리, 이동, 신변처리, 재활치료 보조 등 생활 전반을 직원에게 의존해야 하는 실정이므로 직원의 신체적 활동량이 많아 건강관리를 위해 쾌적한 근무환경과 충분한 휴식을 제공하도록 하여야 한다. 직원의 다양한 심리욕구를 충족시키기 위한 적절한 프로그램의 개발과 시행이 필요하다(강영순, 2002).

2) 프로그램의 문제

그동안 하드웨어(Hardware)로서 시설증설에 주로 관심을 기울여 왔으나 앞으로는 각종 복지시설과 이용시설에서 활용할 수 있는 프로그램의 개발과 보급을 확대해야 한다. 현재의 사회복지시설은 수용개념의 단순 구호에서 벗어나 클라이언트의 인권이 보장되고 질 높은 서비스를 제공하여야 한다.[141]

노인전문요양시설의 경우 프로그램 진행은 필수적이며 프로그램 진행을 위해서는 무엇보다도 우선되어야 할 점이 생활지도원(사회복지사)의 확보다. 그러나 앞서도 언급한 바와 같이 노인전문요양 시설의 경우 정원 100인 이상의 시설에 한하여 1인을 지원하고 있으므로 현재 운영 중인 20개 노인전문요양시설 중 생활지도원이 있는 시설은 불과 8개 시설에 불과하므로 이는 큰 모순이 아닐 수 없다. 생활지도원은 노인전문요양시설 전 시설에 배치는 물론 입소노인 50인 초과 시마다 1인의 추가 배치가 필요하다. 이는 신체적 정신적으로 의존도가 높은 전문요양 시설에서의 효과적인 프로그램 진행을 위한 최소한의 인원이라 할 수 있다.

프로그램 진행에 있어 소요되는 경비의 지원이 없어 현재는 부족한 시설운영비에

---

141) 노인복지시설은 재정적 취약성과 인력부족 등으로 인하여 프로그램 개발 및 진행에 많은 어려움을 겪고 있는 것이 현실이다. 특히 치매와 중풍 노인들을 보호하는 노인전문요양시설의 경우 치료와 병행하여 잔존능력의 유지가 절대적으로 필요하다(이인수, 1999).

서 충당하거나 공동 모금에 의존하고 있으나 규모가 작은 시설에서는 시설운영비에서 충당하기는 현실적으로 불가능하며 공동모금회의 지원도 단위 프로그램에 대한 지원으로 다양한 프로그램의 개발과 진행에는 어려움이 있으므로 운영비에 있어서 적정한 프로그램에 필요한 경비의 지원이 필요하다.[142]

　　이러한 프로그램 표준화 작업의 경비는 민간사회복지지원단체나 국가가 부담을 하고 한국노인복지시설협회를 중심으로 협의체를 조직해야 할 것이다.

3) 행정상의 문제

　　전문요양시설은 20개 시설에 정원 2,183명, 현원 1,858명으로(2000년1 / 4분기) 평균입소 비율 85%이므로 타 노인복지시설보다는 입소 비율이 비교적 높은 편이나 지역적으로 그 차이는 심해 도시지역의 시설인 경우 90% 이상 정원이 입소한 반면 군 단위 소재의 시설 경우 정원의 약 50~60% 사이의 입소 비율을 보이고 있다. 그러나 입소 지역을 도 단위로 제한하고 있으며 일부 시·군에서는 현재까지도 지방비 부담을 이유로 입소대상자를 시설 소재지 시·군 주민으로 한정하고 있는 상태이므로 이는 타 지역에서도 입소가 가능하도록 법적인 근거 및 명확한 지침이 필요하다.[143]

　　장비의 표준화는 전문요양시설의 경우 타 노인복지시설보다는 월등한 장비보강이 이루어지고 있는 것이 사실이다. 1997년 시설당 5억 원, 1998년 시설당 4억 5천만 원, 1999년과 2000년에는 시설당 4억 원을 지원하고 있으나 개원 당시 일시에 많은

---

142) 시설의 사회적, 지리적 여건이 다르므로 공통된 전문요양시설의 표준프로그램 제작의 어려움이 있지만 치매, 중풍 노인들에게 공통으로 적용할 수 있는 프로그램을 개발하여 표준화된 프로그램을 각 시설에 보급함으로써 생활지도원이 없거나 있어도 양적으로나 질적으로 부족한 시설에서도 보다 용이하게 우수한 프로그램을 입소노인에게 제공할 수 있도록 하여야 하겠다.

143) 신축비 지원은 전문요양시설의 경우 지역적 안배의 고려 때문에 신축면적은 1997년도 시설당 600평, 1998년도 525평, 1999년도 500평, 2000년도의 경우 430평을 지원하였으며 증개축으로는 1997년도 시설당 240평, 1998년도 200평, 2000년도는 200~250평을 지원하였다. 이렇듯 신축 후 다시 증축 지원이 이루어지고 있어 이는 시설로서는 이중의 건축을 하는 것으로 경제적, 효율적으로 상당히 불합리한 것으로 판단된다.

장비를 구입해야 함으로 운영경험이 없는 시설의 경우 장비구입에 여러 가지 어려움을 겪고 있는 것이 사실이다. 그러므로 시설의 규모에 따라 기본적으로 갖추어야 할 장비 내용과 규모를 정하여 표준화된 기본 안내를 규정하여야 효율적인 장비구입과 운영이 될 것으로 본다.

재무관리는 시설이 목표 달성을 위하여 필요한 재정을 합리적이고 계획적으로 동원, 배분하고 효율적으로 사용 관리하는 것을 의미한다. 그러나 시설의 재무관리 과정은 아직도 체계화·전문화되지 못하였을 뿐만 아니라 행정기관의 담당자의 견해에 따라 많은 차이를 보이고 있으므로 예산수립, 예산집행, 결산, 수입과 지출 등 회계진행과 회계감사에 대한 표준화가 필요하다.

또한 사회가 전산화, 정보화로 발전해 가는 과정에 있어서 노인복지시설만 뒤떨어져서는 안 될 것이다. 그러므로 회계와 행정의 표준화와 동시에 시설운영(노인관리, 재산관리, 직원관리 자원봉사자관리 후원자관리 등) 전반에 걸친 전산화 작업이 필요하다.

노인복지시설의 경우 난방문제가 공통된 문제이기는 하나 특히 전문요양원의 특성상 대개의 시설이 바닥면적 전체를 난방하고 있는 관계로 막대한 난방비가 소요되어 운영에 어려움이 많아 전기 및 유류를 농업용 전기, 유류 수준으로 면세 혜택이 필요하다.

무료 전문요양시설에서 실비입소는 정원의 95% 미만인 경우 95%에 달할 때까지 정원의 20% 범위 내에서 입소 가능하도록 하고 있다.

2000년 전국 시설에서 보호받고 있는 실비노인은 167명으로 정원대비 평균 7.6%의 입소비율을 보였다. 이렇게 무료시설에 실비입소노인의 비율이 낮은 이유는 실비노인시설과 생활비가 동일하기 때문에 저소득 가정에서는 입소비용이 경제적으로 부담이 되는 것이 큰 이유이기도 하다. 그러나 생활비 자체를 낮출 경우 시설에서는 실비노인을 보호할 수 없는 실정이므로 입소자와 시설을 동시에 만족시키기 위해서는 현재의 생활비(535,000원)에서 인건비가 차지하는 부분은 국가의 지원이 있어야 하겠다.

제3절　노인복지정책의 발전방향

현행법상에 여러 가지 노인문제를 해결하기 위해서 여러 정책들이 제시됐고 또 현재 제시되는 상태며, 이에 따라 정책에 의한 제도가 수립된 것도 여러 가지가 있다. 그 정책으로는 노인의 소득보장정책, 의료보장정책, 주택정책 등이 있고 현재 노인시설에 대한 관심이 대두되고 있는 실정에 2007년부터 공적 노인수발보장제도가 도입될 예정이며 재가노인복지정책 또한 수립할 예정이다. 2008년 7월 1일부터는 노인장기요양보험제도가 시행된다.

1. 노인복지정책의 개선방향

노인복지정책은 노인문제와 욕구에 대응하는 국가정책으로 네 가지 분야로 분류할 수 있다. 즉 최소한의 생계유지와 상당한 정도의 여유 있는 생활을 할 수 있도록 하는 소득보장정책, 큰 부담 없이 안락한 주택보장정책, 질병에 대한 치료와 간호보호를 경제적 부담 없이 받을 수 있도록 하는 의료보장정책, 신체적 독립과 심리, 사회적 자기발전 욕구를 충족할 수 있는 사회서비스보장정책이 그것이다.

2005년 현재 전 세계 172개국에서 다양한 형태의 사회보장제도를 시행하고 있는데 그중에서 보편적으로 고령화에 대비한 연금관련 제도가 확립되어 있다. 1880년대 독일 비스마르크 시대에 제정되었던 연금제도는 이제 전 지구적으로 보편화한 사회복지정책으로서 고령화에 대비하는 필수 불가결한 사회적 장치로 변모하게 되었다. 일반적으로 노후 생활을 위한 정책으로서 노인복지정책은 소득보장, 주거보장,

보건의료보장 및 사회복지서비스 보장으로 구성되어 있다.[144] 이들 정책의 구성과 내용은 각각의 국가가 가진 특수성에 따라 다르며 정책적·제도적 발달과 전개의 시가와 양상도 다를 수 있다.

한국의 경우 노인복지정책이 1981년 노인복지법의 재정 이래 여러 가지 정책과 제도가 수립되고 그 내용이 착실하게 확장되어 빠른 속도로 발전되어 왔다. 최근에는 고령화 사회에 대비하여 각종 정책과 법제를 정비하고 있으며 2005년 5월 18일 「저출산·고령사회기본법」이 제정되어 2005년 9월 1일 시행되고 있다.

〈표 4-11〉 노인복지 관련 예산 추이

(단위: 억 원, %)

	1995	2000	2001	2002	2003	2004	2005
노인복지관련예산	618	2,809	3,089	3,786	4,011	5,005	3,301
정부예산대비(%)	0.12	0.32	0.31	0.35	0.34	0.42	0.25
보건복지부예산대비	3.12	5.29	4.14	4.89	4.72	5.42	3.82

자료: 보건복지부, 「노인복지 통계」, 노인복지정책과, 2005, p.175.
주): 2005년 예산은 추가경정 미포함된 금액임.

노인복지 관련 예산(2005)은 3,301억 원으로 정부예산 대비 0.25%, 보건복지부 일반 회계예산 대비 3.82%를 차지하고 있다. 10년 전인 1995년에 비해 노인복지관련 예산은 5배 이상 증가하였고, 정부예산 대비비율은 약 2배 정도 증가한 것을 알 수 있다. 즉 고령화에 따른 정부의 노인복지관련 정책과 관련된 예산안은 증가하고 있는 추세이나 정책의 효과성과 노인들의 욕구를 만족한 정책이 시행되고 있는지에 대한 탐색이 요구된다. 따라서 한국의 노인복지정책의 종류와 효과성을 살펴보고자 한다.

---

144) 현외성 외, 「한국 노인복지학 강론」, 유풍출판사, 2005, p.21.

1) 노인소득보장정책

노인의 소득보장정책이 나온 배경은 바로 노인문제가 사회문제로 인식된 그 순간 부터라고 할 수 있다. 즉 노인의 소득보장정책은 노인문제의 해결책으로서, 그 필요에 의해 나온 제도 중 하나라 할 수 있다. 이러한 노인문제는 노년기에 접어들면서 부터 경제적으로 자립할 능력을 상실하게 되고, 건강이 악화되며, 경제·심리적으로 고통을 받고, 사회변화에 부적응하는 등 여러 가지 문제 모두를 총칭하는 개념이라 할 수 있다.[145)]

노령기에 있어서의 적절한 경제적 수입은 계속적 생존을 가능케 할 뿐만 아니라 여가의 문제, 사회적 및 심리적 고립과 소외의 문제 등도 크게 해결할 수 있으며 나아가서는 자존심을 유지시켜 줌으로써 성공적인 노후의 삶을 가능하도록 한다. 노인에 대한 소득보장은 노인빈곤에 대한 사회적 차원의 대책으로서 국가·사회가 노인이 빈곤상태에서 벗어날 수 있도록 최소한의 정기적인 소득을 확보해 주는 활동이다.

노인을 위한 소득보장은 노인의 빈곤에 대한 사회적인 차원의 대책으로서 국가나 사회가 노인들을 빈곤상태에서 벗어날 수 있도록 최소한의 정기적인 소득을 확보해 주는 활동이다. 현대 산업사회에서는 노인 자신이 게으르거나 사리분별의 부족과 같은 성격적인 결함이나 도덕성의 결여 등과 같은 개인적인 과오가 아니라도 누구에게나 피할 수 없는 생물학적인 노화나 노동시장에서의 경쟁력 상실, 정년퇴직이라는 인위적이고 사회적인 제도, 노년기 이전의 불충분한 소득으로 인한 노년기 때의 경제적인 준비부족 등 사회의 여러 가지 제약이나 여건들에 의해서 빈곤에 빠지

---

145) 소득보장정책(所得保障政策): 일정 생활수준을 유지할 수 있도록 소득을 보장하는 정책 이다. 실업·질병·재해에 의해 수입이 중단될 때 또는 노령에 의한 퇴직이나 부양자의 사망 등에 의해 수입이 상실될 때, 출생·사망 등에 수반하는 지출이 발생할 때, 일정 생활수준을 유지할 수 있도록 소득을 보장해 주는 정책이다. 소득보장정책에는 ① 저소득 자에 대하여 보충성의 원리에 입각, 최저생활수준을 보장하는 공적 부조, ② 정형적 급 부를 행하는 사회수당(사회부조), ③ 갹출원칙을 기초로 생활안정을 위해 보험사고 발생 시 일정한 급부를 행하는 사회보험 등 세 가지가 있다.

는 경우가 많아졌다. 그렇기 때문에 사회적인 차원에서 노인의 소득보장을 위한 대책을 계획하는 것은 당연한 것으로서 꼭 필요한 일이라고 하겠다.

한국 노인의 소득보장정책 중 가장 중요한 기능을 수행하는 것은 노령기의 생계를 보장하기 위한 공적 연금제도라 할 수 있다.[146]

소득보장이란 일반적으로 볼 때 젊은이들은 노동에 의해서 소득을 보장받을 수 있지만, 이미 노령에 도달했거나 질병으로 노동력을 상실한 사람들은 생계의 위협을 받지 않을 수 없는 것이다. 따라서 현대 사회에서 제기되는 노인문제는 빈곤에서부터 시작된다고 볼 수 있다.[147]

세계 어느 나라를 막론하고 사회구조가 산업화된 사회에서의 노인들은 가족 구성원에 의해서 그들의 노후생계를 보장받을 수 없음은 이미 알고 있는 현실이다. 그러나 노인들에게 소득보장은 가장 핵심적인 대책이라고 볼 수 있으며, 이는 현대 산업사회로 이행하면서 가족과 별거하는 노인세대가 증가하자 더욱 중시되고 있고, 소득의 상실이 기타 노인문제를 유발하는 요인이기도 하기 때문이다(김태수 외, 1998, p.391).

그러나 한국은 연금 발족의 역사가 일천하기 때문에 현재 이 제도에 의해서 공적 연금을 수급받고 있는 65세 이상 노령층은 전체 노인의 1.5% 정도의 수준이고 공적 부조제도인 생활보호법에 의해서 소득보장을 받고 있는 노인의 비율은 10.0% 내외에 불과하다. 따라서 한국은 공적 연금 및 공적 부조의 기본 틀 자체는 모두 갖추어져 있다고는 하지만 그러한 제도적 조치에 의해서 소득보장을 받고 있는 노령층은 그리 많다고 할 수는 없다.

첫째, 무갹출 노령연금제도의 조속한 실시이다.

한국 연금제도 중 가장 그 규모가 큰 국민연금은 1988년부터 실시되고 있는데, 따라서 이 제도의 발족 초창기에 연금에 가입한 자가 연금수급 연령에 도달하는 시점은 대체로 2010년 전후가 된다. 국민연금제도의 완전 노령연금이 지급되는 2008년에

---

146) 박재황, "저소득층 노인의 생활실태 및 정책방향", 「노인복지정책연구」, 1996년 동계호, (서울: 한국노인문제연구소, 1996), p.107.

147) 소득보장이란 빈곤문제의 발생을 예방하거나 이미 발생한 빈곤문제를 해결하기 위한 사회보장제도의 일부로서 사회보험, 공적 부조, 사회수당의 세 가지 사회보장 방식에 의해 구성된다(정길홍, 1998: p.339).

이르면 60세 이상 노인인구의 9.6% 정도만이 국민연금 수급자가 될 것으로 추계된다. 또한 2020년에는 약 30.0% 그리고 2030년에 이르러서야 약 50.0% 내외의 노인만이 공적 연금제도에 의해서 소득보장을 받을 수 있게 될 것으로 전망된다.[148] 따라서 현재의 노인계층은 국민연금제도의 직접적 혜택을 받지 못하는 실정이다. 일본에서는 1986년 신연금제도 실시 이후 70세 이상의 노인에게 보험료가 면제되는 노령복지연금을 지급하고 있는데 우리나라에서도 이 제도를 도입하여 보험방식에 의해 노령층에 대한 소득보장이 정착될 때까지의 과도기적 조치로서 70세 이상 노인에 대한 무갹출 노령연금이 개발되어야 한다.[149]

오늘날 노인층은 과거 한국이 어려운 사회적 여건하에서 급속한 경제발전과정에 크게 기여하여 왔지만 국민연금을 발족할 당시 이미 노령에 들어섰기 때문에 이 제도를 가입할 기회조차 부여받지 못하였다. 따라서 국가나 사회는 마땅히 이들의 노후생계를 책임져야 할 당위성을 고려해야 하며 이의 방안으로 조세수입을 재원으로 하는 무갹출 노령연금제도의 실시가 조속히 이루어져야 할 것으로 본다.

둘째, 생활보호대상자 노인에 대한 수혜범위의 확대 및 합리적 선정, 보호수준의 보장 등이 필수적이다.

한국에서 현재 공적 부조정책의 일환으로 기초생활보호제도가 있다. 현행 우리나라 기초생활보호대상자의 선정기준이나 지급수준은 미리 국가에서 기초생활보호를 위한 예산을 제한시켜 놓고 그 범위 안에서 대상자 수나 지급수준을 결정하고 있다.[150] 1997년 현재 거택보호 노인에게는 월 13,300원, 시설보호 노인에게는 월 108,000원의 생계비 지원이 이루어지고 있는데 이의 지급대상 범위는 전체 노인의 10.0% 수준에 머물고 있다.[151] 또한 기초생활보호대상자 선정기준이 너무 획일적이어서 지역별, 가

---

148) 박재간 외, "무갹출 노령연금제도의 필요성과 그 도입방안", 「고령화 사회의 위기와 도전」(서울: 나남출판, 1995), pp.445~461.

149) 박편일, "일본의 연금제도에 관한 연구", 「한국사회복지학」, 통권 제13호(서울: 한국사회복지학회, 1989), p.114.

150) 이가옥, "우리나라 노인복지서비스 정책의 현황과 과제", 「노인복지정책개발 대토론회 자료」, 1996.

151) 보건복지부, 전게서, p.191.

구 규모별, 가구 유형별 차이에 따른 최저생계비의 차이를 반영하지 못하고 있다. 이와 같이 극히 제한적이고 비합리적인 방법으로 기초생활보호대상 노인을 선정하기 때문에 상당수의 노인 빈곤인구가 기초생활보호대상자 선정과정에서 누락되고 있으며 비현실적인 지급수준으로 저소득층 노인이 최저생계를 지탱하기 어려운 실정이다.

〈표 4-12〉 생활비수입원, 월수입, 경제상태, 지출비 유형

변 수		취 업	미취업	x^2
생활비수입원	본인 및 배우자소득	219(71.3)	88(28.7)	66.25*** (df=6)
	연 금	29(46.0)	34(54.0)	
	자녀보조	56(39.2)	87(60.8)	
	국가보조	2(20.0)	8(80.0)	
	퇴직금 및 실업급여	2(22.2)	7(77.8)	
	부동산임대료	4(22.2)	14(77.8)	
	친인척도움	6(60.0)	4(40.0)	
월수입	50만 원 미만	80(45.5)	96(54.5)	22.14*** (df=2)
	50~100만 원 미만	150(61.2)	95(38.8)	
	100~150만 원 미만	43(70.5)	18(29.5)	
	150~200만 원 미만	23(50.0)	23(50.0)	
	200만 원 이상	22(78.6)	6(21.4)	
경제상태	하	107(52.7)	96(47.3)	4.88 (df=2)
	중	165(57.1)	124(42.9)	
	상	45(68.2)	21(31.8)	
지출비 유형	본인 및 배우자생활비	221(60.1)	147(39.9)	5.57 (df=4)
	경조비 및 친목회비	51(52.6)	46(47.4)	
	약값 및 의료비	39(47.0)	44(53.0)	
	손자녀 용돈	4(57.1)	3(42.9)	
	기 타	3(60.0)	2(40.0)	

자료: 김대회(2008), 고령자 취업활성화 방안에 관한 연구, 선문대학교 대학원 박사학위논문, p.86.

이의 정책적 대안으로 기초생활보호대상자 노인에 대한 수혜범위의 확대, 기초생활보호대상자의 합리적 선정 및 현실적인 보호수준의 보장 등이 필수적이다. 현재 기초생활보호대상 노인은 전체 노인의 약 10% 내외인데 경제적 어려움을 겪고 있는 저소득층 노인을 고려하여 이를 전체 노인의 25% 내지 30.0%까지 확대하여야 한다. 기초생활보호대상자의 합리적 선정을 위해 최저생계비를 바탕으로 한 적절한 자산기준을 설정하고 전문인력에 의한 자산조사를 실시하여야 한다. 또한 근로능력이 없는 거택보호대상자 노인에게는 연차적으로 보호수준을 향상시켜 다가오는 21세기에는 최저생계비가 보장되는 수준으로 급부액을 인상하여야 할 것이다.

셋째, 노령수당제도의 수혜급여 확대와 수혜연령의 하향, 지급대상의 범위를 전체 노인에게 확대 실시해야 한다.

현행 노령수당제도는 65세 이상 생활보호대상 노인에게 일정액을 지급하고 있지만 여전히 연령제한과 낮은 급여수준이 문제로 남아 있다. 1996년의 경우 70세에서 79세 생활보호대상자 17만 4천 명에게 월 3만 원을 지급하며 80세 이상 거택보호 및 시설보호대상자 1만 9천 명에게는 월 5만 원씩을 지급하여 왔다. 1997년부터는 65세에서 79세의 경우 1인당 월 3만 5천 원씩을 80세 이상의 경우 월 5만 원씩을 지급하고 있다.[152] 이와 같이 노령수당의 범위 및 지급액수가 확대되고 있기는 하지만 한국 저소득층 노인이 많은 현실을 감안할 때 아직도 노령수당제도의 실질적 혜택수준은 미약하다. 현행 노령수당제도에서는 수혜범위를 70세에서 65세로 하향 조정되었지만 60세에서 64세의 노인은 제외시키고 있다. 또한 노령수당의 혜택은 기초생활보호대상자에게만 한정하고 있어서 많은 수의 노인을 배제하고 있다. 따라서 노령수당제도 지급대상의 범위를 실제적으로 최저생계비 이하의 생활을 하고 있는 전체 저소득층 노인에게로 확대하여야 한다. 또한 급여수준을 점차로 상향 조정하여 나아감으로써 노령수당제도가 노인의 기초 소득보장을 확보해 주는 노후 소득보장의 주요 제도가 될 수 있도록 발전시켜야 할 것이다.

노인들은 사회보장제도의 중추적 기능을 수행하는 국민연금에서도 외면당하고 있

---

152) 보건복지부, 전게서, pp.279~280.

고, 핵가족화 현상으로 인해 자녀들로부터 제대로 생계지원도 받지 못하여 극심한 생활고에 시달리는 비율이 전체 노인의 40.0%선을 상회하고 있다(박재간, 1999).[153]

　노령기에 있어서의 적절한 경제적 수입은 계속적 생존을 가능케 할 뿐만 아니라 여가의 문제, 사회적 및 심리적 고립과 소외의 문제 등도 크게 해결할 수 있으며 나아가서는 자존심을 유지시켜 줌으로써 성공적인 노후의 삶을 가능하도록 한다. 노인에 대한 소득보장은 노인빈곤에 대한 사회적 차원의 대책으로서 국가·사회가 노인이 빈곤상태에서 벗어날 수 있도록 최소한의 정기적인 소득을 확보해 주는 활동이다. 소득보장정책은 직접적 소득보장과 간접적 소득보장으로 나뉜다.

(1) 직접적 소득보장

　직접적 소득보장에는 첫째 사회보험 및 특수직 연금인 공무원연금(1960), 군인연금(1963), 사립학교교직원연금(1975), 국민연금(1988)이다. 둘째 공적 부조 및 생활보호(1961), 노령수당(1989), 노인결연사업(1991), 경로연금(1998)이다. 셋째 사회수당 및 노부모부양수당(1986)이다. 넷째 개인보장 및 퇴직금(1953), 개인연금신탁 등이다.

(2) 간접적 소득보장

　간접적 소득보장에는 첫째 경로우대 및 공공시설요금할인(1980), 버스승차권지급(1990)이다. 둘째 고용대책 및 노인능력은행(1981), 고령자취업알선센터(1992)이다. 셋째 생업지원 및 매점설치우선권(1989)이다. 넷째 세제혜택 및 상속제 공제(1986), 소득세 공제(1986)이다.

　정부는 1998년 생활보호사업을 통하여 거택보호 노인들에게는 월 16만 2천 원과 입소시설 노인들에게는 월 12만 5천 원의 생계보조비를 지급하고, 이에 경로연금을

---

153) 그리고 한국의 국가예산 중 노인복지부문이 차지하는 비중은 겨우 0.15%(1996년 846억 원)에 불과하며, 복지선진국의 노인복지 예산이 평균 15~20%인 것에 비하면 1/100 정도에 불과한 수치이다. 이대로 노인세대들에 대한 사회적인 대비책을 외면한 채 현실을 방치한다면 노인문제는 치유불능의 심각한 사회문제가 될 것이다.

합쳐 월 20만 2천 원에서 21만 2천 원 정도의 생활비를 지급하였다. 이러한 지급
수준은 노쇠한 노인의 한 달 생활비로는 너무나 부족한 지원이다.

<표 4-13> 경제적인 상황

변 인		빈 도	백분율
주택소유	본인(배우자)소유	386	69.1
	자녀소유	52	9.3
	전 세	85	15.2
	월 세	28	5.0
	기 타	8	1.4
수입원	본인 및 배우자소득	307	54.8
	연 금	63	11.3
	자녀보조	143	25.5
	국가보조	10	1.8
	퇴직금 및 실업급여	9	1.6
	부동산임대료	18	3.2
	기 타	10	1.8
월수입	50만 원 미만	176	31.7
	50~100만 원 미만	245	44.1
	100~150만 원 미만	61	11.0
	150~200만 원 미만	46	8.3
	200만 원 이상	28	5.0
경제상태1)	하	203	36.4
	중	289	51.8
	상	66	11.8
지출비	본인생활비	368	65.7
	경조비 및 친목회비	97	17.3
	약값 및 의료비	83	14.8
	손자녀 용돈	7	1.3
	기 타	5	0.9

자료: 김대희(2008), 고령자 취업활성화 방안에 관한 연구, 선문대학교 대학원 박사학위논문, p.64.
주) 매우 나쁘다·나쁘다=하, 보통이다=중, 좋은 편이다·매우 좋다=상으로 명명

소득보장정책에 대하여 노인들에게 일정한 경제적 소득보장이 이루어지지 않으면 생계와 질병을 해결하기가 매우 어려워진다. 노후의 소득보장에 대한 국가적인 안전장치는 국민연금이 가장 기본이 될 것이다.

노인이 인간다운 생활을 영위하기 위해서는 의식주의 욕구, 건강보호의 욕구 및 문화적 욕구를 기본적으로 충족시킬 수 있는 경제적 수입이 필요하며, 특히 노인들은 노화현상으로 인해 각종 비용이 추가되므로 노인복지에서 경제적 요인은 매우 중요한 의미를 지닌다. 따라서 노인의 소득보장은 노인복지에 있어서 가장 중요한 분야라 할 수 있다.

실업·질병·재해에 의해 수입이 중단될 때 또는 노령에 의한 퇴직이나 부양자의 사망 등에 의해 수입이 중단될 때 또는 노령에 의한 퇴직이나 부양자의 사망 등에 의해 수입이 상실될 때, 출생·사망 등에 수반하는 지출이 발생할 때, 일정 생활소득을 보장해 주는 정책이다.

소득보장정책에는 저소득자에 대하여 보충성의 원리에 입각해 최저생활수준을 보장하는 공적 부조, 정형적 급부를 행하는 사회수당(사회부조), 갹출원칙을 기초로 생활안정을 위해 보험사고 발생 시 일정한 급부를 행하는 사회보험 등 세 가지가 있다.[154]

---

154) 소득보장제도의 문제점은 첫째, 한국의 국민연금은 1988년부터 실시되고 있기 때문에 초창기에 가입한 자가 연금 수급연령에 도달하는 것은 2010년경이 된다. 둘째, 생활보호법에 의해 운영되는 생활보호의 방법 및 내용이 비현실적이며 보호대상자의 선정이 형식적이다. 셋째, 저소득 노인의 기본적 생활보장을 위한 노령수당이 1991년 1월부터 70세 이상의 거택보호자 중 월 1만 원씩 지급해 온 노령수당은 1996년 현재 70~79세인 생활보호대상자 노인(15만 5천 명)에게 월 3만 원씩, 80세 이상 거택 및 시설보호대상인 노인(1만 9천 명)에게 월 5만 원씩 지급하고 있는 노령수당을 1997년에는 월 3만 5천 원, 5만 원으로 각각 인상하여 지급할 계획으로 노후를 준비하지 못한 노인에게 소득혜택을 주고 있으나 생활보장으로는 비현실적이다(보건복지부, 전게서, pp.279-280). 넷째, 경제적·신체적·정신적 장애로 말미암아 복지시설의 입소가 필요한 노인들은 증가하고 있지만 이들을 수용할 노인복지시설이 부족한 형편이다.

<표 4-14> 노인의 소득보장제도

직접적인 소득보장제도		간접적인 소득보장제도	
방 법	프로그램	방 법	프로그램
사회보험	공무원연금(1980) 군인연금(1983) 사립학교교직원연금(1975) 공무원연금(1988)	비용할인	공영시설 이용요금 할인(1980) 버스 승차권 지급(1990)
공공부조	생활보호(1981)가 국민기초생활 (1999)로 변경 노령연금(1981)이 경로연금(1997) 으로 변경 노인결연사업(1989)	취업증진	노인능력은행(1981) 노인공동작업장(1988) 노인취업알선센터(1992)
사회수당	노부모보양수당(1988)	생업지원	매점설치 우선지원(1989) 전매품 판매원 우선 지원(1989)
개인보장	퇴직금(1953) 개인연금신탁 등	세제혜택	상속세 공제(1988) 소득세 공제(1988)

자료: 권육상(200), 「최신 노인복지론」, 서울: 유풍출판사, p.212.

즉 노인에 대한 소득보장은 노인빈곤에 대한 사회적 차원의 대책으로서 국가사회가 노인이 빈곤상태를 벗어날 수 있도록 최소한의 정기적 소득을 확보해 주는 활동이다.[155] 첫 번째 문제점은 1995년에 70세 이상의 거택, 시설, 자활보호대상자에게 1인당 월 2만 원(단, 80세 이상 거택, 시설보호대상자에게는 월 5만 원)을 노령수당으로 지급하고 있으나, 그 대상이 기초생활보호대상자에 한정되어 있고 수준도 지나치게 낮다. 두 번째로 정책의 기본방향은 노인의 기본욕구에 따른 노인소득보장 급여, 국가 경제력에 따른 노인소득보장 급여수준의 적정화, 세대 간의 형평성을 유지하는 노인소득보장, 사회변동과 인구변화에 따른 노인소득보장정책, 단계별 통합 노인소득보장정책의 구축, 노인소득보장정책 주체의 역할분담에 둔다. 세 번째로 정책과제는 노인소득보장정책의 성패 여부는 노인 자신은 물론 일반국민과 정책결정

---

155) 한국의 노인복지제도로서 소득보장의 방법은 공적 연금인 사회보험으로 국민연금제도와 3개의 특수직 연금제도가 있고 공적 부조는 생활보호가 있으며 사적 보험으로 퇴직금제도 그리고 간접보조의 일종인 경로우대제도, 노인고용제도도 있다.

관계자들의 인식의 획기적인 전환에 달려 있다. 노인소득보장은 세대 간의 형평성을 유지하고, 사회정의의 이념에 부합되며, 윤리적 가치판단과 사회복지의 기본이념에 적합한 조치이기 때문이다.

노인소득보장정책을 구체화시킬 수 있는 재원확보방안이 수립되어야 한다. 생활보호사업의 급여수준 향상, 노령수당 지급비용, 노령연금 급여에 필요한 비용의 확보방안이 시급히 강구되어야 한다.

기존의 연금제도, 생활보호사업, 노령수당은 물론 노령연금제도를 통합하여 노인의 빈곤문제를 효과적으로 해결할 수 있는 제도의 정비를 단계적으로 수행하여야 한다. 기존의 공적 연금 관련 행정조직체계를 통합하거나 이를 노인소득보장이라는 차원에서 연계시켜 조정하는 행정기구와 생활보호사업 및 의료보호사업 등 노인빈곤 해소대책과 연결되는 행정기구 및 협의체의 설치가 요구된다.

2) 노인의 주택보장정책

노년기에 사회활동이 줄어들고 가정에서 보내는 시간이 늘어나게 됨으로써 주택이 생활의 중심지가 되고 있다. 이와 같이 주택의 중요도가 높아짐에도 불구하고 노인은 빈곤하기 때문에 주택을 마련하거나 유지 또는 보수 및 수리하는 데 필요한 비용을 감당하기 어렵다. 이러한 비용의 충당을 위해서도 정부의 도움이 필요하게 된다. 그러므로 노인들을 위한 주택 공급 혹은 주택금융프로그램이 필요한 것이다. 하지만 현재 한국에서는 뚜렷한 주택공급 혹은 주택금융프로그램이 없는 실정이다.

주택보장정책은 크게 두 종류로 나누어진다. 첫 번째, 재가노인 주택보장 그리고 두 번째, 시설거주 노인 주택보장이다

노인에게 있어서 안락한 주택을 갖고자 하는 욕구는 적절한 소득을 유지하고 건강상의 문제가 발생했을 때 의료적 보호를 받고자 하는 욕구와 더불어 노인의 기본적인 욕구 중의 하나이다.[156] 특히 노인에게 있어서는 일상생활의 활동범위 또는 생

---

156) 장인협·최성재, 전게서, pp.287-288.

활의 주된 공간이 가정을 중심으로 축소되기 때문에 주택 내에 머무는 시간대는 타 연령층에 비해서 길다. 따라서 주거환경이 좋지 못하면 그만큼 주거에 대한 불편은 증대된다.[157]

주거의 형태와 위치 그리고 공간의 배치 등은 노인의 독립성, 프라이버시, 사회활동에의 참여 또는 노인복지서비스에의 접근 등에 영향을 미치며 나아가서는 노후생활의 전반적인 만족도에 영향을 미치는 중요한 요인으로 작용한다. 그러므로 노인에 대한 주택보장은 그들의 주택욕구를 충족시키는 수단이 된다.[158] 더욱이 우리나라는 최근 급격한 물가수준의 상승과 함께 주택가 및 주택임대료 등 주거비가 상승추세에 있으므로 주거비를 비롯하여 주택소요 경비는 노인에게 상당한 경제적 부담이 되고 있다. 이러한 점을 개선하기 위하여서는 다음과 같은 전략적 정책이 필요하다.

첫째, 노인들을 위한 주택자금 저리융자 등 금융 측면의 지원과 주택수당 또는 주거비 보조 등 현금지원의 확대 등이 필요하다. 또한 저소득층의 노인을 위한 주택부조를 공적 부조에 포함시키는 방안도 고려될 수 있다. 현재 한국의 공적 부조는 다만 식료품비 및 광열비만 포함시키고 있고 주택비용은 전혀 고려되고 있지 않는 실정이다. 따라서 주택부조를 공적 부조에 포함한다면 저소득층 노인들의 최저한의 생활보장 내지 생계보장에 도움이 될 수 있을 것이다. 또한 노인들을 위한 주택을 설립하여 이를 우선적으로 공급하고 노인의 독신가구 및 부부가구에 대해 주택을 무료 또는 실비로 임대해 주는 정책이 필요하며 이때 가구의 경제 상태와 능력에 따라 차별적으로 임대료를 받는 방안이 제시된다.

둘째, 실비노인주택에 관한 구체적인 법령 및 시행령의 마련과 실시이다. 현재 저

---

157) 주택보장이란 개인 자신의 독립성을 유지하면서 안전하고 안락한 일상생활을 유지할 수 있는 공간을 확보하고 유지할 수 있도록 주택의 건설과 공급 그리고 이에 관련되는 서비스를 통해 지원하여 주는 제반 사회적인 노력을 의미한다. 따라서 노인주택보장은 노화에 따른 신체적·심리적·사회적·경제적 특성을 감안한 구조의 주택건설과 기존 주택의 개조 그리고 제반 사회적 지원을 통하여 지역사회와 교류하면서 안전하고 안락한 일상생활을 유지할 수 있는 공간을 확보하여 노인이 건강하고 자립을 유지할 수 있도록 하는 사회적인 제반 노력이라고 규정할 수 있다.

158) 최순남, 「현대사회와 노인복지」(서울: 홍익재, 1989), p.153.

소득층 노인 주거시설과 관련하여 실비노인주택에 관한 사항을 두고 있다. 실비노인주택은 생활보호법에 의한 보호대상자가 아닌 사람들 중 소득과 재산이 보건복지부장관이 정하는 기준 이하의 노인으로서 단독취사 등 스스로 일상생활을 하는 데 지장이 없는 자에게 단독주택 또는 아파트를 저렴한 요금으로 주거의 편의를 제공해 줄 것을 목적으로 하고 있다. 또한 이러한 주택은 국가 또는 지방자치단체가 직접 투자해서 설립하거나 사회복지법인 기타 비영리법인이 설치할 경우 지방자치단체의 허가를 받도록 규정하고 있다. 그러나 현행 노인복지법에서는 실비노인복지주택을 건설한다는 규정만 있을 뿐 이것을 건설하기 위해서 필요로 하는 구체적인 법령이나 시행령은 전혀 마련되어 있지 못하다. 따라서 현실적으로 이는 사문화된 법 조항이나 다름없다. 현행법상 규정된 실비노인복지주택을 활성화하기 위한 정책적 고려가 시급하다. 따라서 이러한 주택을 건설하기 위해서는 그 재원확보와 관련된 사항이 법적으로 규정되어야 하고 주택건설비 중 입주자에게는 어느 정도의 부담을 시킬 것인지 입주자와 자격기준은 어떻게 정할 것인지 사회복지법인 또는 기타 비영리법인이 이러한 주택을 건설할 경우 국가 또는 지방자치단체는 주택건설자에게 어느 정도의 보조금을 지불할 것인지 등이 법 또는 시행령으로 규정되어 있어야 한다.[159]

셋째는 노인과 제3세대가 연계할 수 있는 다양한 모델을 개발하는 것이다. 노인의 가족형태의 다양화를 인정하면서도 주택공급 사정, 우리 가족제도의 전통적인 장점 등을 고려하여 정책적으로 제3세대가 동거하면서 노인세대와 자녀세대가 독립성을 유지할 수 있는 주택구조를 개발하고 이를 선호할 수 있도록 인센티브가 주어지는 방안과 함께 단독세대를 선호하는 노인들에게는 같은 아파트인 경우 한 동을 완전히 노인용으로 하도록 하여 확대가족적인 성격을 가지게 하는 전통적인 대가족 제도의 장점을 살릴 수 있는 모델을 개발하여 시행하는 것도 바람직할 것이다.

노인인구는 계속 증가되고 핵가족화에 따라 자녀들과 별거하는 노인들도 더욱 많아질 것으로 예상된다. 따라서 허약한 노인들이 살기에 편안한 저렴한 가격의 노인

---

159) 박재황, "저소득층 노인의 생활실태 및 정책방향", 「노인복지정책연구」, 1996년 동계호 (서울: 한국 노인문제 연구소, 1996), pp.116~117.

주택에 대한 욕구가 증가하리라고 본다. 정부는 노인들이 자녀들과 같이 살기에 편리한 3세대 동거주택이나, 노인들이 자녀들 가까이에서 독립적으로 살 수 있는 노인전용주택, 노인보호주택 등의 개발을 위한 주택정책을 추진해 나가야 할 것이다. 지금까지 노인부양에 관한 문제가 거의 가족책임으로 여겨졌고 더욱이 시설에 노인이 입소하는 일은 노인과 부양자의 체면과 효의 문제에 걸려 있어 선뜻 실행하기 어려운 지경이었다.

이제부터 서서히 노인을 위한 정부와 민간 차원의 시설이 건설되고 있지만 민간기업의 주거는 입주가격이 높아 웬만한 중산층에서도 쉽사리 결정하기가 어려운 형편이다. 그러므로 실질적인 노인의 주거보장정책이 필요하다.

국가경제의 성장과 평균수명의 연장 등으로 인해 노인인구가 증가함에 따라 늘어나는 노인복지 욕구에 부응하기 위하여 저소득 노인에 대한 기초생활보장과 노인건강관리 강화, 재가노인복지서비스 확충, 건강한 노인의 사회참여 확충 및 노후생활의 질 향상, 경로사상 고양 및 경로우대 확대 등을 위한 노인복지정책을 수립하여 추진하고 있다.

노인복지법상의 노인관련 시설은 크게 노인주거복지시설과 노인의료복지시설, 노인여가복지시설, 재가노인복지시설 등으로 구분되며, 노인주거복지시설은 다시 양로시설, 실비양로시설, 유료양로시설, 실비노인복지주택, 유료노인복지주택 등으로 분류된다.

여기서 주택보장정책은 재가 주택보장과 시설거주 노인주택보장 두 종류로 나눌 수 있다. 노년기에 사회활동이 줄어들고 가정에서 보내는 시간이 늘어나게 됨으로써 주택이 생활의 중심이 되면서 주택의 중요도가 높아지고 있다. 그러나 이러한 중요도에도 불구하고 노인은 빈곤하기 때문에 주택을 마련하거나 유지 또는 보수 및 수리하는 데 필요한 비용을 감당하기 어렵다. 이러한 비용의 충당을 위해서도 정부의 도움이 필요하게 되고 이것들을 위해서 노인들을 위한 주택공급 혹은 주택금융프로그램이 필요한 것이다. 그러나 현재 한국에서는 뚜렷한 주택공급 혹은 주택금융프로그램이 없는 실정으로 노인을 위한 주거보장은 사실상 전무한 상태이다.

주택보장제도의 문제점을 살펴보면 첫째, 노인을 위한 주택계획이 없으며 주택정책이 핵가족화를 조장하여 왔으므로 노부모를 모시고 싶어도 주택사정이 허락하지 않아 모시지 못하는 경우가 많다. 노인들은 신체적·정서적·심리적 독특한 성격을 갖고 있으나 노인생활에 적합한 주택구조의 개발이 없는 실정이다. 둘째, 무의무탁한 저소득 노인의 주거보장을 위하여 1995년부터 생활보호 노인 4~5인이 1개 주택에서 공동으로 생활하게 하는 '노인의 집'에 대한 지원이 개소당 2500~4000만 원을 지급하고 있으며 1995년도 40개소, 1996년도 384개의 '노인의 집' 설치 자금이 지원되고 있으나 이것은 너무나 미약하다고 할 수 있다(보건복지부, 전게서, p.279). 셋째, 현행 노인복지법 8조에 지원하겠다고 약속한 실비노인주택에 관한 법령이 규정만 있을 뿐 이를 시행하기 위한 구체적인 법령이나 시행령이 마련되지 못하고 있다. 넷째, 노인들을 위한 주택을 구입, 유지할 수 있는 경제적 지원이 전무하다. 주택가의 급격한 상승과 아울러 주택을 해마다 관리, 수리, 개량하는 데 들어가는 비용과 재산세 납부 등 경제적 부담이 크다. 또한 노인가구의 열악한 주거환경과 주택 편익시설의 부족으로 노인들의 생활에 어려움이 따른다.

3) 노인의 의료보장정책

한국의 의료기술발달, 공중보건과 생활수준의 향상 등으로 사망률이 크게 저하되어 평균수명이 늘어나면서 노후의 여생이 길어지고 있다. 또한 노년기에 있어서는 노화에 따른 신체적 기능의 지속적 저하로 인해 대부분의 노인들이 어느 시점에서부터는 건강상태가 악화되어 각종 질병에 걸리게 마련이고 따라서 노인 자신만으로는 일상생활을 유지해 나갈 수 없으며, 노인환자는 집중적 치료를 요하지는 않으나 장기간의 요양과 간호를 요하는 경우가 많아 노인인구 복지대책 중 가장 기본적인 것으로 노인들의 건강문제를 들 수 있다.[160]

160) 보험료 납부능력이 없는 특정집단, 주로 도시·농어촌의 저소득 빈민층을 대상으로 하는 의료보장제도이다. 개인적인 보험료 납부가 없으며 병원이용 비용의 전액 또는 일부를 국가와 지방정부가 담당한다는 점에서 보험료 납부능력이 있는 국민을 대상으로 한 의료보험제도와 다르다. 의료보호제도는 1961년에 제정된 생활보호사업의 일환으로 생활보호대상자에게 국공립의료기관의 무료 진료증을 발부하여 진료를 받게 하는 등 사

한국의 노인보건의료정책의 법적 근거는 1981년 6월 「노인복지법」으로 두 번 개정되어 이 법을 근거로 소득보장, 건강검진, 노인주거 및 요양시설, 재가복지서비스, 경로우대 등 노인복지와 관련하여 노인보건의료정책을 추진하고 있다.

노년기에는 다른 어느 연령층보다 보건의료서비스를 필요로 한다. 우리나라 노인의 가장 큰 보건의료 문제는 날로 증가하는 의료비와 간병비 조달이다. 치매, 중풍, 당뇨, 관절염 등과 같은 퇴행성 만성질환을 가진 저소득층 노인들은 치료비, 간병비, 약값을 감당하지 못하고 있다.[161]

노인의료보장정책에는 일반 의료보험, 공무원 및 사립학교 교직원 의료보험, 의료보호, 노인건강진단 등이 있다. 노인보건의료정책에서의 문제점은 의료보험의 적용에 있어서 대상에 따른 다양한 정책이 부재하다는 점이다. 노인은 수술이라든지 기타 중병에 걸리기 쉽고 만성질환율이 높기 때문에 의료비 지출이 상당히 부담스럽다. 그러므로 노인에게는 의료비에 대한 할인혜택이라든지 보험상의 제도적 장치가 마련되어야 할 것이다.

업을 진행하다가, 1977년 12월에 의료보호법이 별도로 제정되어 현재의 틀을 갖추게 되었다. 현재 의료보호대상자는 2가지 유형으로 구분되어 있다. 첫째, 거택보호자와 시설보호자(1종 보호자)로 근로능력이 없고 주로 정부가 선정하는 극빈자와 양로원 등에 수용된 계층이다. 둘째, 자활보호자(2종 보호자)는 근로능력은 있으나 생활이 어려운 계층을 말한다. 의료보호대상자는 보호기관이 대상자로 책정한 날로부터 당해 연도 12월 31일까지 그 자격이 유지된다. 1종 보호자는 외래와 입원 모두 무료이나, 2종 보호자는 외래일 경우 1,500원을 부담하고 입원할 경우 진료비의 20%를 본인이 부담한다. 이때 본인 부담금이 10만 원을 초과할 경우 초과한 금액에 대해 본인이 신청하면 정부에서 대불해 주며 그 대불금액은 일정기간 경과 후에 무이자로 분할상환토록 하고 있다. 한편, 의료보호의 일종인 의료부조는 외래의 경우 진료비의 2/3를 본인이 부담해야 하고 입원진료의 경우는 대도시 50%, 중소도시 이하 40%를 본인이 부담한다.

161) 「노인복지법」 제27조에 의하면 "65세 이상 노인에 대하여 건강진단 보건교육을 실시할 수 있다."고 규정하고 있으며, 1차 검진 이후 이상이 발견된 노인에 대해 2차 검진을 실시하고, 필요한 치료 및 교육을 실시하고 있다. 그러나 현행 노인건강진단제도는 시, 군, 구 관할 구역 내 거주하는 65세 이상 생활보호대상 노인 중 노인건강진단 희망자로 제한하고 있기 때문에 공적 부조의 성격을 지니고 있다고 할 수 있다(정길홍, 1998: p.42.).

(1) 노인의료보장의 중요성 및 필요성

한국의 노령화 속도가 선진국보다 빠르기 때문에 노인에 관한 대책 마련이 노령화 속도를 따라갈 수 없다는 딜레마에 직면하고 있다. 이러한 속도에 걸맞게 100세 이상의 장수인의 숫자도 더욱 빠른 속도로 늘어나고 있다. 의료보장은 현대 복지국가 사회보장의 중심적 프로그램 중 하나로서 국민 개개인이 하나의 시민으로서 신체적, 정신적으로 건강한 생활을 유지할 수 있도록 국가가 개입하여 보장해 주는 제도이다. 노년기에는 특히 건강과 의료에 관한 사항이 중요하며 인간의 수명연장과 관련하여 해결해야 할 과제 중에 건강과 관련한 과제가 시급하다.

노인의료보장의 필요성을 몇 가지로 나누어 살펴볼 수 있다.

첫째, 사회적으로 건강한 국민을 가지기 위해서 국민의 건강보호를 국가가 책임져야 한다.

그러므로 노인의 보건 및 의료정책은 노인의 삶의 질과 수명에 직접적으로 영향을 주며 노인의 건강보호를 위한 서비스이다.

둘째, 노년기의 빈번한 질병, 예기치 않은 치매, 중풍 등 장기의 요양보호를 필요로 한 경우 고액의 의료비 부담을 개인적 차원에서 해결하기란 거의 불가능하다.

셋째, 질병에 대한 의료비 부담을 사적이고 상업적 보험으로만 해결하려는 시도는 경제적 능력이 있는 일부 노인인구에게만 가능하다.

넷째, 노인의 건강유지는 생활의 만족감을 향상시켜 주고 가족집단, 친족 및 근린집단, 지역사회, 나아가서는 국가사회 전체로의 통합을 촉진시켜 줄 수 있다.

다섯째, 노년기의 질병 경험은 누구에게나 올 수 있는 보편적인 현상이다.

(2) 노인의 보건문제

건강은 노인들에게 가장 큰 관심사이며 걱정거리이다. 그것은 노년기에 생활만족을 결정하는 가장 중요한 변수이기 때문이다. 건강이 노인의 삶의 질을 좌우하는 가장 중요한 요소임에도 한국 정책에 있어서 노인의 의료복지 욕구는 별다른 관심을 받지 못하고 있다. 그러나 노인은 다른 연령계층과 구별되는 특징적 의료욕구를 가지고 있고, 인구의 고령화가 빠른 속도로 진행되고 있기 때문에 지금부터라도 노인의료보장문제를 이해하고 대응책을 마련하는 일이 시급히 추진되어야 할 것이다.

노인의료보장방법에는 강제 가입으로 공영보험의 성격을 띠는 사회보험으로서의 의료보험제도와 생활이 곤란한 자에게 치료와 요양을 제공해 주는 의료부조제도 그리고 치료비용의 전부 또는 대부분을 공비로 부담하고 치료와 예방까지 제공하는 공공보건서비스제도가 있다(김태수 외, 1998: p.393). 한국의 경우 노인의료보장제도는 의료보험과 의료보호제도가 시행되고 있으며, 부가적으로 질병의 조기 발견과 치료로 건강의 유지와 증진을 통해 노인복지를 향상시키기 위하여 일정 연도마다 실시하고 있는 노인건강진단제도가 마련되어 있다.

노인들의 건강상태는 개인에 따라 많은 차이를 보이고 있다. 어떤 사람은 사망할 때까지 건강한 생활을 유지하는가 하면 어떤 사람은 노인기의 대부분을 질병과 함께 싸우며 살아가는 예도 있다. 그러나 노인은 노령화의 과정에서 건강 및 의료문제를 모두가 부딪힐 수 있는 공통의 위험부담으로 안고 살아가고 있다. 그러므로 노인복지에서 가장 중요하게 취급하여야 할 문제가 곧 노인의료문제이다. 이미 언급된 바와 같이 건강문제는 사회적 요인들과 밀접히 관계되어 있다. 즉 생활 정도, 교육 정도, 그 나라의 공중보건발전 정도 등은 노인의 건강에 지대한 영향을 주므로 노인복지에서 이러한 요인을 감안하지 않을 수 없다. 또한 노인에게서는 신체적 질병과 정신적 질병이 밀접한 연관성을 지니고 있음을 볼 수 있다. 노인복지에서 의료프로그램을 작성할 때 이 사실을 고려하여야 한다.

노인들의 신체 건강문제는 주로 기능이라는 차원에서 검토하는 것이 바람직하다. 젊은 계층과는 대조적으로 노인들의 질병은 만성적이고 지체부자유적이며 복합적인 성격을 갖고 있다. 노인들이 병원을 방문하는 빈도는 미국의 경우 젊은이의 세 배이고, 입원 기간은 젊은이의 두 배라고 보고되었다. 노인층에서 신경증적 장애는 증가하지 않으나 정신증적 장애는 확실히 증가하고 있다.[162]

---

162) 노인의료보장방법에는 강제 가입으로 공영보험의 성격을 띠는 사회보험으로서의 의료보험제도와 생활이 곤란한 자에게 치료와 요양을 제공해 주는 의료부조제도 그리고 치

(3) 의료보장의 문제

의료보장의 방법은 현금과 현물지급이 있다. 현금지급은 의료비를 지급(의료보험과 의료보호)하고 현물지급은 의료서비스를 제공하는 것으로 구분한다.

노인의료보장정책에는 일반 의료보험, 공무원 및 사립학교 교직원 의료보험, 의료보호, 노인건강진단 등이 있다. 노인의 보건의료정책에서의 문제점은 의료보험의 적용에 있어서 대상에 따른 다양한 정책이 부재하다는 점이다. 노인은 수술이라든지 기타 중병에 걸리기 쉽고 만성질환율이 높기 때문에 의료비 지출이 상당히 부담스럽다. 그러므로 노인에게는 의료비에 대한 할인혜택이라든지 보험상의 제도적 장치가 마련되어야 할 것이다.[163]

한국 노인들의 의료보장과 관련된 문제점들을 정리해 보면, 첫째, 노인인구가 급격하게 증가하는 반면 가족의 부양능력은 가족구조와 기능의 변화로 현저하게 감퇴하고 있다. 노인인구의 증가는 의존성이 높은 병약한 노인의 절대수 증가를 가져온다. 그리고 핵가족화로 인한 가족원수 감소와 노인 단독가구의 증가 그리고 여성의 사회참여 증가 등으로 가족 내 또는 가족에 의한 노인의 간병은 점점 어려워질 것이다. 둘째, 노인인구의 의료수요와 의료비가 급속도로 증가하고 있다. 인구의 고령화는 유병 장수하는 노인의 증가로 의료수요와 의료비의 급증을 낳게 되었으며, 고액진료비 중 노인진료비의 비율로만 보더라도 20% 정도로 이미 노인인구 비율의 3배를 넘어서고 있다. 셋째, 현재 우리나라의 의료서비스 공급체계는 급성질환 중심이고 치료 위주의 병원의료서비스 중심이다. 일반적으로 노인들이 갖는 의료문제는

료비용의 전부 또는 대부분을 공비로 부담하고 치료와 예방까지 제공하는 공공보건서비스제도가 있다(김태수 외, 1998: p.393). 우리나라의 경우 노인의료보장제도는 의료보험과 의료보호제도가 시행되고 있으며, 부가적으로 질병의 조기 발견과 치료로 건강의 유지와 증진을 통해 노인복지를 향상시키기 위하여 일정 연도마다 실시하고 있는 노인건강진단제도가 있다.

163) 노년기에는 다른 어느 연령층보다 보건의료서비스를 필요로 한다. 한국 노인의 가장 큰 보건의료문제는 날로 증가하는 의료비와 간병비 조달이다. 치매, 중풍, 당뇨, 관절염 등과 같은 퇴행성 만성질환을 가진 저소득층 노인들은 치료비, 간병비, 약값을 감당하지 못하고 있다.

질환에 대한 치료로만 대처할 수 없는 복합적 성격을 갖는다. 따라서 현행 의료체계와 같은 급성질환에 대한 병원치료 위주의 시스템으로서는 만성 및 퇴행성 질환같이 치료보다 보호 차원에서 대처해야 하는 노인의료문제에는 효과적일 수 없다. 넷째, 노인의료비 부담에 있어서 개인부담이 지나치게 크고 정부의 재정적 지원은 의료보호와 소극적인 지역보건사업에 한정되어 있다. 이러한 실정에서 미래의 노인 의료복지서비스를 위한 주요과제는 예방 중심의 접근과 노인의 의료문제 특성을 감안한 의료복지서비스 공급체계 구축 그리고 의료보험 적용의 확대라 할 수 있다.

(4) 의료보험제도

현재 한국의 노인들은 본인 스스로 혹은 자녀의 부양으로 의료보험의 혜택을 받으며, 생활보호대상자인 경우에는 의료보호의 혜택을 받을 수 있다. 현행 의료보험제도에는 일반의료보험제도 이외에도 공무원과 군인 의료보험 그리고 사립학교 교직원 의료보험 등이 있다. 의료보호제도에는 두 가지 종류가 있는데 그중 제1종에는 거택 및 시설보호대상자와 국가유공자들로서 이들에게는 입원과 외래가 무료이고 제2종은 자활보호대상자를 위한 정책이다. 노인건강진단은 노인질환을 조기에 발견하여 건강지도 및 보건교육을 실시할 목적으로 추진되고 있는 사업으로 1983년에 실시되었다. 이 제도는 시·군·구관할 구역 내에 거주하는 65세 이상 생활보호대상 노인 중 노인건강진단 희망자에 대해서만 실시한다. 건강진단은 2년에 1회 이상 국·공립병원 또는 보건소에서 실시하고 건강진단 결과에 따라 필요하다고 인정될 때에는 후속지도를 하고 있다. 이상과 같이 노인의료보험에 대하여 살펴보았지만 전장에서 설명하였듯이 노인 의료보험의 정책은 현실적으로 매우 미흡하고 시급히 보완될 점이 많다.

첫째, 예방급여제도의 강화이다. 일반적으로 급여의 단계로는 예방급여, 진료급여, 재활급여로 구분되며 현재의 의료보험은 주로 진료급여에 치중하여 제도운영이 되고 있다. 그러나 위험의 사전적 예방은 그 자체가 개인과 집단의 안전을 강화하는 것이어서 보험사고의 예방은 의료비나 현금급여를 절약하는 수단이 되고 있다. 따라서 예방활동의 강화가 노인들에게 생활의 질적 향상을 기하는 데 도움을 준다는 데 이견이 없다.

그래서 노인의 질병예방을 위한 건강진단의 필요성을 들 수 있는데 우리나라 노인복지법 제8조에 노인의 건강진단을 명문화하고 있다.[164]

현재 노인건강진단은 65세 기초생활보호대상자 중 이를 신청한 노인에게만 한정하여 의료혜택이 주어지고 있다. 현행 노인건강진단제도는 제한된 수혜대상 및 진단과목 그리고 노인건강진단의 결과에 따른 후속조치의 미흡 등이 문제점으로 지적되고 있다. 따라서 노인건강진단은 단순히 질병의 발견이나 치료를 위한 것이 아니라 예방적인 차원의 것임을 감안하여 적용연령을 65세에서 55세 이상으로 낮추는 것이 바람직하며 생활보호대상자 외의 저소득층 노인에게도 이의 서비스를 받을 수 있도록 해야 한다. 또한 검진범위도 보다 확대할 필요가 있다. 이와 함께 노인건강진단을 할 수 있는 노인병원이 부족한 현실을 고려하여 장기적으로 노인의 인구비례에 따라 노인병원을 증대시키고 노인들이 무료로 또는 실비로 진료를 받을 수 있도록 하여야 할 것이다.

둘째, 현행 의료보험제도에서는 노인의 신체적 특성과 건강상태 등을 고려하여 피보험자에게 획일적인 급여의 전면 보완을 실시한다. 노인은 신체기능이 쇠약하여 발병률이 높고 질병 자체가 만성적인 경향을 나타내게 되므로 의료비용 면에서 젊은이들보다는 2배 내지 3배를 소요하게 된다. 그러나 의료보험에서는 주로 급성질환의 치료에 치중하므로 대부분 노인성질환인 만성퇴행성 질환의 관리에 한계가 있다. 즉 만성질환 관리에 필요한 재활관리, 간호관리 등 서비스가 의료보장제도의 급여대상에서 제외되며 의료기관에서 만성퇴행성 질환의 치료를 기피하고 환자와 가족 자신의 비용부담 등을 이유로 의료이용 등을 하지 않는 점 등이 이의 요인으로 지적된다. 또한 의료기관 및 전문인력 등이 도시지역에 편중되어 있고 농어촌지역의 의료공동화 및 의료수급 불균형 상태가 나타나고 있는 실정을 감안할 때 의료기관의 균형배치는 전문인력의 확충과 의료시설의 개선과 더불어 농어촌지역에서 우

---

164) 김성순, 「노인복지론」(서울: 이우출판사, 1989), p.354.

선시되는 과제 중의 하나이다.

셋째, 저소득층의 노인의 의료보장을 위해 우선적으로 현행 의료보호제도의 개선 및 의료부조제가 실시되어야 한다. 의료보호는 저소득층 노인의 최저생활수준을 유지시켜 주기 위한 보호방법으로 모든 질병에 대해 치료를 받아야 되는데 현실적으로 여러 제약조건이 많다. 예를 들어 보조기, 의수족, 의치, 보청기, 안경 등은 고령에 따른 건강보조 역할을 하는 데 필수적인데 이의 구비 또한 저소득층 노인들에게는 매우 어려운 실정이다. 따라서 의료보장의 차원에서 국가가 이를 무료 또는 저렴하게 지급할 수 있는 방안이 마련되어야 한다. 현행 의료보호제도하에서 일부 의료기관은 의료보호자에 대해 차별적 대우를 하고 있는데 이러한 점을 제도적으로 시정하여야 할 것이다. 즉 의료보호자도 일반 환자와 같이 치료받을 수 있도록 하여야 하며 이에 따른 재정적 부담을 정부가 세제를 효율적으로 활용하여 해결하는 방안을 강구해야 할 것으로 본다.

넷째, 가택진료체계 확립이다. 노인이 장기입원 치료를 요하는 경우에는 비용이 비싼 병원시설을 이용하는 것보다 노인복지법에 규정된[165] 요양시설을 이용할 수 있는 제도적 조치가 이루어져야 할 것이며 재가치료를 하여도 의사나 간호원의 왕진을 의료보험 수가로 적용받을 수 있도록 함으로써 불필요한 장기 입원으로 인한 의료비 상승을 억제하는 데 도움이 될 것이다.

이 제도는 값비싼 병원의료를 효과적으로 활용하고 재가치료를 통한 재활사업과 1, 2, 3차 보건의료사업의 유기적 관리를 위해서도 보건지소, 보건소, 병원으로 연결되어 보건의료사업의 유기적인 관계가 수립될 수 있다.

또한 의료보호는 「의료보호법」에 따라 주로 「기초생활보호법」에 의한 기초생활보호대상자들이 의료보호의 대상자가 되는 경우가 대부분이며 그 외에 「사회복지사업법」에 의한 사회복지시설 수용자 및 재해구호법의 규정에 의한 재해자, 국가유공자 등 「특별원호법」 및 군사원호법의 적용대상자와 그 가족 및 월남 귀순용사, 기타 생활유지의 능력이 없거나 생활이 어려운 자로 대통령이 정하는 자가 의료보호의

---

165) 노인복지법 제13조제2항 참조.

대상자가 된다.

의료보호는 의료보험의 혜택을 받을 수 없는 저소득층을 위한 의료비보조프로그램이다. 생활보호대상자 중에서 거택보호 및 시설보호대상 노인은 1종 의료보호대상자가 되어 이들에게는 외래 및 입원의 비용을 전액 무료로 해 주고, 자활보호대상 노인은 2종 의료보호대상자가 되어 이들에게는 외래 비용은 무료, 입원비용은 50~80%를 할인해 주도록 되어 있다.

그러나 현재 노인건강 보호를 위한 노인보건의료정책이 노인복지법에 근거한 65세 이상의 노인을 위한 건강검진제도가 전부이고, 이 또한 정부의 제약된 재정으로 65세 이상 기초생활보호대상 노인 가운데 노인건강을 희망하는 자로 제한하고 있어 문제점이 제기된다.

그러므로 노인의 삶의 질과 수명에 직접적인 영향을 미치는 의료서비스의 보장은 노인 개개인의 생활 만족감을 향상시킬 뿐만 아니라 사회적 통합을 위해서도 필요하다. 현재 한국의 의료보장제도는 사회보험형태인 의료보험과 공적 부조형태인 의료보호와 노인건강진단제도가 있다.

의료보장제도의 문제점은 첫째, 의료보호대상자의 선정에 있어서 객관성의 문제가 있으며 환자에게 인정할 수 있는 요양기관의 선택범위가 좁으며, 차등진료, 진료기피, 과잉진료, 수진남발, 진료대불금의 누증과 재원확보가 문제가 된다(신수식, 「사회보장론」, 서울: 박영사, 1989, p.535).

둘째, 거택에서 누워만 있거나 기동하기 어려운 상태에 있는 단독 노인들에 대한 관심이나 보호가 조직적으로 되어 있지 않다.

셋째, 의료지원 기관이 도시에 편중되어 있으므로 농어촌지역에서의 의료지원의 활용이 어렵다. 4대 도시에 전 의료시설의 59.4%, 전 의료인력의 66.9%가 편중되어 있어 농어촌지역에서의 의료지원 부족현상을 나타내고 있다(이순희, "한국노인복지정책에 관한 연구", 연세대학교 행정대학원 석사학위논문, 1991, p.62).

넷째, 의료보험의 급여에 있어서 노인층이나 다른 연령층의 급여가 동일하므로 질병의 발생빈도가 높은 노인들에게 의료비용의 부담이 크다.

다섯째, 노인건강진단제도는 65세 이상의 전체 노인을 대상으로 하지 않고 국가

예산의 범위 내에서 의료보장의 적용대상자 일부를 대상으로 하고 있기 때문에 전체 노인에 대한 실질적인 건강진단의 의미가 없다(장인협·최성재, 「노인복지학」(서울: 서울대학교출판부, 1989, pp.287~288).

의료보장은 국민 개개인이 하나의 시민으로 신체적 및 정신적으로 건강한 생활을 유지할 수 있도록 국가가 개입하여 보장해 주는 제도라 할 수 있으며 역사적으로 의식주를 위한 최소한의 생활보장과 함께 일찍이 사회적 권리로 인정되어 현대사회 복지국가의 핵심적인 사회보장의 하나로 제도화되고 있다.

4) 사회복지서비스정책

노인들은 육체적으로나 정신적으로 원활한 기능을 수행하지는 못하지만 신체적·기능적 욕구, 경제적·사회심리적 욕구, 문화·오락 욕구, 교통욕구 등과 같은 다양한 욕구를 지니고 있다. 이러한 욕구들은 어느 하나만을 필요로 하는 것이 아니라 복합성을 갖고 있어 충족을 시키기 위해서는 연금보험과 공적 부조에 의한 소득보장과 의료보장 이외에도 다양한 사회복지서비스가 필요하다.

한국 노인을 위한 사회적 서비스의 정책은 시설보호서비스와 재가보호서비스로 나누어 살펴볼 수가 있다. 지금까지 한국에서는 노인대상의 사회적 서비스정책이 재가보호서비스보다는 시설보호서비스에 치중되어 왔다.

그러나 시설보호는 전통적인 가족 기능을 해체시키는 역기능을 하며 수용 보호되는 노인에게 개인적 통제와 선택의 감소, 무력과 절망을 가져다주며 건강, 행동, 감정의 급격한 황폐를 가져올 수 있다는[166] 점을 고려하여 시설보호에 의존하고 있는 경향은 개선되어야 할 것이다.

노인대상 시설보호서비스를 제공하는 장소로 무의무탁한 노인을 위한 무료노인복지시설, 저소득층을 위한 실비노인복지시설 그리고 입소비용의 전액을 수익자가 부담하는 유료노인복지시설 등이 있으며 각각의 노인복지시설에는 입소자의 건강상태

---

166) 아산사회사업 복지재단, 「노인복지편람」, 1985, p.574.

에 따라 양로시설 및 요양시설로 분류된다.

1996년에는 전국 154개 노인복지시설에 8620명의 노인이 입소해 있으며 이는 우리나라 전체 노인인구의 0.3%에 해당한다. 시설보호의 경우 무료양로시설 95개 및 무료노인요양시설 42개소에 7천6백2십1명, 실비양로시설 3개, 실비요양시설 12개소에 5백60여 명이 그리고 유료양로시설 11개, 유료요양시설 1개소에 4백3십여 명이 입소해 있다.167)

그동안 한국 복지정책은 시설 중심으로 이루어져 왔으며 재가노인에 대한 서비스는 매우 미진한 수준이다. 현재 한국 노인 중 99.7%는 재가노인으로 고령화 사회, 핵가족화 그리고 자녀들의 노부모 부양기능의 약화 등 오늘날 한국은 불가피하다고 본다.

현재 국가 또는 지방자치단체는 가정봉사원 파견센터, 주간보호소, 단기보호소 등의 재가복지서비스를 실시하고 있는 기관이나 단체에 대해서 재정적 지원을 하고 있다. 한국(1997)에는 가정봉사원 파견센터 49개소, 주간보호소 25개소 그리고 단기보호소 15개소 등이 있다.168)

이 외에 재가노인을 위한 사회적 서비스로 노인에게 필요한 여러 가지 복지서비스를 제공하는 노인종합복지관이 있고 사회복지기관에서도 노인프로그램을 운영하고 있지만, 이의 시설은 주로 도시지역의 여유 있는 노인을 대상으로 하고 있어 저소득층 노인의 경우 이의 혜택이 적은 편이다. 또한 여가서비스를 제공하는 시설로 경로당, 노인교실, 노인휴양소 등이 법적으로 규정되어 있지만, 노인휴양소는 아직 신설된 바 없다. 경로당은 전국적으로 각 주택단지에 개설토록 하고 있는데 1996년 현재 전국에 2만 9천여 개가 있어 노인들의 만남 및 여가시간을 위한 장소로 활용하고 있다.169)

그러나 오늘날 한국 노인들이 당면하고 있는 노인문제는 날이 갈수록 복잡다단해지고 그 심각도가 더해지고 있음을 감안한다면, 이상 예거한 정도의 사업만으로 노

---

167) 보건복지부, 전게서, p.279.
168) 보건복지부, 전게서, p.283.
169) 상게서, p.283.

인들이 당면한 사회적 서비스에 대한 욕구를 골고루 충족시킨다는 것은 불가능한 일이다. 따라서 우리나라도 앞으로의 고령화 사회에 대비하기 위해서는 현행 재가 노인대상의 각종 사회적 서비스프로그램에 대한 질적인 개선책의 강구를 도모함과 동시에 새로이 사회적 서비스프로그램을 개발해 나가는 노력이 필요하다.

첫째, 시설보호에 대한 행정적 규제의 완화 및 정부지원금의 증액, 종사자의 전문성 등이 필요하다. 정부 예산 중에서 보건사회부 전체 예산 그중에서도 사회복지 분야의 예산 특히 노인복지부문의 예산은 0.2%에 불과하다. 노인복지시설을 개선하고 또한 노인문제에 대한 관심을 일반인에게 환기시키기 위해서도 노인복지 예산의 점진적인 증가가 요구된다. 또한 노인복지시설을 운영하고 있는 단체나 개인에 대한 세제상의 혜택을 확대하고 행정상의 규제도 대폭 완화하는 방안도 검토되어야 한다. 기업은 기업이익의 사회 환원이라는 차원에서 대기업들에게 노인복지시설을 설치토록 의무화하고 이에 대한 반대급부로서 세제상의 혜택을 주는 제도적 장치를 마련하는 것도 한 방법일 수 있다.

둘째, 재가복지서비스와 관련하여 가정건강보호(home health care) 또는 가정의료 서비스(home medical service) 사업의 실시를 고려할 필요가 있다. 이는 지역 단위로 설치·운영되고 있는 보건소의 의료진들이 해당 지역 내에 거주하는 노인 중 건강이 좋지 못한 대상자들을 가정으로 찾아가서 간병간호 또는 의료서비스를 제공해 주는 사업이다. 이에 소요되는 비용은 의료보험 또는 의료보호법에 의해서 충당되는 방법이 있을 수 있고, 새로이 노인보건법 또는 노인건강관리법 같은 것을 제정해서 그러한 법에 의해서도 재원을 조달할 수도 있을 것이다.

또한 재가노인서비스에 대한 요구가 증대되고 있는 현실을 감안하여 이를 충분히 수용할 수 있을 정도의 가정봉사사업소 및 단기보호소 및 주간보호소를 신설·운영 하여야 한다. 이를 위해 정부의 행정적, 재정적 지원이 필수적이다. 이와 같은 재가 복지서비스 사업을 통해 저소득층 가정이 노인부양의 기능을 원활히 할 수 있고 노인 단독세대가 일상생활을 영위함에 있어서 별 불편이 없도록 도와주어야 할 것이다. 특히 교통이 불편한 지역적 특수성과 농어촌지역의 노인 단독세대의 급증을 감안하여 현재 농어촌지역 일부에서 미미하게 실시되는 재가복지사업을 활성화할 필

요성이 있다.[170]

셋째, 가정봉사원제도의 활성화이다. 가정봉사원제도를 실시하고 있는 서구산업국은 노령인구에 비례하여 독신 노인가구도 많고 노인문제 역시 심각하게 받아들이고 있다. 앞으로 우리나라에서도 고령인구의 증가와 더불어 핵가족화는 가속되고 독신가구는 증가될 것이다. 이러한 시점에서 현재 민간 차원에서 실시되고 있는 가정봉사원서비스는 저소득계층의 적당한 간호인을 얻을 수 없는 세대를 중심으로 실시하고 있으나 공적 차원에서 확대 실시해야 하며 수혜대상을 소득에 관계없이 도움이 필요한 전 노인에게 확대하는 방안을 검토해야 할 것이다. 가정봉사원은 자원봉사자 위주에서 일부는 유급봉사원제도를 도입하여 수혜자의 장기적인 서비스 및 긴급서비스에 응하도록 하고 중산층 이상의 노인에게는 서비스 비용의 일부를 유료화하는 방안을 검토하여 실시하도록 하면 많은 효과를 기대할 수 있을 것이다.

넷째, 현재 노인여가정책과 관련하여 이의 서비스를 제공하고 있는 여가시설에 대한 정책적 지원이 필요하다. 경로당의 경우 시설설비 및 프로그램의 개발을 할 수 있도록 재정적 지원이 필요하다. 최근 일부 노인종합복지관에서는 경로당 프로그램 지원사업이 이루어지고 있는데, 이와 같이 경로당에 가까이 있는 보건소, 사회복지관, 노인복지관, 노인종합복지관 등 사회시설들과 연계하여 지역노인을 위한 사랑방 또는 보건복지 정보센터의 기능으로 발전할 수 있도록 정책적 고려가 필요하다.[171]

또한 노인교실에 대해 충분한 재정지원, 교육내용 및 시설보강, 강사진의 전문성이 이루어지도록 하여야 할 것이다. 이와 함께 날로 증가하는 노인들의 여가욕구를 충족하기 위해 노인종합복지관을 각 시·군·구 단위로 개설하여야 한다. 이러한 노인여가서비스를 위해 정부의 시설 설치 및 운영에 소요되는 재정보조와 함께, 지역주민들의 자발적인 봉사활동 프로그램 그리고 민간 또는 비영리 단체에 의한 활동영역의 확대가 요구된다. 동시에 기존장소의 시설 등이 노인의 건전하고 적극적인 여가활용 장소로 사용되도록 힘써야 할 것이다. 한편 노인복지의 궁극적인 책임 주

---

170) 박재황, "저소득층 노인의 생활실태 및 정책방향", 전게서, p.119.
171) 「노인복지 실태와 정책 과제」, "노인복지제도 입법 방향에 관한 공청회", (국회노인복지연구회 제2회 세미나 자료, 1997), pp.19~28.

체로서 국가의 역할을 재삼 강조하지 않을 수 없다.

현 단계에서 노인복지서비스에 대한 국가의 책임은 두 가지 방향에서 전개될 필요성이 있다고 한다. 첫째는 노인복지의 재정을 대폭적으로 확대하기 위해 노력하는 것이고 두 번째는 형식적인 성격이 강한 각종 노인서비스프로그램의 내용을 실질적으로 강화하는 것이다.172)

(1) 노인의 사회참여 및 역할

노인이 되면 정신적·신체적 기능의 저하와 사회적 역할의 상실 및 가족 내의 지위변화 등에 의해 그 활동영역이 크게 제한받게 된다. 노인으로 하여금 사회와의 교류를 통해 보람 있는 삶을 찾도록 하는 것이 사회참여활동의 목적이며, 이러한 활동으로 취업, 여가 및 자원봉사 등이 있다. 현재 노인취업대책으로는 노인공동작업장과 노인능력은행이 설치, 운영되고 있다.

노인능력은행은 노인취업상담 및 알선을 통하여 노인들에게 소득을 올릴 수 있는 기회를 부여하고자 '사단법인 대한 노인회'를 통하여 1996년까지 60개소를 운영하여 왔다. 그러나 그동안 소규모로 운영되고 전문성이 부족하여 활성화되지 못했던 점을 감안, 기존 노인능력은행을 1997년부터 노인취업알선센터로 개편하여 현재 70개소를 운영하고 있다(김정식, 1999).

노인공동작업장은 노인의 적성과 능력에 맞는 일거리를 마련하여 여가선용 및 소득기회를 제공함으로써 보람 있는 노후생활을 보장할 목적으로 설치 운영되고 있으며, 가능한 노인들이 직접 생산과 판매를 할 수 있도록 자립화를 유도하고 있다(김태수 외, 1998: p.392).

그러나 이러한 사업들도 형식적인 지원으로 노인취업욕구의 해결에 크게 기여하지 못하고 있으며, 노인의 축적된 경험과 능력을 활용할 수 있는 활동은 미미한 실정이다.

---

172) 최경석, "노인복지", 「한국사회보장제도의 재조명」(서울: 중앙대학교사회복지학과, 1993), p.211.

(2) 재가복지서비스 확대

저소득층 노인이나 정신적·신체적 장애가 있는 노인뿐만 아니라 노인성 질환 등으로 인하여 일상생활에서 거동이 불편한 노인들을 위해 재가복지서비스를 확대 강화하여야 할 것이다. 급속한 고령화로 인한 노인들의 장기적인 입원은 의료비의 급격한 팽창을 가져와 사회보장체계 자체를 위협할 수도 있다. 이를 방지하기 위해서도 현재 운영되고 있는 사회복지시설을 그 목적에 맞추어 재정비·확충하고 가정봉사원 파견사업의 확대, 주간보호 및 단기보호시설을 확충하는 등 재가복지서비스를 강화하여야 하며, 이를 위해 무엇보다도 사회복지전문요원 및 수발(care)전문요원을 확보, 양성하여야 할 것이다.

2. 노인장기요양보험제도의 도입

정부는 급속히 다가오는 고령사회를 준비하기 위해 2008년 7월 1일부터 노인장기요양보험제도를 도입하여 시행키로 했다. 목적은 노인이 자신의 의사에 입각하여 스스로 생활이 가능하도록 자립생활지원 및 삶의 질 향상과 가정 및 재가 중심의 지원체제를 강화하여 가족부담을 경감하고 나아가 가정을 근간으로 한 효문화를 조성하는 것이다.

이미 오래전부터 급속한 고령화로 사회불안 문제를 겪은 선진국(영국, 호주, 스웨덴, 독일, 일본, 네덜란드, 미국, 캐나다 등)은 한국보다 앞서 다양한 방식으로 장기요양급여를 제공하고 있다.[173]

노인장기요양보험제도는 고령이나 노인성 질병 등으로 목욕이나 집안일 등 일상생활을 혼자 하기 어려운 노인들에게 신체활동, 가사활동지원 등 서비스를 제공하

---

173) 독일에서는 1995년 수발보험을, 일본에서는 2000년 개호보험을 전 국민을 대상으로 실시하고 있다.

여 노후생활의 안정과 그 가족의 부담을 덜어 주어 국민의 삶의 질을 높여 주는 사회보험제도를 말한다.

1) 노인장기요양보험

(1) 대상자

적용대상은 전 국민(건강보험적용자·의료급여적용자)이다.

① **보험료납부대상**
- 건강보험료 납부대상자
- 의료급여적용자의 급여비용 등은 국가와 지자체 부담

② **요양인정신청대상**
- 65세 이상 노인
- 노인성질병을 가진 65세 미만 국민

③ **급여대상자**
- 6개월 이상 혼자 일상생활이 어려운 자로서
- 요양등급판정위원회에서 등급판정을 받은 국민

(2) 장기요양급여 이용절차

동사무소나 공단 장기요양센터를 방문해서 노인장기요양인정신청서를 접수한다.

첫째, 신청서를 접수하시면 1∼2주 이내에 공단 직원이 방문하여 52가지 항목에 대해 조사한다. 공단직원이 원할 경우 의사소견서를 요구한다.

둘째, 공단 직원 방문 후 공단 내부적으로 등급판정위원회를 열어 등급 판정과 함께 표준장기요양이용계획서를 발부한다.

① 등급 판정의 경우 1∼3등급까지만 노인장기요양보험을 받을 수 있다.
② 재가서비스의 경우 건강보험공단이 인정한 월 이용 총액 한도 내에서 15%만

본인이 부담하면 된다. 본인 부담금의 경우 연말 소득공제 된다.

③ 1등급은 백9만 7천 원, 2등급은 86만 7천 원, 3등급은 76만 원이 이용서비스 한도총액이고 이 금액의 15%만 부담하면 된다.[174)

셋째, 재가방문서비스의 경우 하루 인정서비스 시간이 4시간이다.

(3) 요양보호사의 개념

요양보호사란 치매·중풍 등 노인성 질환으로 독립적인 일상생활을 수행하기 어려운 노인들을 위해 노인요양 및 재가시설에서 신체 및 가사 지원서비스를 제공하는 인력을 말하는데 노인장기요양보험제도 시행(2008년 7월 1일)에 대비하여 종전 노인복지법상 인력인 가정봉사원과 생활지도원보다 기능·지식수준을 강화하기 위하여 요양보호사로 국가자격제도를 신설하였으며 등급업무는 다음과 같다.

① 요양보호사 1급: 장기요양급여수급자나 그 외 요양이 필요한 노인에게 신체활동 및 일상생활활동 서비스를 제공한다.

---

174) 노인수발급여(재가수발, 시설수발, 특별현금급여)의 종류
  1. 1) 재가수발급여(5종)는 가정수발, 목욕수발, 간호수발, 주·야간보호수발, 단기보호수발 등으로 세분하며, 2) 시설수발급여는 수급인을 요양시설 등에 입소시켜 수발 급여, 3) 특별현금급여(3종)는 수급인에게 특별한 사유가 있는 경우에 가족수발비, 특례수발비, 요양병원수발비 등을 지급한다.
  2. 수발인정의 신청자격: 수발인정을 신청할 수 있는 자는 수발보험 가입자 또는 그 피부양자, 「의료급여법」에 따른 수급권자중 65세 이상 노인 또는 64세 이하의 자로서 치매, 뇌혈관성 질환 등 노인성질병을 가진 자.
  3. 노인수발보험료의 산정 및 징수: 노인수발보험의 가입자: 국민건강보험의 가입자. 노인수발보험료: 건강보험 가입자 보험료 × 노인수발보험료율. 노인수발급여의 본인일부부담 및 국가와 지방자치단체의 부담. 수급자는 재가 및 시설수발급여 비용의 20%를 부담하되, 국민기초생활보장 수급권자는 이를 면제하고, 저소득층 등은 일부를 경감. 국가는 대통령령이 정하는 바에 따라 노인수발사업 비용의 일부를 부담. 의료급여수급권자에 대하여는 국가와 지방자치단체가 분담함.
  4. 노인수발사업의 관리운영기관: 국민건강보험공단이 수발보험 가입자 등의 자격관리, 보험료 부과 및 징수, 수발 인정신청인조사 등 업무를 관장하고 법률시행일은 '08년 07월 01일이다. 노인수발보장제도/노인수발보험제도/노인요양보험제도 이 세 가지는 동일한 보험제도이다.

② 요양보호사 2급: 장기요양급여수급자에게는 일상생활활동 서비스만을 제공, 그 외 요양이 필요한 노인에게 신체활동 및 일상생활활동 서비스를 제공한다.

(4) 시설(서비스)별 요양보호사 배치기준(개정법 39조의2)

〈 장기요양기관 〉
① 노인의료 복지시설
가. 요양시설 입소자 2.5인당 1인 1등급
나. 노인요양공동생활가정 입소자 3인당 1인

② 재가노인복지시설
가. 방문요양서비스 3인 이상 1~2등급
나. 방문목욕서비스 2인 이상 1등급
다. 주야간보호서비스 이용자 7인당 1인 이상 1등급
라. 단기보호서비스 이용자 4인당 1인 이상 1등급

〈 재가장기요양기관 〉
가. 방문요양서비스 3인 이상 1~2등급
나. 방문목욕서비스 2인 이상 1등급
다. 주야간보호서비스 이용자 7인당 1인 이상 1등급
라. 단기보호서비스 이용자 4인당 1인 이상 1등급
※재가장기요양기관 중 방문간호서비스는 요양보호사 배치기준과 해당 없음

〈표 4-15〉 노인장기요양보험제도의 주요내용과 추진방향

구 분	주요내용과 추진방향
장기요양 인정신청인	장기요양급여를 받고자 장기요양인정을 신청하는 65세 이상 노인 또는 노인성 질병을 가진 65세 미만의 자를 말한다.
장기요양 등 급	장기요양인정 신청인의 심신의 기능 상태에 따라 장기요양이 필요한 정도를 점 수화하여 3개 등급(장기요양 1~3등급)으로 구분한 것을 말한다.
수급자	장기요양인정 신청인 중 등급판정위원회에서 장기요양 1~3등급으로 판정받아 장기요양급여 혜택을 받을 수 있는 자를 말한다. 장기요양인정을 받은 자, 등급 판정을 받은 자, 장기요양급여대상자 등으로 표현되기도 한다.
장기요양 급 여	장기요양보험제도하에서 수급자에게 제공하는 급여로서 종류에는 재가급여(방문 요양, 방문간호, 방문목욕, 주야간보호 등), 시설급여, 가족요양비 등이 있다.
월 한도액 제 도	수급자가 장기요양급여를 받을 때 한 달 단위로 이용할 수 있는 급여비용의 상 한선으로서, 한정된 서비스 자원을 효과적으로 배분하기 위한 제도를 말한다. 또한 월 한도액을 초과한 비용은 본인이 부담한다.
장기요양 기관	수급자에게 장기요양급여를 제공하는 기관으로서 시설 및 인력기준 등을 갖추 어 시장·군수·구청장에게 신고하여 지정받아야 한다.
장기요양 요 원	장기요양기관에 소속되어 장기요양급여를 제공할 수 있는 자로서, 요양보호사(1 급·2급), 간호사, 간호조무사, 치과위생사 등을 말한다.
요양보호사	전문적 간병서비스를 제공하기 위해 노인복지법에 의해 신설된 국가자격증 제도 로서, 수급자에게 일정한 장기요양급여를 제공할 수 있는 자를 말한다. 1급: 장기요양수급자 등 모든 노인에게 신체활동 및 일상생활지원서비스 제공. 2급: 장기요양수급자의 신체활동 지원서비스 외의 모든 서비스 제공.
장기요양 급여비용	수급자가 장기요양급여를 받는 데 소요되는 일체의 비용으로서 본인부담금과 공단 등 부담금을 합한 금액을 말한다. 또한 현물급여비용(재가급여, 시설급여) 과 현금급여비용(가족요양비 등)을 합산한 금액이다.
본인일부 부담금	수급자가 장기요양기관에서 장기요양급여를 이용하는 경우 수급자 본인이 부담하 는 비용으로서, 총 급여비용 중 재가급여는 15%, 시설급여는 20%임(다만 국민기 초생활수급권자는 면제되고, 의료급여수급권자 등은 1/2 감경됨).
장기요양 보험료	수급자에게 장기요양급여를 제공하는 데 필요한 재원마련을 위해 건강보험가입 자에게 건강보험료의 일정률을 부과하는 보험료를 말한다.

노인환자가족부담 경감 조치로 마련된 노인장기요양보험제도는 사회보험으로 자 기부담 15~20% 내외의 자기부담을 하면 정부에서 지원금이 나온다.

현재 건강보험공단과 보건복지가족부가 관리 운영 주체를 맡고 있으며 복지부는 전체 노인의 3% 정도가 보험혜택을 받을 것으로 예상하고 있다.

사회보험으로 보험금은 건강보험가입자가 보험료의 4.05%를 추가로 내야 한다.

〈표 4-16〉 65세 이상 요양보호대상자추계

(단위: 명)

	시 설			재 가				
	최중증	중 증	합 계	최중증	중 증	경 증	(경증)치매	합 계
2003	22,573	55,265	77,837	22,504	102,797	197,656	195,672	518,629
2007	26,781	65,566	92,347	27,171	124,113	238,642	236,242	626,171
2010	29,388	71,950	101,338	30,062	137,322	264,040	261,389	692,812
2020	41,480	101,554	143,033	43,472	198,575	381,817	377,983	1,001,847

자료: 보건복지가족부 공적노인요양보장추진기획단(2004), p.2.
　　주: 치매환자이면서 최중증 및 중증 장애노인은 최중증 및 중증대상자에 포함.

〈표 4-17〉 수가체계 개발방향

구 분	수가개발 대상	수가개발 방향
재이 서비스	• 방문서비스 • 주간 보호 • 단기 보호 • 요양관리지도 • 그룹홈 및 복지용구대여 등	• 방문서비스당 정액제 • 등급별 월 지급한도액 설정
	• 복지용구 구입·주택개수비 등	• 실비상환제
시설 서비스	• 요양시설(현 전문요양시설포함) • 요양병원 등	• 등급별(기능상태별) 일당 또는 월당 정액제 • 등급별 월 상한액 설정

〈표 4-18〉 시설수요

연 도	재가보호				시설보호			
	수발도우미 파견시설	방문간호 시 설	주간보호 시 설	단기보호 시 설	요양시설 (A형)	요양시설 (B형)	요양병원	합 계
2007	4,845	1,204	4,482	1,887	578	578	289	1,445
2010	5,360	1,332	4,958	2,088	629	629	315	1,573
2020	7,751	1,926	7,170	3,019	868	868	434	2,169

자료: 보건복지가족부 공적노인요양보장추진기획단(2004), p.24.
　주: 시설보호는 요양A형, 요양B형, 요양병원의 비율을 4:4:2로 배분
　※ 다만, 일본의 고령화율을 고려한 추정은 9.4% 수준임.

〈표 4-19〉 노인전문간호사 수요추계

연 도	계	요양시설 수요	재가 시설 수요	방문간호 수요
2007	14,316	4,335	6,369	3,612
2010	15,761	4,719	7,046	3,996
2020	22,474	6,507	10,189	5,778

자료: 보건복지가족부 공적노인요양보장추진기획단(2004), p.26.
　※ 요양병원의 전문간호사 수요는 미포함

〈표 4-20〉 케어매니저 수요추계

연 도	케어매니저 수요	재가 케어매니저	시설 케어매니저
2007	10,112	8,556	1,556
2010	11,160	9,466	1,694
2020	16,024	13,688	2,336

자료: 보건복지가족부 공적노인요양보장추진기획단(2004), p27.
　주): 케어매니저(care manager)는 환자나 노인의 건강을 돌봐 주는 일을 전문으로 하는 사람.

연 도	요양보호사 수요	재가 요양보호사	시설 요양보호사
2007	143,943	109,712	34,231
2010	159,252	121,380	37,872
2020	230,296	175,529	54,767

자료: 보건복지가족부 공적노인요양보장추진기획단(2004), p.27.
※ 상근인원이나, 휴일, 교대근무 등을 감안할 경우 약 30% 추가 필요

3. 미래의 노인복지정책 전망

정부의 복지정책 중 노인복지정책방향은 '능동적 복지', 즉 경제성장과 함께하는 복지다. 노인복지 분야도 능동적 복지라는 틀 안에서 이뤄질 예정이다. 능동적 복지는 기존의 공급자·중앙정부 틀에서 수요자·현장요구 중심으로, 정부 주도에서 정부·민간이 함께 협력해 나가는 것으로, 물량 중심의 양적 확대는 서비스의 실질적 성과를 추구하는 것 등이다. 이에 노인복지정책 추진방향 역시 노인복지정책을 저소득층 위주에서 전체 노인을 대상으로 확대·내실화가 된다.[175]

국민 모두 건강하고 편안한 복지정책 지향으로서 노인복지정책은 긴 안목에서 개인·가정·지역사회·국가가 유기적 조화적으로 추진해야 할 중대한 사안이다. 누구나 태어나면 훗날에는 노후가 있기 마련이다. 과거의 농경사회에서는 어린이와 어른은 제각기 역할이 있었으며 이는 당연한 것으로 알고 극진히 모셔 왔으며 최후의 사망에 이르러서도 예를 지켜 왔다. 그러나 시대는 달라져 노후를 스스로 챙기고 책임져야 하는 시대로 변화하여 노인문제가 어느 가정의 문제가 아닌 사회와 국가적 문제로 접근하기에 이르렀다. 이 세상에 태어나서 국가의 보호를 받으며 성장해서 경제활동을 통해서 개인적으로, 가정적으로, 사회적으로 국가적 차원에서 잘했든

---

175) 현재 보건복지가족부(2008. 1.)는 안정적인 노후소득 보장체계를 위해 국민연금과 기초노령연금을 통합하였다.

잘 못했든 일정의 역할을 하고 일선에서 물러나면 갈 곳이, 의지할 곳이 없는 시대가 되어 버렸다.

항상 수입이 많을 때만 있는 것이 아니라 있다가도 없어지는 것이 부의 특성이다. 큰 틀에서 본다면 최종적인 보루는 국가, 즉 정부이다. 하나의 국가는 국민이 없으면 국가의 존립 자체가 무의미하다. 그래서 앞으로의 정부의 역할은 노인복지정책을 어떻게 끌고 가느냐가 최대의 관건이라 해도 과언이 아니다.

모든 정책은 하루아침에 만들어져서 바로 시행되는 것도 아니고 오랜 세월 동안 기획되어서 당사자들에게 혜택이 돌아가는 시간까지는 여러 단계의 채널과 시간적 소요가 필요하다. 그러한 상황에서 볼 때 우리 모두는 지혜를 총동원해서 백년대계의 확실한 실효성 있는 정책을 만들어야 한다.

백년대계의 확실한 실효성 있는 노인복지정책을 만들어야 한다. 미래의 노인복지정책은 남의 일이 아니라 우리 모두가 정성을 다하여 어르신을 모신다는 자부심을 가져야 한다. 물론 국가가 주체가 되어 운영은 지자체가 하든 자원봉사자가 하든 최종책임은 국가가 져야 한다는 것이다. 여러 채널의 다양한 선진국의 사례라든지 공청회나 국민적인 건의나 제안을 받아들여 보다 실천적인 안을 만들어야 한다.

미래의 노인복지는 정부가 주도적으로 추진하는 것도 좋지만 개인적인 필요를 공공적으로 이용할 수 있도록 하면서도 전혀 불편함을 주지 않는 편안함을 동시에 충족시켜야 한다고 본다. 그러기 위해서는 우리 누구나가 스스로의 미래를 위한 품앗이로 생각하고 자원봉사 및 사회봉사활동에 적극적으로 참여해야 한다. 이렇게 해서 미래의 노인복지는 개인적인 필요를 공공적으로 이용할 수 있도록 하면서도 전혀 불편함을 주지 않는 편안함을 동시에 충족시켜야 한다고 본다. 아무리 정부가 주도적으로 추진한다고 해도 어차피 윤활유적인 역할을 하는 것은 바로 우리 사람들의 정성과 손길이기 때문이다.

현재의 노인복지정책은 각기의 가정에서 천차만별한 다양한 부양이라는 과정에서 보다 체계적이고 수준 높은 복지혜택의 기회로 넘어가려는 아주 미미한 준비단계의 전초전에 있다고 볼 수 있다.

아무튼 마련해야 할 과제가 너무나 많다. 예를 들어서 우리 건강한 사람들은 매일 끼니 식사를 하며 간식을 먹으며 샤워를 한다. 다른 것은 팽개치고라도 먹고 자고 씻고 배설하는 문화, 즉 가장 기초적인 웰빙은 보다 쾌적하게 이루어져야 한다고 본다.

정부(2008. 2. 5.)는 복지정책 기조에 대해 누구나 인간다운 생활을 누리고, 다 함께 건강하고 편안한 사회가 돼야 한다며 도움이 절실한 사람은 국가가 보살펴야 한다고 강조했다. 특히 시혜적, 사후적 복지는 해결책이 아니며 능동적, 예방적 복지로 나아가야 한다고 강조했다. 보편적 복지는 노인, 장애인, 빈곤층 등 특정 계층이 아닌 중산층 이하의 일반 국민 대다수를 복지정책의 수혜계층으로 설정하고 있다.

정부는 빈곤이나 질병으로 고통을 받고 난 후에 국가가 지원하는 기존의 방식으로는 삶의 고통을 치유하기 힘들다 보고, 실직이나 교육 사각지대에 처하기 전에 필요한 도움을 제때에 받도록 하는 예방적 복지를 만들어야 한다. 첫째, 기다리지 않고 찾아가는 복지이다. 일방적인 시혜성 복지가 아니라 태아에서 노후까지 맞춤형, 통합형 복지를 실현하겠다는 의미를 담고 있다. 특히 노인복지의 경우 적극적으로 찾아가는 '원스톱 복지 전달체계'가 되어야 한다. 둘째, 경제성장을 통한 복지분야 지원이다. 복지수요를 감당하려면 경제가 계속 성장해야 한다. 경제가 성장하면 일자리가 늘어나고 복지수요는 줄어든다.

정부는 노년층의 능력을 계발해 생산능력을 가진 거대한 인구집단으로 육성시켜야 한다. 국가가 노년층의 능력을 계발하기 위한 교육, 훈련 시설을 확충하는 역할을 다음과 같이 담당해야 한다.

첫째, 민간분야 노인 일자리 창출을 위해 민간분야 일자리를 매년 2만 개 증가, 2012년까지 최소 10만 개 창출하여 그간 정부지원이 주를 이루었던 사회공헌형 일자리보다 지역사회의 필요를 파악한 시장형·민간형 일자리를 마련하여, 단순 일자리가 아닌 노인들 스스로 창업을 할 수 있게 동업자를 소개하는 등 인큐베이터를 제공하여야 한다.

둘째, 자원봉사 활성화 및 여가활동 지원을 위해 노인에게 적합한 봉사활동을 개발·보급함으로써 노인의 사회참여 및 활력적인 노후생활의 기회를 제공하여야 한다. 노인의 활동을 통해 노인의 다양한 지식, 경험 및 기술을 지역사회 내 복지자원으로 적극 활용하고 사회참여를 유도하여 전문 노인자원봉사 및 리더 양성프로그램을 개발하고 지원 및 프로그램 매뉴얼을 제작·배포해 보급화를 추진하여야 한다. 아울러 노인복지관의 역할 확대 및 노인교실 기능을 강화할 방침이다.

셋째, 기타 노인보호 및 복지서비스를 강화하여야 한다. 이는 노인보호(노인학대 예방)를 위해 지자체를 통한 전국적 실태조사를 실시해 피해사례 신고접수 및 구제방안 강구 등 노인소비자 권익보호대책이 마련되어야 한다. 아울러 독거노인가구의 증가에 따라 독거노인 생활관리사 파견 및 노인돌보미 서비스를 확대 제공할 방침에 있다.[176]

1) 노인복지정책에 대한 노인의 자세

일부 노인들이 가정에서 당하는 수모는 이만저만이 아니다. 밥 먹는다고 구박하고, 돈 든다며 눈치를 주어 몸이 아파도 병원에도 제대로 가지 못하고, 그나마 집에서 잠이라도 잘 수 있는 가정이 있다는 게 다행이라고 한다. 심지어 어떤 못된 자식들은 놀러 간다며 부모를 모시고 갔다가 휴게소나 시골에 버리고 오는 경우도 있다고 한다. 명절이나 생신 때도 시골에 계신 부모를 한 번도 찾아보지 않다가 돌아가신 뒤에야 찾아가는 자식도 있다. 우리들의 부모님들이 무슨 죄를 지었기에 이 같은 대우를 받아야 하는가.

지난날 개발시대에 허리가 휘어지도록 일을 하며 오늘의 한국 경제를 이루었고, 평생 자식들을 위해 희생하며 살아왔다. 우리 부모들은 자식들에게 집도 돈도 빼앗기고 양로원으로 내몰리면서도 세상이 힘들어서 자식들이 그럴 수밖에 없다고 애써 핑계를 대며 내 자식이 최고라고 자랑하는 착한 분들이다. 이제 자식과 부모의 삶을 분리해야 할 시대가 온 것 같다. 늙어서 자식에게 기대려는 생각은 아예 버려야 한다. 부모들은 일찌감치 청장년 시대에 자신의 인생 노후까지 설계해야 한다. 젊은 시절부터 건강보험이나 국민연금을 기본으로 들고, 나이 들어서는 주택도 자식에게

---

176) 현재 2008년 총 노인인구비율은 10.3%다. 오는 2018년에는 노인인구가 14%를 넘어서게 돼 고령사회로 진입할 것으로 예상되고 있다.

물려주기보다는 역(逆)모기지론 등에 가입, 스스로 생활력을 가지도록 준비해야 한다. 부모는 그저 자식들이 어렵고 힘들어할 때의 조언자 정도로 남아야 한다고 생각한다. 자식들도 부모의 그늘에서 양분을 다 빨아먹어 늙어서까지 고통을 주는 일은 이제 그만두어야 한다. 가슴이 아프겠지만 부모와 자식 간에 조금 더 거리를 두어 스스로 극복하고 건강하고 깨끗한 정신을 가질 수 있도록 서로 힘써야 한다. 국가도 노인들에 대한 복지서비스를 강화하는 정책을 적극 시행해 젊은 시절 경제발전에 온몸을 던진 우리의 부모들이 더 이상 고통받지 않도록 노력해야 한다.

2) 노인복지정책의 추진방향

생활안정기반 조성을 위해서는 무엇보다 경로연금제도를 도입하여 앞으로 더 많은 노인이 이러한 혜택을 받을 수 있도록 지급대상을 확대하고 지급액도 점차 늘려야 한다. 물론 노인의 취업기회를 확충하여 노인들에게 소득을 올릴 수 있는 기회를 부여해야 한다.

건강한 노후생활보장을 위해 노인보건의료서비스를 강화함으로 향후 치매요양시설 및 치매요양병원을 확충하여 치매 관련 전문적 연구 및 정보 수집을 위하여 국립보건원 뇌의약학센터 내에 퇴행성 질환 연구팀을 설립하여 치매의 원인, 예방 및 치료, 진단법 등 종합연구체계를 구축해야 한다.

재가복지서비스는 정신적, 신체적 이유로 혼자서 일상생활을 하기가 곤란한 노인을 위해 식사, 목욕 ,병원안내 등 각종 생활편의를 제공하는 가정봉사원 파견센터와 복지시설을 확충 및 정비하고 현재 저소득 노인이 입소할 수 있는 무료설비노인복지시설은 양로시설을 확충하여 만성질환이 많은 노인들의 장기요양보호수요에 대처해야 한다. 또한, 경제적인 부담 능력이 있는 중산층 이상의 노인을 위한 유료노인복지시설을 지속적으로 확충하고 세제 감면 등 시설을 확충할 수 있는 행정, 제도적 방안을 강구할 필요가 있다.

활기찬 노년문화의 형성으로 경로효친사상 앙양은 유관부처와 협의하는 등 경로우대제도를 계속 확충해야 한다. 아울러 경로당 운영을 활성화하기 위하여 현행 화투, 장기 등 오락 위주의 이용 형태에서 취업, 건강정보, 취미생활 등 건전하고 다양한 여가프로그램을 개발, 보급하는 한편 부녀회, 청년회 등과 유기적 협조체계를 유지하여 청소, 급식 등 서비스를 제공받을 수 있도록 추진이 필요하다.

사회활동을 통해 생산적이고 보람 있는 노후생활을 영위할 수 있도록 하기 위하여 노인들이 갖고 있는 각종 경험을 적극 활용할 수 있는 기회를 마련함으로써 각종 자원봉사활동에 노인들이 적극 참여하여 보람 있는 노후생활을 위한 자원봉사활동을 강화해야 한다.

향후 정책추진 방향으로 급속한 고령화추세에 대비하여 경제발전을 위한 제반 재정, 투자사업과 더불어 노인복지사업에 대한 투자를 동시에 수행하여야 하는 정부로서는 그 재정적 부담이 급속도로 커질 수밖에 없는 만큼 이에 대한 종합적인 대책을 지속적으로 강구해야 한다. 노인복지시설에서의 보호가 필수적인 노인을 위한 적정수준의 노인복지시설이 운영되어야 하고, 또한 노인들의 경제적 능력, 건강 정도, 기타 욕구에 따라 자유로운 선택이 가능하도록 다양하게 시설을 설치, 운영토록 할 것이며 수용보호시설과 함께 여유 있는 노인들을 위한 이용시설 그리고 실버산업도 함께 육성해야 한다.

산업화에 따른 취업구조의 변화, 여성의 사회활동 증가 등으로 인하여 가정에서의 노인보호가 어려운 경우가 많은 것이 현실이다. 이러한 노인을 주간이나 단기로 보호할 수 있는 재가봉사기관과 프로그램을 확충하여 가정의 부담을 경감하고 노인이 계속 생활해 오던 가정과 지역사회에서 필요한 보호를 받으면서 노후를 보낼 수 있도록 지원을 확대할 것이다.

그동안 하드웨어(Hardware)로서 시설증설에 주로 관심을 기울여 왔으나 앞으로는 각종 복지시설과 이용시설에서 활용할 수 있는 프로그램의 개발, 보급에 주력해 나갈 계획이다.

(1) 국가의 노인복지정책

개발도상국에서 후발 선진국으로 진입하게 될 우리 사회는 이미 고령화 사회를 거쳐 고령사회에 깊숙이 진전한 선진국의 노인복지정책의 시행과정에서 나타난 시행착오를 거울삼아 우리 사회에 적합한 정책을 수립할 수 있는 유리한 역사적 발전단계에 있다.[177] 위에서 언급한 바와 같이 노인복지정책은 노인문제와 욕구에 대응하는 국가정책으로서 네 가지 분야로 생각할 수 있다.[178]

첫째는 최소한의 생계유지와 상당한 정도의 여유 있는 생활을 할 수 있도록 하는 소득보장이다. 둘째는 큰 부담 없이 안락한 주택에서 생활할 수 있도록 하는 주거의 보장(주거보장)이다. 셋째는 질병에 대한 치료와 간호보호를 경제적 부담 없이 받을 수 있도록 하는 의료보장이다. 넷째는 신체적 독립과 심리 사회적 자기발전 욕구를 충족할 수 있는 사회서비스 보장이라 할 수 있다.

현재 한국의 노인복지정책의 네 가지 분야 중에 소득보장과 의료보장 분야는 기본적 틀은 갖추었으나 아직도 미흡한 점이 상당히 있고, 주거보장과 사회서비스 보장 분야는 대단히 미흡한 상태에 있다.

노인복지정책은 다음과 같은 방향으로 발전되어야 할 것이다. 즉 소득보장과 의료보장과 같이 경제적 문제를 해결해 주는 것은 국가가 1차적으로 책임을 져야 하고 가족은 다만 노인의 여유 있는 생활과 보다 질 높은 서비스를 위해서 필요한 비용을 보완해 주는 의미에서 책임을 지는 방향으로 나가야 할 것이다.

산업화 사회에서 가족이 부모의 생활비와 의료비용을 부담하는 것은 점차 어려워지고 있기 때문에 노인에 대한 경제적 보장은 국가의 사회보장제도에 의존하지 않을 수 없다.

그리고 주거보장도 국가가 가능하면 노인전용 임대주택 등을 저렴하게 많이 공급

---

177) 우리 국민의 평균수명이 2000년에는 남자가 71세, 여자가 79세가 될 것이고 이후부터는 세계 역사상 유례없이 빠른 속도로 평균수명이 연장될 것으로 예상된다. 그래서 한국은 2000년부터 노인인구가 7%를 넘는 고령화 사회로 진입할 것이며 2022년이 되면 고령사회로 진입할 것으로 예측되고 있다. 21세기 초반 25년간은 선진국의 경험에서 나타난 시행착오를 잘 검토하여 고령화 사회와 고령사회를 대비하는 정책이 장기적인 안목에서 계획되고 실천되어야 할 것이다.

178) 국가의 정책을 국책(國策)이라고도 부른다. 정책은 일반적으로는 정부 또는 정치단체가 취하는 방향을 가리키지만, 일정한 목표를 합리적으로 추구·실현하기 위하여 불가결한 것으로서 국가의 권력을 현실적으로 담당하는 정부의 정책인 것이다.

하여 안정된 생활을 보장하는 정책이 필요하다. 그리고 노인 개인과 가족이 재산의 많은 부분을 어느 한곳에 묶어 두지 않고 주거문제를 해결하도록 하는 방향으로 나가야 할 것이다. 특히 노인에 대한 수발과 보호는 국가와 지역사회 및 가족이 같이 책임을 분담하는 방향으로 나가야 할 것이다. 이러한 정책방향은 노인 개인의 책임을 면제하는 것은 절대로 아니다. 개인의 노력은 기본적으로 전제되어야 한다(사회복지신문, 1999).

국가는 노후를 위해 개인적인 준비가 필요함을 의식시키고 이를 위한 사회적 여건을 마련해 주도록 하는 정책방향도 중요한 것이다.

(2) 앞날의 노인문제 해결방향

노인복지(the aged welfare)가 많은 사회문제 중에서 노인에게 일어나는 문제를 해결하고 노인의 복지를 이룩하려는 사회적 노력이라고 할 때, 노인문제는 현실에 처해 있는 갖가지 어려움을 노인 스스로 해결하지 못하는 문제를 말한다. 여기서 어려움이란 살아가는 데 기본적인 욕구가 충족되지 않은 것을 말하는데, 경제적 안정과 가족관계의 안정 그리고 의료와 건강의 보장 등 사회참여활동의 기회를 생각할 수 있다.

결국 이는 노인의 빈곤에 대한 사회적인 차원의 대책으로서 국가나 사회가 노인들을 빈곤상태에서 벗어날 수 있도록 최소한의 정기적인 소득을 확보해 주는 소득보장, 노인에게 있어서 안락한 주택을 갖고자 하는 주거보장, 노인들의 건강문제를 해결할 수 있는 의료보장, 노인의 여가선용으로 사회참여활동이다. 이렇게 노인의 기본적 욕구와 어려움이 치료 및 간호되지 않고 사회문제화되어 있는 상태를 가리켜 노인문제라고 한다.

현대 사회에는 노인문제가 매우 심각한 사회적 문제로 대두되었는데 이는 산업사회의 특징이라고 할 수 있는 도시집중과 핵가족화 및 인구의 노령화가 그 원인이라고 본다.179)

---

179) 1960년대 이후 급격한 산업화로 인한 사회변동과 가치관의 변화는 과거 한국 사회에서

한국의 경우에도 최근 서구 사회에서 볼 수 있는 노인문제가 사회적인 문제로 대두되고 있는데 이는 노인인구의 증가로 인해 더욱 심각해질 것으로 예상된다. 따라서 한국도 노인문제를 그저 단순히 개인의 문제나 또는 그 가족들에게만 해당되는 문제라고 볼 것이 아니라 사회적인 차원, 즉 국가적인 차원에서 바라보고 그 해결 방안을 구체적으로 강구해야만 할 것이다.[180] 우선 노인들에 대한 정확한 이해와 그들이 가지고 있는 문제점이 무엇인지를 명확히 밝혀내는 것이 중요할 것이다. 그리고 그다음으로는 문제점들에 대한 여러 가지 효과적인 대안을 개발하여 그것을 실천에 옮기도록 노력하는 것이 중요할 것이다. 현대 한국 사회에서 노인들이 겪는 문제점과 그 문제점에 대한 해결방안을 다음과 같이 제시하고자 한다.

첫째, 개인적 측면에서의 노력은 노년기를 사전에 철저하게 대비한다. 나이가 들면 사회에서의 일자리도 줄어들게 되어 경제적 수입이 줄어들게 된다. 또한 갈수록 정년의 나이가 줄어들고 있다. 따라서 노년기의 빈곤이나 질병에 미리미리 대비하는 방법이 필요하다. 건강한 노후생활을 위하여 노인 자신이 건강증진프로그램을 지닐 필요가 있는 것이다.

둘째, 국가 차원에서의 노력이다. 먼저 한국의 노인복지제도의 노인의 개념 확대가 필요하다. 수혜자는 65세로 되어 있으나 대부분 사람들이 60세 이후 생물학적·사회학적 노화에 직면한다. 한국은 이러한 현실을 고려하여 대상연령을 낮추는 혁신적인 정책적 변화가 이루어져야 할 것이다. 또한 노인들의 복지수준 향상을 위해 사회보장제도를 확대하는 것이다. 노인들이 많은 질환을 가지고 있으므로 노인들을 위한 연금 실시라든가 의료보험 등의 혜택을 늘리는 것이다. 한국은 위에서 알 수

가정의 실권자였던 노인의 지위를 약화시켰을 뿐만 아니라, 그들을 소외계층으로 전락시켰다(김동기, 1999:1).

180) 노인문제란 "노인에게 공통적인 기본적인 생존과 발전의 욕구나 문제를 노인 자신이나 가족의 노력으로 해결하지 못하는 상태로서 경제적 어려움, 건강보호의 어려움, 역할상실과 여가선용의 어려움, 고독과 소외 및 갈등을 느끼는 현상 등을 포함하는 현상"이라고 정의된다. 그리고 노인문제라고 할 때의 일반적인 전제는 어떤 형상이 다수의 노인에게 공통적인 것이어야 하고 개인이나 가족의 노력으로는 해결이 어려운 것이어야 하기 때문에 노인문제 하면 어떤 특정 노인의 개인문제는 포함되지 않는 것으로 보아야 할 것이다.

있듯이 여러 제도를 시행하고 있으나 아직은 미흡하며 노인복지에 대한 예산도 부족하다. 지금까지의 노인복지정책의 비현실적이고 권장, 계몽 위주인 문제점을 타파하기 위해서는 정책의 명목과 구호에만 급급하지 말고 정책시행에 의해 노인 1인당 제공되는 혜택수준이 현실적으로 평가되어 보다 실질적인 도움이 제공되어야 할 것이다. 또한 어떤 정책이 시행되는 데 있어 막연히 권장하고 격려하는 수준을 벗어나 확인, 감독하고 시정명령이 내려지는 제도로 격상되어야 할 것이다. 그렇게 함으로써 고령화 사회를 대비해야 한다.

3) 노인복지정책의 평가와 정책방향

본 연구에서는 고령화 사회에 따른 노인복지정책의 효과와 발전방향에 대한 국내외 여러 문헌과 선행연구들에 대한 이론적 고찰방법과 관련 실무자 면담 등을 통한 의견수렴을 병행하여 연구하였다.

본 연구결과는 복지를 크게 구분하면 「사회복지법」에서는 사회복지[181]와 「노인복지법」에서는 노인복지로 구분된다. 사회복지는 전 국민을 대상으로 적용하고 있지만

---

181) 사회복지(social welfare): 국민의 생활 안정 및 교육·직업·의료 등의 보장을 포함하는 복지를 추구하기 위한 사회적 노력, 즉 넓은 의미의 사회적 방책의 총칭이다. 사회보장제도 등의 근저(根底)에 공통적으로 작용하는 정책목표로서 또는 이들 정책이나 제도가 실현하려고 지향하는 목적의 개념으로서 파악하는 경우도 있으나, 보통은 제도적 개념으로 사용한다. 좁은 뜻의 사회복지는 아동·노인·장애인에 대하여 금전 급부 이외의 이른바 서비스 급부의 방법으로 행하여지는 여러 활동의 총체를 의미한다. 또 여기에 공적 부조(公的扶助: 생활곤궁자에 대하여 국가 또는 지방자치단체가 자력 조사를 매개로 행하는 경제적 부조)를 덧붙인 사회복지사업과 동의어(同義語)로 쓰는 경우가 있다. 넓은 뜻의 사회복지는 사회사업 이외에 사회정책·사회보장·주택보장·공중위생·비행문제대책 등을 포함하는데, 영국과 미국의 사회복지는 넓은 뜻으로 쓰이는 경우가 많다. 한국에서는 이 말을 아동복지법(1981), 생활보호법(1982), 사회복지사업법(1992), 사회보장기본법(1995) 등에서 구체적으로 사용하고 있다. 현행 헌법은 제10조에서 "모든 국민은 인간으로서의 존엄과 가치를 가지며 행복을 추구할 권리가 있다."고 행복추구권을 규정하였다. 또 제34조에서 "모든 국민은 인간다운 생활을 할 권리를 가진다. 국가는 사회보장·사회복지의 증진에 노력할 의무를 진다."고 규정하여 사회복지국가의 실현을 위한 국가의 의무를 선언하고 있다.

노인복지는 노인에게만 한정하여 적용하기 때문에 본 연구에서도 노인복지와 정책에 대한 이론적 연구를 하였다.

노인복지정책에서는 노인의 의식주와 보건의료 등을 우선으로 하여 선행되어야 한다. 이러한 주제를 효과적으로 해결하기 위해서는 다음과 같은 정책이 필요하다.

첫째 노인들에게 일정한 경제적 소득보장이 이루어져야 당면한 생계와 질병을 해결하는 데 어려움이 없을 것이다. 이러한 현실에서 볼 때 노후의 소득보장에 대한 국가적인 안전장치는 국민연금이 가장 기본이 된다는 것을 알았다. 그러나 정부에서 기초생활보호대상을 확대하지 않는 한 소득이 없어 생계유지를 하기 어려운 현세대의 노인들은 국민연금의 가입에도 자격이 제한되기 때문에 노후의 소득보장을 받기는 매우 어렵다. 또한 경로우대에 대한 혜택에서 정부와 이익집단인 기업 간에 상호작용이 원만하지 못하는 문제점 때문에 노인들은 소득보장혜택을 받지 못하는 실정이므로 적절한 협의가 있어야 할 것이다.

두 번째는 노인의 보건, 의료정책에서 문제점이 되고 있는 의료보험 적용대상에 대한 다양한 정책이 부재하다는 점이다. 노인은 수술이라든지 기타 중병에 걸리기 쉽고 만성질환율이 높기 때문에 의료비지출이 상당히 부담스럽다. 그러므로 노인에게는 의료비할인 및 보험제도상의 장치가 마련되어 혜택이 주어져야 할 것이다. 아울러 필수적인 안경, 보청기, 의치가 일반적으로 필요하기 때문에 의료보호대상에 대한 적극적인 지원과 이러한 기구들을 구입할 때 할인혜택이 확대 적용되어야 할 것이다. 따라서 노인을 위한 전문병원시설이 부족함으로 증설이 요구된다.

세 번째는 한국은 노인에 대한 주거보장정책이 너무나 미약하다. 이러한 문제는 그동안 노인부양에 관한 문제가 거의 가족 책임으로 여겨졌고 더욱이 시설에 노인이 입소하는 일은 노인과 부양자의 체면과 효의 문제에 걸려 있어 선뜻 실행하는 어려움이 있음을 문헌조사에서 파악하였다. 노인을 위한 주거시설을 정부와 민간 차원에서 건설하고 있지만 민간기업의 주거는 입주가격이 형편에 맞지 않아 결정하기가 어려움으로 정부의 실질적인 노인주거보장정책이 필요하다.

네 번째는 사회적 서비스 분야에서 서비스 체계의 정비가 이루어지지 않는 문제점이 있으므로 보다 더 전문성이 요구되고 있다.[182] 건강 서비스에서 보충할 것은 기억력 장애 진료 서비스, 치매신탁기금 서비스, 간병 서비스 등이 있다. 사회지원 서비스는 잡무 서비스, 위기연락 서비스, 여가활동과 휴식 서비스, 대리인 서비스 등이며, 접근 서비스는 보다 양질의 교통편의 서비스, 가옥수리 서비스, 법률 서비스, 노인학대와 유기방지 서비스 등이 더욱 필요하며 주간보호와 단기보호시설의 확대와 홍보가 적극적으로 이루어져야 되리라고 본다.

선진국은 노인 개개인을 대상으로 사회복지사·간호사·심리전문가 등이 사례 관리자가 되어 소수의 노인을 대상으로 지속적인 상담 및 사회 자원과 연결해 주는 제도가 이미 실시되고 있다. 그러므로 노인을 위한 사례관리서비스제도가 도입되어 개개인의 차원에서 사회적인 서비스를 받을 수 있는 정책적인 발상의 전환이 필요하다.

오늘과 같이 대가족이 해체되고 노후에 자신의 부양문제가 지금처럼 심각하게 될 줄은 예상하지 못했다. 따라서 스스로 정신적, 물질적으로 어떻게 대비를 해야 할지 개인적으로 또는 국가정책의 차원에서도 상당 부분 준비가 부족한 실정이다.

우리는 선진국들의 노인에 대한 배려들을 이미 알고 있으며, 인생의 마지막 단계에서도 누구나 행복할 권리가 있음에 주목해야 할 것이다. 이러한 노인부양 문제를 적절히 관리하기 위해서는 보다 적극적인 정책을 마련할 필요가 있다.

---

182) 로위(L.Lowy, 1980)의 재가노인 서비스에 의하면, 건강지원 서비스, 사회지원 서비스, 접근적 지원 서비스로 분류된다.

결 론

제5장

현대사회에서는 소득증대와 생활수준의 향상, 의학 기술의 발달, 미래 생명공학기술의 발전, 건강에 대한 관심증대 등 여러 가지 이유로 인해 인간의 수명이 연장되고 있다.[183] 이러한 급속한 고령화와 더불어 한국의 가족제도의 변화 및 노인부양의식의 약화 등은 노인문제를 점차 심각한 사회문제로 부각시키고 있다.

노인문제는 노인이 전통적인 어른의 기능을 상실하게 됨으로써 발생한 문제라고 볼 수 있다. 그러므로 노인들이 경제적으로 안정된 가운데 자신들의 역할을 수행하면서 살아갈 수 있도록 하기 위해서는 노인의 복지정책, 즉 소득보장·의료보장·주거보장·사회적 서비스 지지정책을 촉진시켜야 한다.

노인들은 그동안 직장과 사회활동으로부터 은퇴한 후 사회적, 경제적 생활의 불안정, 사회·가정에서의 지위저하, 노인의 체력약화 등 이에 따른 정신적, 심리적 갈등, 생리적 부적응 현상에 직면하게 되었음을 본 연구에서 인식하게 되었다.

이러한 사실은 노인 스스로의 힘만으로는 해결하기 어려운 문제라고 볼 수 있다. 이에 따라 고령화 사회에서 노인생활에 소요되는 생계비, 질병 의료비, 주택문제, 정년 및 취업문제에 따른 소득보장의 문제, 주거보장 문제, 의료보장 문제, 가족 및 사회적응문제, 여가소일문제 등 제반 노인문제를 해결하기 위해서는 거시적인 행정

---

183) 인간의 수명 연장으로 인해 노년층의 인구가 증가하는 고령화 사회 현상이라고 할 수 있겠다. 이미 지난 2000년 65세 이상 노인이 국민의 7%가 되는 고령화 사회에 진입하였으며 2007년 현재는 노인인구수가 9.9%에 도달하였다. 통계청 장래인구 특별추계 결과에 의하면 2000년 7.2% 고령화 사회(Ageing Society) 진입, 2018년에는 14.3%인 고령사회(Aged Society), 2026년에는 20.8%인 초고령사회(Super-Aged Society)가 될 전망이다.

보다 범국가적인 차원에서 노인복지정책이 필요하다고 하겠다.

정부는 21세기에 접어들면서 복지국가 건설을 목표로 하여 국민의 복지문제에 대한 많은 관심을 두었다. 그동안 사회적으로 외면당해 왔던, 즉 노인, 장애자, 근로청소년, 생활보호대상자, 모자세대 등에 대한 생활 향상 내지는 재활을 도모하는 복지시책의 한 방안으로 사회복지분야에 대한 전문지식인과 학계인사를 정책자문 역할자로 초빙하여 정부의 정책수립에 동참시키는 등 상당한 노력을 가지고 현시점에 온 것이다.

특히 노인문제는 우리 사회도 이미 고령화 사회에 접어들었으며 모든 국민이 잠재적 대상자의 위치에 있다는 점 등을 감안한다면 결코 소홀히 할 수 없음을 알았다. 그래서 본 연구는 노인복지제도의 현상을 진단하고 미래의 정책에 대한 방향정립에 그 목적을 두었다. 연구의 결과를 요약하면 다음과 같다.

첫째, 노인들의 가장 큰 문제는 소득보장 차원에서 경제적 문제가 가장 큰 장애로 놓여 있다. 소득이 보장되지 못하면 심리적 무력감, 결식, 가정불화, 의료, 주거문제까지도 유발시킨다. 한편 정책적인 측면에서는 자신의 힘으로 생활할 수 없는 독거노인의 재가보호, 시설보호가 필요하다.

노인에 대한 소득보장은 국가사회가 노인이 빈곤상태를 벗어날 수 있도록 최소한의 정기적인 소득을 확보해 주는 것이다. 소득보장의 방법은 공적 연금인 사회보험으로 국민연금제도와 3개의 특수직 연금제도가 있고 공적 부조는 기초생활보호가 있다. 그리고 간접보조의 일종인 경로우대제도, 노인고용제도를 사회적 차원의 대책으로서 활성화시켜야 한다.

소득보장정책으로는 무갹출(無醵出)[184] 노령연금제도의 실시와 생활보호대상자 노인에 대한 수혜범위의 확대 및 합리적 선정, 보호수준의 보장제도의 강화 그리고 노령수당제도의 수혜급여의 확대와 수혜연령의 하향 및 지급대상의 범위를 전체 노인에게 확대 실시하는 방안을 말한다.

---

184) 무갹출제연금: 사회보장제도의 하나로 연금보험제에 있어서 적용대상자로부터 사전에 갹출보험료의 불입을 요구하는가 않는가에 따라 갹출제와 무갹출제가 구분된다.

둘째, 의료보장정책으로서는 노인인구가 증가함에 따라 신체적인 몸의 노화로 질병도 크게 증가하고 있으므로 사회제도적 차원에서 예방급여제도의 강화와 급여제도의 확충이다. 또한 신체특성과 건강상태를 고려한 획일적 급여의 전면 보완실시가 검토되어야 한다. 저소득층 노인을 위한 현행 의료보호제도의 개선 및 의료부조제의 실시와 노인건강진단의 확대 실시는 현재 수준에서 상향되어야 함이 필요하다고 사료된다. 그리고 가택 진료체계가 확립되어야 한다.

의료보장은 국민 개개인의 신체적 및 정신적으로 건강한 생활을 유지할 수 있도록 국가가 개입하여 보장해 주는 제도라 할 수 있다. 특히 노인은 질병 자체가 만성적이고 병발적이어서 장기적인 치료와 요양을 요하고 고액의 의료비를 요하는 것이 노인건강의 일반적인 특징이다.

그러므로 노인의 삶의 질과 수명에 직접적인 영향을 미치는 의료서비스의 보장은 노인 개개인의 생활 만족감을 향상시킬 뿐만 아니라 사회적 통합을 위해서도 필요하다. 현재 한국의 의료보장제도는 사회보험형태인 의료보험과 공적 부조형태인 의료보호와 노인건강진단제도가 있다.

셋째, 주택보장정책으로서는 주택자금 저리융자 및 금융 측면의 지원과 주택수당 또는 주거비 보조 등 현금지원의 확대가 필요하다. 그리고 실비노인주택에 관한 구체적인 법령 및 시행령의 마련과 실시가 필요하며 노인과 제3세대가 연계할 수 있는 주택구조에 대한 모델 등의 개발이 필요하다.

주택보장제도는 노인이 자신의 독립성을 유지하면서 안전하고 안락한 일상생활을 유지할 수 있는 생활공간을 확보하고 유지할 수 있도록 사회적인 차원에서 원조해 주는 제반 활동을 말한다.

현재 한국의 주책정책은 특별히 노인주택에 대한 정책은 없는 것 같다. 한국에서는 노인전용 주택이나 노인 아파트, 노인마을 같은 시도를 하고 있지만 그 영향과 역할은 미미하다고 볼 수 있다.

넷째, 사회적 서비스정책으로는 시설보호에 대한 행정적 규제의 완화 및 정부지원금의 증액, 종사자의 전문성 등이 필요하며 가정건강보호 또는 가정의료서비스 사업의 실시가 요청되며 가정봉사원제도의 활성화와 여가시설에 대한 정책적 지원이 필요하다.

사회적 서비스는 노인의 일상생활에 있어서 신체적·사회적·심리적인 면에서 문제나 욕구를 해결하는 데 도움을 제공하여 인간다운 삶을 영위하게 하는 데 기여하는 서비스이다. 국민경제 수준의 향상에 따른 개인 욕구 수준의 향상과 기대의 상승으로 인하여 사회보장의 기준은 단순한 생계유지의 선을 넘어 사회경제적 발전수준에 알맞은 인간다운 삶의 수준으로 설정하는 것이 복지국가의 일차적인 목표이다.

근래에 들어 이러한 노인복지 분야에 국가·사회적인 관심이 상당히 높아지고 있으나 아직도 이들 노인들의 문제와 요구를 해결할 수 있는 복지프로그램은 기초적인 단계를 벗어나지 못하고 있다.

한국은 거택노인을 위한 사회적 서비스로 가정봉사원제도·노인정·노인복지관·노인학교 등을 운영하고 있으며 여러 가지 사정으로 가족과 함께 생활하기 어려운 노인들의 시설보호를 위한 사회적 서비스로 양로원·유료양로원·노인요양원 등을 운영하고 있다.

한국의 현재 노인세대는 과거 농업사회에서 가족의 노부모 부양이 당연시되던 때에 자신들은 부모 섬기는 데 정성을 다해 온 세대들이다. 그러므로 산업사회가 이처럼 급격하게 도래하여 대가족이 해체되고 노후에 자신의 부양문제가 지금처럼 심각하게 될 줄은 예상을 못 했다. 따라서 스스로 정신적, 물질적으로 어떻게 대비를 해야 할지 개인적으로 또는 국가 차원에서도 준비가 부족한 실정이다.

우리는 선진국들의 노인에 대한 배려들을 이미 알고 있으며, 인생의 마지막 단계에서도 누구나 행복할 권리가 있음에 주목해야 할 것이다. 이러한 노인부양 문제를 적절히 관리하기 위해서는 보다 적극적인 정책을 마련할 필요가 있다.

참고문헌

1. 국　내

고양곤(1997), 「노인복지 실태와 정책과제」, "노인복지제도 입법 방향에 관한 공청회", 『국회노인복지연구회 제2회 세미나자료집』.

_____(2003), "정년제와 노인차별", 계간 사회복지, 157호.

공윤식 외 13인 공저, "사회복지개론".

구재관(2002), 노인 여가에 대한 이해 및 프로그램 개발, 『노인프로그램 기획과정』, 국립보건원 보건복지연수부.

권육상(1995), 『현대노인복지론』. 서울: 한신출판사.

_____(2000), 『노인복지론』, 서울: 유풍출판사.

_____ 외(2001), 『노인생활건강』, 서울: 유풍출판사.

권중돈(1995), "퇴직노인의 취업욕구와 취업촉진 대책", 『95 추계한국사회복지학회 국제심포지움 및 학술대회』, 학국사회복지학회.

_____(2004), "노인복지론", 서울: 학지사.

김규삼(1989), 「노인복지론」, 서울: 학문사.

김근홍(2001), "한국노인복지이해", 서울: 학문사.

김기식(1996), "사회복지운동의 의의와 과제".

김대회(2008), "고령자 취업활성화 방안에 관한 연구", 서울: 한국학술정보(주).

김동배(1995), "노인복지 프로그램이 시급하다", 「행복한 노년」, YMCA 사회문제부.

_____(1999), "미래사회와 노인 여가활동", 『미래사회와 노후생활』, 한국노인문제연구소, 통권 제15호.

김만두(1995), 「현대사회복지개론」, 서울: 홍익재.

김수영(2001), 노인과 지역사회보호, 서울: 양서원.

김영모(1993), "한국인의 복지의식과 사회복지정책의 발달", 한림과학원 편.

김영일(200), 『라이프스타일 및 인간관계와 실버타운 유형의 선호도에 관한 연구』.

김영호(1997), 「자원복지 활동의 활성화 방안」, 서울: 학문사.

김성순(1989), 『老人福祉學』, 서울: 이우출판사.

김응렬 편저(2003), 「한국의 노인복지」, 한국연구총서, 서울: 월인.

김정식(1999), "노인복지정책", 보건복지부 노인과.

김태성, 성경륭(1993), "복지국가론".

김태수·백종섭·신희영(1998), 『복지행정론』, 서울: 대영문화사.

김춘수 외(1995), 『노인복지의 현황과 정책과제』, 한국보건사회연구원.

김현주 외(1992), "노인복지의 시설과 현황", 이화여자대학교 법정대학.

남기민(1998), 『현대노인복지연구』, 청주대학교 출판부.

노인복지대책소위원회(1996), 노인복지정책 대토론회-"노인복지의 현황과 정책과제".

민재성 외(1993), 『한국의 노령화 추이와 노인복지 대책』, 한국개발연구원.

박신영 외(2002), 『실비노인복지주택의 공급방안』, 대한주택공사.

_____ 외(2004), 『고령사회에 대비한 주거환경 개선방안』.

박재간(1997), "노년기 여가생활의 실태와 정책과제", 「노인복지정책연구」, 1997 춘계호,
        노인문제연구소.

_____ 외(1995), "무갹출 노령연금제도의 필요성과 그 도입 방안", 「고령화 사회의 위
        기와 도전」, 서울: 나남출판.

_____(1999), "노인복지예산의 증액을 요구한다", 한국노인문제연구소.

변재관, 김종민(2000). 고령자 취업알선센타의 현황과 과제. 한국노인문제연구소. 노인취
        업의 현황과 과제. 45-91.

박재황, 1992, 「노인문제와 노인복지」, 의료보험 논집 제3집.

_____ 외(1996), "저소득층 노인의 생활실태 및 정책 방향", 「노인복지정책연구」, 1996
        년 동계호, 한국노인문제연구소.

박종삼 외(2002), 「사회복지학개론」, 서울: 학지사.

박춘식(1991), 「대사회와 노인문제」, 서울: 유풍출판사.

박태룡(1990), 「노인복지연구」, 대구대학교 출판부.

박편일(1989), "일본의 연금제도에 관한 연구", 「한국사회복지학」 통권 제13호, 한국사회
        복지학회.

석재은, 김태원(2000), 노인의 소득실태 분석과 소득보장체계 개선방안 연구. 한국.

신동면(2001), 비정규직 근로자의 사회보장: 영국의 사례. 참여연대 사회복지위원회. 복
　　　지동향 4월호, 65 - 69.

신수식(1989), 「사회보장론」, 서울: 박영사.

_____(1998), 「사회보장론」, 서울: 박영사.

신섭중(1982), "한국 노인복지정책에 관한 연구", 사회과학 논총 제1권 1호, 부산대학교.

_____(1989), 「사회보장 정책론」, 부산대학교 출판사.

_____ 외(1990), 「비교사회복지론」, 서울: 유풍출판사.

양재진(2002), 노동시장유연화와 한국복지국가의 선택: 노동시장과 복지제도의 비정합성
　　　극복을 위하여. 한국정치학회 추계학술대회 발표논문.

유성호 외(2002), 「노인복지론」, 서울: 아시아미디어리서치.

원영희(1999), "독일의 노인복지정책", 한국노인문제연구소.

윤순덕(2008), 농진청 농촌자원개발연구소 연구사.

이가옥(1996), "우리나라 노인복지 서비스 정책의 현황과 과제", 「노인복지정책 개발 대
　　　토론회 자료」.

이원덕, 장지연(2002), 고령화시대의 노동시장정책. 고령화시대의 노동시장정책, 한국노
　　　동연구원 - 서울대 - OECD 국제세미나 발표집.

이인수(2003), 『외국의 노인주거정책』. 고령화 사회와 대응과제.

이혜원(1998), 「노인복지론」, 서울: 서울: 유풍출판사.

이혜경(2000), "사회보장과 노동시장의 유연성", 한국사회보장학회 추계국제학술회의 발
　　　표논문.

장인협·최성재(1989), 「노인복지학」, 서울대학교 출판부.

장지연(2002), 고령화시대의 노동시장 정책. 노동동향 6월호.

_____(2002), 고연령근로자의 경제활동과 은퇴. 고령화시대의 노동시장 정책. 한국노동
　　　연구원 - 서울대 - OECD 국제세미나 발표집.

정길홍(1998), 『사회복지개론』, 서울: 홍익재.

조경훈(2005), 『노인복지정책론』, 한성대학교 출판부.

최경석(1993), "노인복지", 「한국 사회보장제도의 재조명」, 중앙대학교 사회복지학과 편,
　　　한국복지정책연구소.

최성재(2004), "고령화사회에 대비한 사회복지정책 방향", 사회과학논집 제2호.

최순남(1989), 「현대사회와 노인복지」, 서울: 홍익재.

_____(1995), 『현대노인복지론』. 서울: 한신출판부.

_____(2000), 현대노인복지론, 한신대학교출판부.

_____(2002), 「현대노인복지론」, 서울: 법문사.

허재준(2002), 고령화의 전망과 노동시장정책의 방향. 고령화시대의 노동시장정책. 한국
　　　노동연구원-서울대-OECD 국제세미나 발표집.

_____(2002), 고령화와 노동정책 방향. 한국사회보장학회 춘계학술대회 발표논문.

_____, 전병유(1998), 고령자 노동시장: 현황과 정책과제. 한국노동연구원.

현외성 외(2005), 「한국 노인복지학 강론」, 서울: 유풍출판사.

_____(1997), "OECD 가입과 노인복지제도의 추진방향", 한국복지연구회.

황선옥(2001), 고령자 취업관련 지원체계에 관한 연구. 노인복지연구, 12.

황진수(1993), 『현대복지행정론』, 서울: 대영문화사.

_____(2000), 고령자 직업교육 및 직업훈련. 한국노인문제연구소. 노인취업의 현황과
　　　과제. 193-219.

_____(2003), 「현대복지행정론」, 서울: 대영출판사.

_____(2004), 『현대복지행정론』. 서울: 대영문화사.

_____(2005), 「노인복지정책론」, 한성대학교출판부.

2. 석·박사논문

강영애(1987), "한국의 정년제와 노후 소득보장에 관한 고찰", 중앙대학교 사회개발대학
　　　원 석사학위논문.

강윤구(1989), "한국 재가노인복지 서비스에 관한 연구", 중앙대학교 사회개발 대학원
　　　석사학위논문.

강은진(2004), "고령화사회의 노인복지정책에 관한 연구", 한양대학교 행정대학원 석사
　　　학위논문.

김대회(2008), "고령자 취업활성화 방안에 관한 연구", 선문대학교 대학원 박사학위논문.

김성순(1984), "산업사회에 있어서 노인복지에 관한 연구", 한양대학교 대학원 박사학위
   논문.

박태춘(1993), "노인복지 행정 체계에 관한 연구", 전주대학교 대학원 박사학위논문.

성기철(200), 『한국 노인주거복지시설의 활성화 방안에 관한 연구』, 중대: 석사논문.

신기순(1991), "한국의 노인복지에 관한 연구", 동아대학교 대학원 석사학위논문.

유   용(2004), "고령화시대 노인복지정책개선에 관한 연구", 중앙대학교 행정대학원 석
   사학위논문.

이행삼(2004), "한국노인복지 정책에 관한 연구", 조선대학교 정책대학원 석사학위논문.

정해선(2005), "고령화사회의 고령친화산업 활성화방안", 세종대학교 행정대학원 석사학
   위논문.

최선혜(1999), 『한국노인주거정책의 활성화 방안에 관한 연구』, 한성대: 석사논문.

한창영(1979), "한국노인복지의 행정과 법제에 관한 연구", 동국대 박사학위논문.

3. 기타 연구자료 및 정부 간행물

고령자취업알선센터협회(2002), 「고령자 취업욕구조사 연구보고서」.

교육인적자원부(2001), 「교육통계연보」, 각 연도.

국회노인복지연구회(1997), "노인복지제도 입법 방향에 관한 공청회", 「노인복지 실태와
   정책과제」.

국제사회보장협회(ISSA), 「고령자 고용확보방안」.

노동부(2001, 2002), 노동백서. 노동부.

_____(2001), 고령자 고용촉진 대책. 노동부 고용정책실.

_____(2002), 「고용보험 백서」.

_____(2003), 「노동부고시」, 제2003~7호, 6. 9.

_____(2003), 「고령자고용촉진법개정」.

_____(2003), 「노동백서」: (2004), 노동백서」: (2005), 「노동백서」.

_____(2006), 「고령자 고용 및 정년제도 현황에 대한 조사」.

_____(2006), 「고령자우선고용직종 개편 등 고령자취업지원 활성화 방안 마련」.

_____(2007), 「고령자 우선고용직종」.

노인복지정책연구(2002), 「주요선진국의 노인보건복지정책」, 서울: 노인복지정책연구소.

대통령자문 고령화 및 미래사회위원회(2005), 『고령친화산업 활성화 방안』.

대한노인회(1980), 『노인복지세미나집』.

보건복지부(2005), 「노인복지 통계」, 노인복지정책과.

_____(2006), 「노인일자리 사업」.

_____(2002). 보건복지백서. 보건복지부.

_____(2005), "외국의 고령화 사회 대책 추진체계 및 노인복지 정책 분석".

_____(1996), 「보건복지백서」.

보건사회연구원 연구보고서, 2000－08.

보건신문사(1996), 「보건연감 1996년」.

사회복지신문(1996년 11월 25일), "유럽 노인복지를 살펴본다 ― 스위스 편".

_____(1997년 10월 6일), "노인 소득보장 정책에 대하여".

_____(1997년 10월 20일), "21세기 노인의료복지 증진을 위한 과제".

아산사회복지사업재단(1985), 「노인의 특성」.

영남대학교(1985), 「노인 노화문제」, 영남대학교 출판부.

원불교 교전(1996), 원불교 출판사.

전국대학사회복지교육협의회(1999), 『사회복지개론』, 서울: 유풍출판사.

통계청(1997), 「장례인구특별추계」: (2001), 「장례인구특별추계」: (2005), 「장례인구특별
    추계」: 59～61.

_____(2005), "2005 고령자통계", 고용복지통계과.

한국노인복지회(1990), 「노인복지연구」, 서울: 홍익재.

한국노동연구원(2002), 고연령자 고용확대를 위한 정책과제. 고령자 노동시장의 특성과
    정책과제: 제3차 KLI－JLI 국제워크숍 자료집.

_____(2005), 「재취업하는 데 걸리는 시간」.

한국보건사회연구원(1995), 정책토론회－"21세기 노인문제와 복지대책".

_____(1998), 1998년도 전국 노인생활 실태 및 복지욕구 조사. 한국보건사

　　회연구원.

한국노인문제연구소(2000), 「노인취업의 현황과 과제」노인복지연구총서.

4. 국내 인터넷 사이트

고령자고용촉진법: http://www.moleg.go.kr

국민연금관리공단: http://www.npc.or.kr

노동부(2007): http://www.molab.go.kr.

대한노인회: www.koreapeople.co.kr

_____: www.koreapeople.co.kr (광주광역시)동구노인복지회관

디비엠(DBM Korea): www.dbm.co.kr,

보건복지부: http://www.mohw.go.kr/

_____: www.mohw.go.kr

보건의료정보연구소(김해호스피스센터): www.khhospice.or.kr

복지인마을: maeul.welfare.net

사회복지정보원: www.welfare.or.kr

성애원: www.seongaewon.com

세계정보은행: http://blog.naver.com.

시니어월페어닷컴: www.seniorwelfare.com

실버넷: www.silvernet.ne.kr

취업정보 및 취업전략(2006): http://blog.naver.com

통계청: www.nso.go.kr

_____: http://www.nso.go.kr 한국노년학회(2001)

한국고용정보원: http://senior.work.go.kr

한국노인복지학회: http://www.koreawa.or.kr

한국보건사회연구원: http://www.kihasa.re.kr

http://wonhak.wonbuddhism.or.kr

한국복지교육원: www.welfare.pe.kr 국민연금관리공단 www.npc.or.kr
한국노인의전화: www.kisca.or.kr
한국노인학대연구회: www.elderabuse.or.kr
효도나라실버월드: www.silberworld.co.kr
www.noin.or.kr
일본 후생성: www.mhlw.go.jp
日本 勞働組合連合會: http://www.jtuc−rengo.or.jp
日本 厚生勞働省: http://www.mhlw.go.jp

5. 국외 문헌

岡村重夫·三浦文夫(1974), 『老人の福祉と社會保障』, 東京, 恒內出版株式會社.
岡村重夫(1992), 『社會福祉學 總論: 理論과 實際』, 송정부 역.
高年齡者雇用開發協會(2000a), 『65歳までの繼續雇用制度づくりマニュアル』.
勞動省高齡·障害者對策部(1998), 94−97.
小室豊允(1986), "社會福祉 と 施設 の 展望", 全國社會福祉施設經營者協議會.
日本 國立社會保障·人口問題研究所(2000), 『人口統計資料集』.
日本(2004), 노인일자리사업 자료집, 노인인력운영센터.
政經研究所(2003), 「定年後の再雇用·囑託制度に關する實態調査結果槪要」, 旬間勞働實務.
名山和夫(1977), 「現代家族 と 福祉問題」, 有斐閣.
C. Tibbits, Origin, *Scope and Field of Social Gerontology*, 1960.
Cowgill, D. O. & Holmes, L. D. *"Aging and Modernization",* New York: Appleton−Century
　　　−Crofts, 1972.
Cumming, E., & Henry, W. E., Growin od: *The Process of Disengagement,* New York:
　　　Basic Gooks, 1961.
Blank, R. M., & Freeman, R. B.(1994). Evaluating the Connection between Social
　　　Protection and Economic Flexibility. In Blank(ed.), Social Protection versus
　　　Economic Flexibility: Is There a Trade−Off? Chicago, IL.: University of

        Chicago Press.

Havighurst, R. J., Neugarten, B. L., & Tobin, S. S., *"Disengagement and Pattern of Aging"*, In B. L. Neugarten(ed.), Middle age an aging: A Reader in Social Psychology, Chicago: University of Chicago Press, 1985.

Jerome Kaplan, A Social Program for Old People, Mineapolis: The Lund Press, Inc, 1963.

Kaplan, J. A., Social Program for Old People Mineapolis: The Lund Press, Inc, 1953.

Kutza E. A., The Benefits of Old Age, Chicago: The University of Chicago Press, 1981.

OECD(1995). The Transition from Work to Retirement, Paris.

OECD(2001). Society at a Glance: OECD Social

•약 력•
서울문리사범대학 사회생활과 졸업
한성대학교 행정대학원 사회복지학과 졸업
선문대학교 대학원 졸업 (행정학 박사)

교육공무원 교사
한국강관주식회사 이사
중소기업청 기술경쟁력평가위원
범민족88올림픽추진협의회 운영위원
한국문인협회 회원
(주)서해종합건설 대표이사
민주평화통일정책자문위원
선문대학교 행정학과 강사
낙산복지정책 연구회 부회장
한국경영정보연구원 원장

『저서』
고령자 취업활성화 방안에 관한 연구, 한국학술정보(주), 2008. 4. 15.

•상 훈•
새마을포장 수상(대통령) 외

고령화 사회에 따른 노인복지 정책의 효과와 발전방향에 관한 연구

•초판 인쇄	2008년 7월 5일
•초판 발행	2008년 7월 5일
•지 은 이	김대회
•펴 낸 이	채종준
•펴 낸 곳	한국학술정보㈜
	경기도 파주시 교하읍 문발리 513-5
	파주출판문화정보산업단지
	전화 031) 908-3181(대표) · 팩스 031) 908-3189
	홈페이지 http://www.kstudy.com
	e-mail(출판사업부) publish@kstudy.com
•등 록	제일산-115호(2000.6.19)
•가 격	16,000원

ISBN 978-89-534-9627-9 93350 (Paper Book)
     978-89-534-9628-6 98350 (e-Book)